lonely planet

NAPLES ET LA CÔTE AMALFITAINE

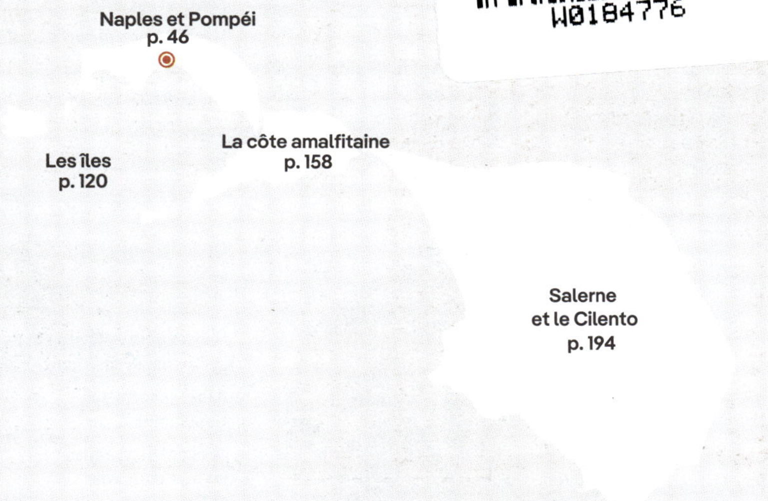

Federica Bocco et Eva Sandoval

SOMMAIRE

Café de Naples

Préparer son voyage

Sur la route

Carnet pratique

Comprendre

Assortiment de *fritti*

Teatro Grande, Pompéi

Ravello

JANOKA82/GETTY IMAGES ©

Faraglioni, Capri

NAPLES ET LA CÔTE AMALFITAINE

LE VOYAGE COMMENCE ICI

La Campanie, c'est l'Italie que tout le monde croit connaître : un superbe littoral baigné de soleil et des grands-mères mitonnant leurs sauces. Mais ce que j'aime le plus dans cette région, c'est sa capacité à surprendre : un instant familière, le suivant, complètement inattendue ! À Naples, quelques mètres seulement séparent les façades décrépites couvertes de graffitis des Quartieri Spagnoli de la splendide Piazza del Plebiscito. Les murs blanchis à la chaux du centre de Capri côtoient des paysages rocheux surplombant la mer. Et il y a aussi la magnificence de Pompéi… et la *mozzarella di bufala* artisanale, incomparable. C'est une Italie rêvée. Déambuler sur le front de mer de Mergellina, à Naples, une *graffa* tout juste frite dans une main, un *tarallo* dans l'autre, la silhouette à deux bosses du Vésuve se dessinant à l'horizon. Ou alors, marcher sur le sable brûlant d'une plage d'Ischia, accessible en bateau uniquement, où jaillit une source chaude. La Campanie a mille visages !

Eva Sandoval
@ieatmypigeon

Mon expérience préférée en Campanie Faire de la randonnée ! Je raffole de ces paysages escarpés offrant des points de vue étourdissants, et où on décèle tant de strates, géologiques comme historiques…

SUR LE TERRAIN

Nos auteurs présentent les lieux qui, pour eux, incarnent le mieux Naples, Pompéi et la côte amalfitaine

STEVEN SWINNEN/EYEEM/GETTY IMAGES ©

Je n'ai qu'une hâte lorsque je rentre à Naples : voir le soleil se coucher sur la mer et le paysage se parer de myriades de couleurs. Depuis la colline du Posillipo, en contemplant le nord de la baie et les îles de Procida et d'Ischia, ou au bord de la mer sur la Via Caracciolo, avec vue sur le Castel Dell'Ovo et le Vésuve, je me sens toujours envahie d'un sentiment de paix, d'infini et d'appartenance à la ville, quelle qu'ait été la durée de mon absence.

Federica Bocco

@ladymultifandom

Federica est voyageuse par passion et auteure par nécessité naturelle, bien qu'elle regrette parfois que ce ne soit pas l'inverse.

Naples
Explorez une ville presque trois fois millénaire (p. 46)
Vésuve
Escaladez ce géant provisoirement assoupi (p. 93)
Champs Phlégréens
Bravez des cratères actifs pour plonger parmi des ruines sous-marines (p. 103)
Procida
Vivez au rythme d'une île italienne (p. 126)
Ischia
Détendez-vous dans les stations thermales de l'île (p. 133)
Capri
Allez de somptueuses villas en randonnées magiques (p. 143)
Sorrente
Visitez les ateliers de marqueterie artisanale (p. 164)
Amalfi
Faites connaissance avec le cœur de la côte amalfitaine (p. 175)
Positano
Grimpez encore et encore pour un point de vue saisissant sur la côte (p. 168)
Montesárchio
Acerra
Pomigliano d'Arco
Marigliano
Nola
Gaudi
Qualiano
Marano di Napoli
Casavatore
Somma Vesuviana
Palma Campania
Quindici
Lido di Licola
Naples
Golfe de Gaète
Pouzzoles
Baia
Torregaveta
Bacoli
Miseno
Monte di Procida
Bagnoli
Portici
Herculanum (Ercolano)
Vésuve
Terzigno
Sarno
Torre del Greco
Torre Annunziata
Pompéi
Nocera
Cava
Castellammare di Stabia
Tramonti
Vietri sul Mare
Casamicciola
Ischia
Forio
Sant'Angelo
Procida
Vico Equense
Ravello
Maiori
Positano
Nocelle
Cetara
Sorrente
Praiano
Amalfi
Termini
Baie de Naples
Anacapri
Capri
Golfe de Salerne
Mer Tyrrhénienne
0
20 km

Herculanum
Flânez parmi des ruines romaines conservées grâce aux boues volcaniques (p. 100)
Pompéi
Explorez ces vestiges romains témoins d'une catastrophe historique (p. 96)
Salerne
Croisez le souvenir de la première école de médecine fondée en Europe (p. 200)
Parc national du Cilento
Randonnez sur des sentiers escarpés, à la découverte d'une faune et d'une flore riches (p. 205)
Paestum
Admirez les temples grecs et des tombes ornées de fresques magnifiquement préservées (p. 210)
POUILLES
CAMPANIE
BASILICATE
Melfi
Monticchio
Avellino
Monte Cervialto
Salerne
Montecorvino
Eboli
Battipaglia
Sele
Sicignano degli Alburni
Auletta
Pertosa
Postiglione
Altavilla Silentina
Monte Alburno
Petina
Polla
Controne
Castelcivita
Sant'Angelo a Fasanella
Capaccio Scalo
Capaccio
Roccadaspide
Bellosguardo
Sala Consilina
Paestum
Castel San Lorenzo
Roscigno
Teggiano
Ogliastro
Agropoli
Padula
Sassano
Parco Nazionale del Cilento, Vallo di Diano e Alburni
Santa Maria di Castellabate
Laureana Cilento
Castellabate
Monte Cervati
San Marco di Castellabate
Perdifumo
Sanza
Vallo della Lucania
Acciaroli
Ceraso
Pioppi
Velia
Marina di Ascea
Ascea
Pisciotta
Sapri
Centola
San Giovanni a Piro
Palinuro
Camerota
Acquafredda di Maratea
Marina di Camerota

PLAGES

En découvrant le littoral et les îles, vous tomberez certes sur quelques plages, mais ne vous attendez pas à de longues étendues de sable blond. À l'exception notable de la côte du Cilento, où les bandes sablonneuses abondent, galets et rochers constituent la norme sur les rivages volcaniques de Campanie, d'une beauté sauvage à couper le souffle.

Saison

Généralement de mai à octobre. En fonction du temps et de la demande, certains établissements balnéaires ouvrent même parfois dès Pâques.

Plages publiques et privées

La plupart des plages possèdent des zones en accès libre et des établissements balnéaires payants (*stabilimenti*) avec snack-bar/ restaurant où louer une chaise longue (*lettino*) et un parasol (*ombrellone*).

Usages vestimentaires

Couvrez-vous pour aller aux toilettes ou vous attabler. Le port de chaussons aquatiques est indispensable sur les galets et les rochers.

Cetara

NOTRE SÉLECTION

Après avoir parcouru le Sentiero dei Fortini à Capri, accordez-vous une baignade bien méritée sur la Spiaggia del Faro au pied des falaises et du phare de ❶ **Punta Carena**, célèbre pour ses couchers de soleil. (p. 151)

Isolez-vous sur la ❷ **Spiaggia di Lannio**, à Cetara, une plage de sable et de galets à l'ombre de la tour emblématique de ce village de pêcheurs. (p. 189)

Descendez des centaines de marches pour atteindre les galets du ❸ **Fiordo di Furore**, enjambé par un pont en pierre (p. 181)

À Capri, rendez-vous en *gozzetto* (barque) de Marina Grande aux ❹ **Bagni di Tiberio**, une plage de galets sur fond de ruines romaines. (p. 148)

Barbotez dans la source thermale bouillonnante de la ❺ **Baia di Sorgeto**, une petite crique de galets sur l'île d'Ischia, accessible en voiture depuis Forio ou en bateau depuis Sant'Angelo. (p. 139)

Vignes, golfe de Salerne

VINS DE CAMPANIE

Les vins provenant des rivages accidentés de la Campanie n'ont pas la réputation internationale qu'a par exemple le chianti de Toscane. Les cépages qui poussent sur les sols volcaniques d'Ischia et des Champs Phlégréens, tels le Tintore ou le Piedirosso, méritent pourtant de sortir de l'anonymat.

Appellations

Les vins DOC et DOP (équivalents de l'AOC et l'AOP françaises) répondent à des normes strictes, mais la "cuvée du patron", dans les restaurants est le plus souvent correcte.

Types de vins

Du fait du climat océanique et de l'importance du poisson dans l'alimentation locale, le vin blanc domine. La renaissance du rosé en Italie a cependant donné des résultats intéressants.

NOTRE SÉLECTION

Goûtez le Furore Bianco Fiorduva (blanc) primé des ❶ **Cantine Marisa Cuomo**, à Furore. (p. 181)

Direction les splendides ❷ **Vigne di Raito**, sur la côte amalfitaine, pour un pique-nique décontracté au milieu des vignes face à la mer. (p. 189)

Savourez les rouges puissants de la ❸ **Tenuta San Francesco**, assortis d'un repas préparé avec les légumes du potager. (p. 188)

Dégustez des vins bio accompagnés de fromages et de charcuteries au domaine viticole et B&B ❹ **Monte di Grazia** de Tramonti. (p. 188)

Faites un crochet par la ❺ **Cantina del Vesuvio** pour déguster le fameux Lacryma Christi du cru. (p. 100)

CONCERTS ET FESTIVALS

Au-delà du cliché de la chanson napolitaine traditionnelle – voix de ténor, mandoline et tambourin – qu'on entend encore lors d'événements folkloriques, les Campaniens ont des goûts musicaux éclectiques. En témoignent une foule de concerts et de festivals.

Festivals

Des festivals de musique ont lieu toute l'année. Le jazz est populaire mais Naples fait aussi la part belle au hip-hop et au rap.

Musique traditionnelle

Si l'on peut entendre des airs du folklore napolitain dans des festivals, les concerts spontanés aux coins des rues et sur les places ont davantage de caractère et d'authenticité.

Billets

Consultez l'agenda culturel et achetez vos billets à l'avance pour assister aux événements musicaux les plus courus.

NOTRE SÉLECTION

Assistez au ❶ **Pomigliano Jazz Festival**, dont les concerts de musiciens internationaux et les représentations théâtrales se déroulent l'été dans les salles de la ville et dans le cratère du Vésuve. (p. 93)

Suivez l'itinéraire du ❷ **Pozzuoli Jazz Festival**, une manifestation estivale ayant pour cadre les impressionnants Champs Phlégréens. (p. 106)

Découvrez à la belle saison les nouvelles tendances des musiques actuelles présentées par le festival ❸ **Newroz**. (p. 51)

Vibrez lors d'un spectacle lyrique au ❹ **Teatro San Carlo** du XVIIIe siècle, l'opéra de Naples proche de la Piazza del Plebiscito. (p. 66)

Marchez sur les traces de Wagner au ❺ **Ravello Festival**, qui programme chaque été des musiciens classiques de premier plan. (p. 184)

SAVEURS LOCALES

La cuisine fait partie des points forts de la Campanie. Beaucoup de spécialités italiennes dont la popularité a franchi les frontières en sont originaires. Pour autant, les incontournables pizza et mozzarella de bufflonne ne doivent pas occulter les nourritures 100% couleur locale, pas toujours diététiques mais qui justifient amplement une entorse au régime le temps des vacances.

Appellations d'origine protégée (DOP)

Parmi les produits du terroir de fabrication artisanale figurent la *colatura di alici* de Cetara, condiment aux anchois, et le *provolone del Monaco* d'Agerola, un fromage affiné.

Osez !

Très appréciés en Campanie, le lapin à la mode d'Ischia, les sardines, le poulpe et les oursins changent des viandes et des fruits de mer classiques.

Cuisine de rue

Dans les rues des villes de Campanie, les tentations de manger sur le pouce sont nombreuses.

La Pignasecca

MEILLEURES EXPÉRIENCES

Régalez-vous de cuisine de rue au marché de ❶ **La Pignasecca** en achetant un *cuopp'* (cornet) de sardines et calmars frits à la Pescheria Azzurra. (p. 71)

Apprenez les secrets de fabrication de la *mozzarella fior di latte* avec le maître-fromager ❷ **Biagio Staiano** à Ravello. (p. 185)

Fuyez les hordes de touristes de Positano et mettez le cap sur Montepertuso, dans les monts Lattari, pour déjeuner à l'*osteria* ❸ **Il Ritrovo** qui surplombe la côte. (p. 173)

Laissez-vous tenter par une *graffa* (beignet enrobé de sucre) au ❹ **Chalet Ciro 1952**, dans le quartier de Mergellina sur le front de mer de Naples. (p. 87)

Rendez-vous à Naples au ❺ **50 Kalò**, où chaque pizza gastronomique est arrosée d'une huile d'olive artisanale différente. (p. 86)

Baia di Ieranto

RANDONNÉES NATURE

La Campanie possède de magnifiques coins de nature sauvage, parcourus par des sentiers de randonnée spectaculaires. Démarrez aussi tôt que possible afin de profiter pleinement de l'écosystème méditerranéen de falaises tombant à pic dans la mer, aux parfums d'iode, de citron et de romarin sauvage.

Randonnée responsable

Repérez les balises ou les panneaux rouge et blanc du CAI (Club Alpino Italiano). Évitez les espaces protégés et respectez la faune et la flore.

Équipement

Des chaussures de randonnée et des provisions d'eau suffisantes sont indispensables pour s'attaquer à ces itinéraires parfois difficiles mais ô combien splendides.

MEILLEURES EXPÉRIENCES

Communiez avec les dieux le long du ❶ **Sentiero degli Dei** qui part d'Agerola. (p. 173)

Rejoignez à pied Massa Lubrense et la ❷ **Baia di Ieranto**, une plage de galets retirée à l'abri de falaises. (p. 166)

Empruntez le verdoyant ❸ **Sentiero delle Ferriere** qui relie Scala à Amalfi via de petits villages et des cascades. (p. 187)

Comptez les tours de guet du XIXe siècle en contrebas du vertigineux ❹ **Sentiero dei Fortini** à flanc de falaise sur l'île de Capri. (p. 151)

Suivez le Cammino degli Enotri de Sacco jusqu'à la ❺ **Grotta di Jacopo**, une cavité naturelle habitée au Paléolithique. (p. 208)

ESCAPADES INSULAIRES

Les îles volcaniques de la baie de Naples sont l'un des lieux d'excursion favoris des habitants de la région comme des touristes. Situées à l'extrémité occidentale des Champs Phlégréens, elles abritent des plages de sable noir, des sources thermales et des ruines romaines. Chacune d'elles a cependant une identité bien distincte. La petite Procida somnole doucement, Ischia allie animation et espaces naturels, tandis que Capri respire le luxe.

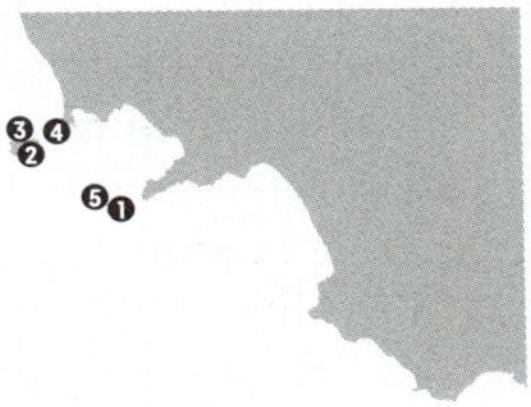

S'y rendre

Des ferries réguliers à destination des îles lèvent l'ancre de Naples, Positano, Amalfi et Sorrente, mais la fréquence des traversées depuis les deux derniers décline nettement en basse saison.

Haute saison

Procida et Ischia restent praticables même en été. À l'inverse, Capri explose littéralement de touristes à la belle saison et présente davantage d'attrait en septembre-octobre.

Circuler

Ischia bénéficie d'un réseau de transports en commun pratique. À Capri, le scooter est le moyen de locomotion le mieux adapté pour parcourir le relief montagneux de l'île, à condition d'être un conducteur aguerri.

NOTRE SÉLECTION

Observez les riches vacanciers et quelques célébrités sur la ❶ **Piazza Umberto I**, épicentre de Capri. (p. 143)

Imitez les Grecs anciens qui soignaient leurs maux dans les eaux thermales de la ❷ **Fonte delle Ninfe Nitrodi** à Ischia. (p. 142)

Gravissez le ❸ **Monte Epomeo**, point culminant d'Ischia, au lever ou au coucher du soleil pour une vue magique sur l'île et la mer. (p. 140)

Contemplez les maisons pastel étagées au-dessus de la ❹ **Marina Corricella**, le port de pêcheurs de Procida. (p. 130)

Émerveillez-vous face aux reflets d'un bleu intense des eaux et des parois de la ❺ **Grotta Azzurra** à Capri. (p. 152)

MUSÉES

Naples et la Campanie ont été des foyers artistiques de premier plan dès l'Antiquité. En témoignent des musées remarquables, dont les chefs-d'œuvre vont des mosaïques et fresques romaines aux tableaux de maîtres de la peinture baroque comme le Caravage, Francesco Solimena et Luca Giordano. Un véritable condensé d'histoire de l'art qui vous fera réviser vos classiques.

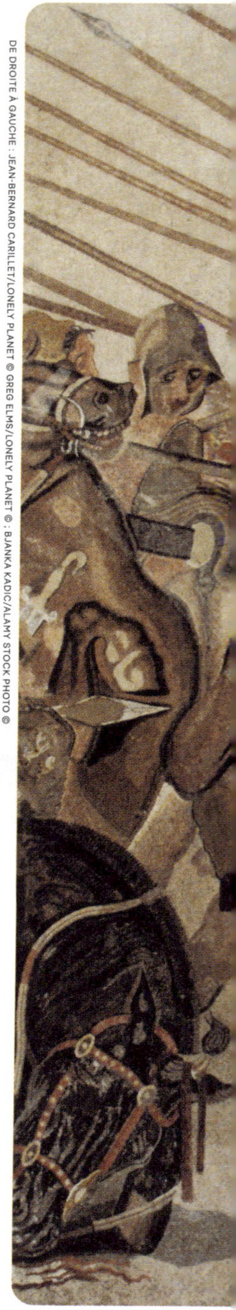

Horaires

Les musées ferment souvent à l'heure du déjeuner et ne rouvrent qu'à 16h ou 17h. Vérifiez bien les horaires afin d'éviter les déconvenues.

Temps de visite

Vu l'importance et la richesse de leurs collections, les musées de la région méritent mieux qu'un survol rapide.

Photo

Les photos au flash sont interdites dans nombre de musées et d'expositions, en particulier pour les fresques.

La Bataille d'Alexandre, **Musée archéologique national de Naples**

MEILLEURES EXPÉRIENCES

Arpentez le ❶ **Museo Archeologico Nazionale** de Naples, écrin du *Taureau Farnèse* ainsi que de fresques et mosaïques de Pompéi et d'Herculanum. (p. 56)

Visitez la pinacothèque du ❷ **Museo di Capodimonte**, sur les hauteurs de Naples, qui fait la part belle au baroque. (p. 90)

Admirez au ❸ **Museo del Tesoro di San Gennaro**, dans la cathédrale de Naples, les précieux objets liturgiques offerts au saint patron de la ville. (p. 53)

Cherchez la fameuse Coupe de Nestor au ❹ **Museo Archeologico di Pithecusae**, dans la superbe Villa Arbusto de Lacco Ameno à Ischia. (p. 141)

Ne manquez pas les expositions d'art bien conçues de la ❺ **Villa Fiorentino**, un havre de verdure au cœur de Sorrente. (p. 166)

Parco Sommerso di Baia

TRÉSORS SOUS-MARINS

Que les myriades de choses à voir sur la terre ferme ne vous fassent pas négliger les merveilles qui se cachent dans les eaux de cette région maritime, à commencer par les grottes et les vestiges archéologiques engloutis. À vos palmes !

Protection de la nature

Beaucoup des plus belles zones marines de Campanie sont protégées. Assurez-vous d'être en règle en optant pour des guides et des centres de plongée agréés.

Plongée responsable

Le respect de l'environnement s'impose aussi dans les secteurs libres d'accès. Abstenez-vous de ramasser quoi que ce soit ou de perturber la faune et la flore.

NOTRE SÉLECTION

Découvrez les pavements en mosaïque d'époque romaine du ❶ **Parco Sommerso di Baia**, à Lucrino. (p. 104)

Faites une sortie de snorkeling ou une plongée au ❷ **Parco Sommerso di Gaiola**, à Naples, pour en apprendre davantage sur la protection de la vie marine. (p. 87)

Faites une excursion en bateau à fond transparent dans la baie de Cartaromana à Ischia, qui recèle les ruines de la cité romaine d' ❸ **Aenaria**. (p. 137)

Plongez dans les eaux de la ❹ **Grotta Azzurra**, à Capri, d'un bleu phosphorescent. (p. 152)

Laissez-vous prendre par la féerie de la crèche de Noël au fond de la ❺ **Grotta dello Smeraldo**. (p. 182)

MONUMENTS SACRÉS ET PROFANES

Profondément catholique, la Campanie regorge de lieux de culte recélant des œuvres d'art de toute beauté, à l'image du splendide pavement en majolique du XVIIIe siècle de la Chiesa di San Michele Arcangelo à Anacapri. Le pouvoir temporel y a également laissé palais grandioses et forts imposants, comme le Castel dell'Ovo (XIIIe siècle) qui monte la garde sur le front de mer de Naples.

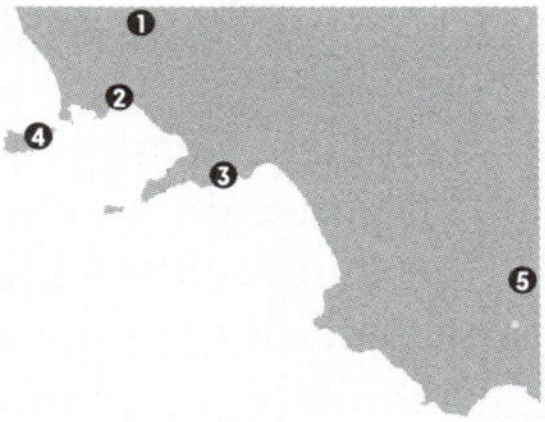

Guides

De nombreux sites proposent des audioguides téléchargeables, autre solution que les visites guidées, qui permettent d'aller à son rythme.

Attitude respectueuse

Dans les églises, portez des vêtements adaptés – épaules et torses couverts –, parlez à voix basse et n'utilisez pas votre téléphone. Il est souvent interdit de prendre des photos.

Horaires

Beaucoup d'églises et de palais ferment certains jours de la semaine, ainsi que tout le mois d'août. Renseignez-vous au préalable.

NOTRE SÉLECTION

Explorez l'immense ❶ **palais royal de Caserte**, conçu par Luigi Vanvitelli, chef-d'œuvre du baroque italien. (p. 83)

Étonnez-vous devant le réalisme du *Christ voilé* en marbre sculpté par Giuseppe Sanmartino dans la ❷ **Cappella Sansevero** à Naples. (p. 53)

Grimpez les 62 marches qui montent au ❸ **Duomo** d'Amalfi, dont la crypte conserve les reliques de l'apôtre André, saint patron de la ville. (p. 176)

Traversez le pont en pierre reliant Ischia au ❹ **Castello Aragonese**, une forteresse du XVe siècle sur un îlot, pour jouir d'une somptueuse vue panoramique. (p. 136)

Perdez-vous dans les 350 pièces de la ❺ **Certosa di San Lorenzo di Padula**, un ensemble monastique fondé en 1306, qui possède le plus grand cloître du monde. (p. 205)

PATRIMOINE GRÉCO-ROMAIN

Outre les célébrissimes Pompéi et Herculanum, l'héritage de la Rome antique est très présent en Campanie à travers de nombreuses ruines spectaculaires. On sait moins que la région, à l'instar de toutes les côtes de l'Italie méridionale, fut, dès le VIIIe siècle av. J.-C., le siège de colonies grecques, dont elle conserve aussi d'impressionnants vestiges. Les temples de Paestum et l'amphithéâtre de Pouzzoles font partie des monuments phares.

DE DROITE À GAUCHE : MAREMAGNUM/GETTY IMAGES © ; S-F/SHUTTERSTOCK © ;PAOLO GAGLIARDI/GETTY IMAGES ©

Chaussures

Portez de robustes chaussures pour marcher sur les pavés des sites antiques, irréguliers et glissants.

Temps de visite

Parcourir les sites archéologiques au pas de charge ne permet pas d'en apprécier les détails. Accordez-leur le temps qu'il faut.

Avec des enfants

L'art érotique faisait partie de la culture romaine et certains vestiges en ont gardé des traces. Pour une visite en famille, l'application MyPompeii suggère des itinéraires évitant les représentations sexuelles.

Anfiteatro Flavio, Pouzzoles

NOTRE SÉLECTION

Grimpez jusqu'à la ❶ **Villa Jovis**, l'une des résidences de Tibère à Capri, d'où le panorama embrasse toute la baie de Naples. (p. 146)

Découvrez l'ingénierie sophistiquée des thermes romains du ❷ **Parco Archeologico di Baia**, sur la côte des Champs Phlégréens. (p. 107)

Laissez-vous surprendre par les points communs entre ❸ **Pompéi** et les villes d'aujourd'hui. (p. 96)

Enfoncez-vous sous terre dans la ❹ **Neapolis Sotterrata**, vestiges labyrinthiques de la Naples grecque. (p. 58)

Admirez les temples grecs quasi intacts et les fresques de la Tombe du Plongeur de ❺ **Paestum**. (p. 210)

Céramiques, Vietri sul Mare

ARTISANAT

La Campanie possède une longue tradition d'excellence en matière d'artisanat, avec des savoir-faire et une créativité qui se manifestent dans des domaines aussi divers que les crèches napolitaines, les majoliques des dômes de la côte amalfitaine ou les sandales en cuir fabriquées sur mesure à Capri.

100% fait main

Si vous voulez acheter des céramiques, des bijoux en corail ou d'autres objets typiques, il importe de savoir distinguer ceux de fabrication artisanale, tous uniques, de ceux produits en série.

Attention, fragile !

Dans les boutiques, veillez à demander la permission avant de toucher les objets fragiles présentés.

NOTRE SÉLECTION

Observez les artisans en marqueterie (*intarsio*) à l'œuvre dans le ravissant centre historique de ❶ **Sorrente**. (p. 165)

Achetez des céramiques colorées à ❷ **Vietri sul Mare**. (p. 189)

Parcourez les magasins de crèches (*presepi*) de la ❸ **Via San Gregorio Armeno** à Naples. (p. 63)

Faites les boutiques de ❹ **Positano** qui vendent des *pezze*, des vêtements de plage assez sophistiqués pour être portés en ville. (p. 171)

Respirez l'odeur du papier frais dans les papeteries et au ❺ **Museo della Carta** d'Amalfi. (p. 177)

JARDINS DE RÊVE

Le goût des Italiens pour les jardins raffinés remonte à l'époque romaine. Que vous aimiez les exubérances florales ou les modestes plantes grasses, la Campanie compte de merveilleuses oasis de verdure et de tranquillité, telles la Villa Rufolo qui inspira Richard Wagner à Ravello ou les jolies cours paysagées de Pompéi.

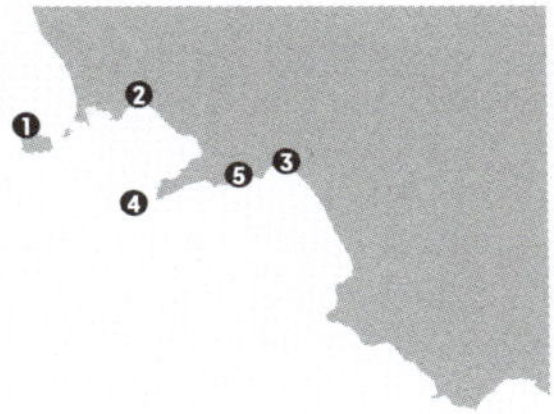

NOTRE SÉLECTION

Visitez les jardins subtropical et méditerranéen, la volière tropicale et le pavillon thaïlandais des ❶ **Giardini la Mortella**. (p. 140)

Fuyez le chaos urbain à l' ❷ **Orto Botanico** de Naples, composé d'un jardin japonais, d'un jardin médiéval et d'espèces végétales appartenant à différents écosystèmes. (p. 91)

Promenez-vous dans le ❸ **Giardino della Minerva**, précurseur des jardins botaniques d'Europe fondé au XIIe siècle, où les élèves de l'école de médecine de Salerne étudiaient jadis les simples. (p. 202)

Contemplez le panorama sur la baie de Naples depuis les ❹ **Giardini di Augusto**, créés à Capri au début du XXe siècle. (p. 147)

Flânez parmi les pelouses et les roses de la romantique ❺ **Villa Cimbrone**, à Ravello, dont la terrasse perchée au-dessus de la mer offre une vue grandiose. (p. 185)

Règles de conduite

Les jardins peuvent comporter des interdictions de pique-niquer. Restez à l'écart des zones protégées et ne cueillez bien sûr aucune plante.

Agenda culturel

Beaucoup de jardins servent de cadre à des événements de qualité ; consultez la programmation.

Alerte météo

En Italie, les jardins ferment en cas d'alerte météo, même s'il n'y a pas un nuage à l'horizon. Renseignez-vous avant votre visite.

Naples et Pompéi

MYTHE ET HISTOIRE

Naples et ses environs peuvent être au premier abord un peu rudes, mais recèlent des trésors inestimables. Les vestiges romains se superposent aux rues grecques antiques, le sang des saints est magique, les volcans bouillonnent en attendant leur heure et les palais baroques atteignent le comble de l'ornementation. Et mentionnons bien sûr les meilleures pizzas que l'on ait jamais mangées...

p. 46

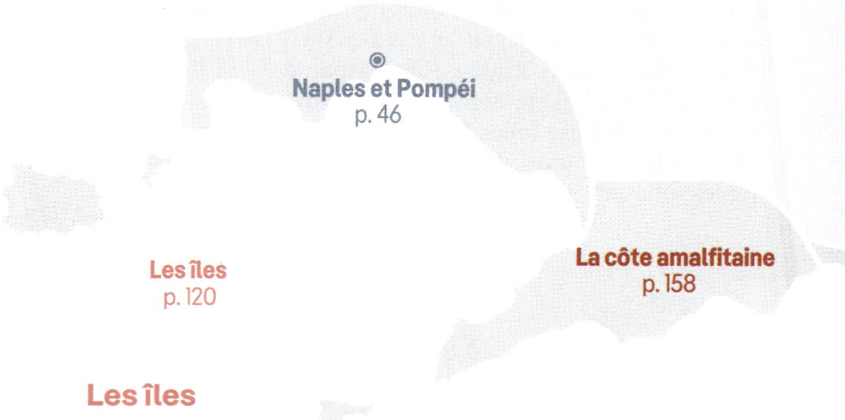

Les îles

VUE SUR LA MER À 360°

Les îles de la baie de Naples sont aussi appréciées que réputées. Les splendides paysages et le cachet culturel de Procida lui ont valu d'être nommée Capitale italienne de la culture en 2022, tandis que le glamour jet-set de Capri n'est éclipsé que par sa beauté naturelle. Après les avoir explorées toutes les deux, rendez-vous à Ischia, réputée pour ses eaux thermales.

p. 120

La côte amalfitaine

ENVOÛTANTS PAYSAGES MARINS

Ces 50 km de littoral escarpé et vertigineux, ponctués de villages de pêcheurs et de citronneraies, offrent une image idyllique de l'Italie. On peut y faire des randonnées exaltantes en bord de mer, entre les charmantes maisons qui s'agrippent à la falaise. Les cathédrales aux dômes colorés ornés de céramique de Vietri rendent ce paysage bien reconnaissable.

p. 158

VILLES ET RÉGIONS

Composez votre voyage selon vos envies.

Salerne et le Cilento

L'EXTRÊME-SUD DE LA CAMPANIE

Paisible cité littorale, Salerne garde le souvenir de la plus ancienne école de médecine d'Europe. Non loin, Paestum recèle des vestiges grecs superbement conservés. Quant à la région du Cilento, c'est le berceau du régime méditerranéen ; l'espérance de vie de ses habitants dépasse de 10 ans celle du reste de l'Italie...

p. 194

Marina Grande, Capri

ITINÉRAIRES

Les îles et la côte amalfitaine

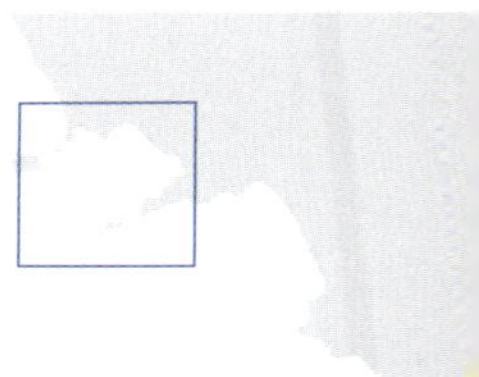

Durée : 5 jours **Distance :** 140 km

Court mais ravissant, ce séjour en Campanie vous fera découvrir les îles d'Ischia et Capri, mais aussi Sorrente et Positano, deux célèbres villes de la côte amalfitaine, ainsi que des ruines romaines et des maisons blanches agrippées aux falaises. Délassez-vous dans un centre thermal et admirez le plus beau panorama de la baie de Naples.

1

ISCHIA 2 JOURS

Direction la verdoyante île volcanique d'**Ischia** (p. 133). Découvrez le Castello Aragonese médiéval, et les vestiges sous-marins d'une cité romaine à Aenaria. Passez une journée dans les thermes, explorez les hameaux et baignez-vous dans une source chaude dans la Baia di Sorgeto.

***Détour :** ascension du Monte Epomeo.*

4 heures

50 minutes en ferry

2

CAPRI 1 JOUR

Prenez le ferry pour l'île glamour de **Capri** (p. 143) et arpentez sa Piazzetta prisée des célébrités. Faites des emplettes dans les boutiques chics et visitez les jardins avec vue sur les Faraglioni. Rejoignez à pied des belvédères offrant une vue grandiose.

***Détour :** excursion en bateau jusqu'à la Grotta Azzura (grotte Bleue).*

3 heures 30

20 minutes en ferry

3

SORRENTE 1 JOUR

Flânez dans le centre historique de **Sorrente** (p. 164), puis visitez une citronneraie et dégustez un *limoncello* 100% bio. Après avoir visité les églises, contemplez le panorama depuis la terrasse d'un jardin public. Régalez-vous de fruits de mer sur le port.

***Détour :** rejoignez les Bagni Regina Giovanna et piquez une tête depuis des ruines romaines.*

3-4 heures

40 minutes en ferry

4

POSITANO 1 JOUR

La romantique **Positano** (p. 168), avec sa myriade d'escaliers et ses plages vous attend. Choisissez entre un *aperitivo* chic au bord de l'eau, un plongeon depuis les rochers ou une crique accessible en bateau, avant de rentrer à Naples en bus – le départ du dernier ferry étant aléatoire.

Détour : *randonnez sur le célèbre Sentiero degli Dei.*

5 heures

À 62,5 km en bus de l'aéroport international de Naples

Spiaggia Grande, Positano

ITINÉRAIRES

Le "Grand Tour" de la Campanie

Durée : 10 jours
Distance : 335 km

Découvrez la vraie pizza napolitaine et profitez des thermes d'Ischia avant de longer la côte vers le sud. Cet itinéraire jalonné de ruines grecques et romaines vous emmènera jusqu'au Cilento, dont vous découvrirez la nature sauvage préservée, les villages ruraux et Salerne, la charmante capitale.

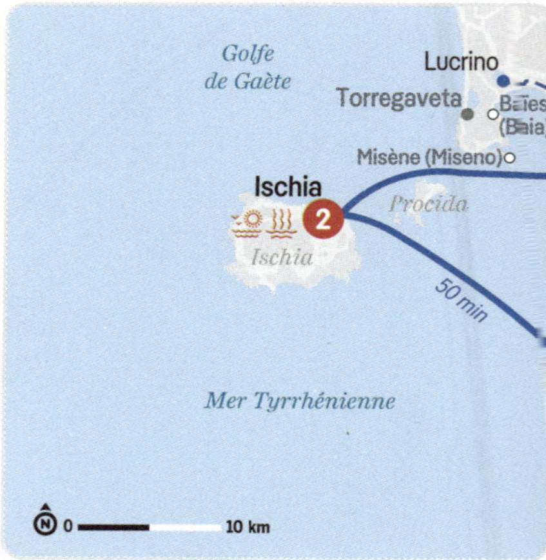

1

NAPLES 3 JOURS

Posez vos valises à **Naples** (p. 47) pour explorer la baie. Consacrez deux jours à la visite de la ville et une demi-journée à celle du palais baroque de Caserte. Explorez les ruines de Pompéi, puis gravissez le Vésuve.

***Détour :** prenez le train Cumana jusqu'à Lucrino dans les Champs Phlégréens pour une plongée sous-marine parmi des ruines romaines.*

4 heures

50 minutes en hydroglisseur, 1 heure à 1 heure 30 en ferry

2

ISCHIA 2 JOURS

Explorez la luxuriante **Ischia** (p. 133) à la découverte de son château médiéval posé sur un îlot et des ruines romaines sous-marines d'Aenaria, sans oublier les plages. Grimpez sur le Monte Epomeo pour goûter un ragoût de lapin d'Ischia dans un restaurant sur les hauteurs.

***Détour :** baignez-vous dans une source chaude naturelle à Baia di Sorgeto.*

3 heures

50 minutes en ferry

3

CAPRI 1 JOUR

Direction **Capri** (p. 143) pour vous perdre dans ses jolies ruelles. Visitez la chartreuse médiévale et promenez-vous dans des jardins avec vue sur les Faraglioni, trois célèbres rochers. Gravissez les collines pour profiter des points de vue ou visiter les villas Jovis et Lysis surplombant le golfe et la côte.

***Détour :** naviguez jusqu'à la Grotta Azzurra (grotte Bleue).*

3-4 heures

30 minutes en ferry

4 POSITANO 1 JOUR

Prenez le ferry de bonne heure pour **Positano** (p. 168) afin de profiter de la plage ou d'explorer les ruelles escarpées bordées de boutiques. Découvrez les fresques d'une villa romaine cachée sous la Chiesa di Santa Maria Assunta dont le dôme aux tuiles jaunes et vertes domine un panorama de *dolce vita*.

***Détour :** suivez le superbe Sentiero degli Dei, entre ciel et terre.*

5 heures

1 heure de route

5 RAVELLO 1 JOUR

Éloignez-vous de la côte pour rejoindre **Ravello** (p. 183) sur sa colline. Explorez son lacis de ruelles et admirez des trésors d'art sacré dans la cathédrale et son musée. Flânez dans les jardins des célèbres villas Rufolo et Cimbrone, avec vue époustouflante sur la côte.

***Détour :** roulez jusqu'à Tramonti pour visiter des domaines viticoles artisanaux.*

4-5 heures

1 heure 30 de route

6 SALERNE 2 JOURS

Cap à l'est sur **Salerne** (p. 200) à flanc de colline. Découvrez son centre historique et son fort médiéval. Rejoignez le Parco Nazionale del Cilento, Vallo di Diano e Alburni, pour explorer les montagnes et les sentiers du Vallo di Diano. Visitez la plus grande chartreuse d'Italie à Padula, puis contemplez des temples grecs à Paestum avant de retourner à Naples.

L'aéroport international le plus proche est à Naples, à 57,3 km à l'ouest.

ANTONIO GRAVANTE/SHUTTERSTOCK ©, MACIEJ MATLAK/SHUTTERSTOCK ©, CANADASTOCK/SHUTTERSTOCK©

Côte amalfitaine

ITINÉRAIRES

À voir absolument

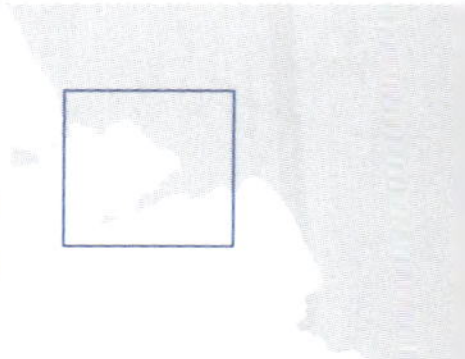

Durée : 7 jours **Distance :** 335 km

Voici un itinéraire à la découverte des sites incontournables de Campanie. Au programme, Naples, de délicieuses pizzas, les vestiges de Pompéi et des panoramas inoubliables, de Capri à la côte amalfitaine.

1

NAPLES 2 JOURS

Commencez par sillonner les quartiers de **Naples** (p. 47), entre splendeurs et ruelles délabrées, jusqu'au beau front de mer. Berceau de la pizza, la ville est réputée pour sa cuisine de rue et son café. Visitez le Museo Archeologico Nazionale.

Détour : *prenez le train Cumana jusqu'à Lucrino pour une plongée sous-marine parmi les ruines de villas romaines au Parco Sommerso di Baia.*

4 heures

40 minutes en train depuis la gare Napoli Centrale

2

POMPÉI 1 JOUR

Rejoignez les émouvants vestiges romains de **Pompéi** (p. 96). Émerveillez-vous devant les mosaïques et les fresques raffinées, contemplez le vaste forum et arpentez les rues antiques. Gravissez ensuite le Vésuve, le volcan qui dévasta la cité.

Détour : *visitez un domaine viticole familial au pied du volcan et dégustez des crus anciens.*

3-4 heures

50 minutes en ferry entre Naples et Capri

3

CAPRI 1 JOUR

Sur l'île glamour de **Capri** (p. 143), la mer, les citronniers et les montagnes composent un paysage unique. Visitez les villas emblématiques émaillant les collines et offrez-vous un *aperitivo* sur la célèbre Piazzetta, avant de faire du lèche-vitrines. Admirez les Faraglioni depuis les magnifiques jardins.

Détour : *montez en télésiège au faîte du Monte Solaro.*

3 heures

30 minutes en ferry

4

POSITANO 1 JOUR

Débarquez du ferry dans la romantique **Positano** (p. 168). Empruntez les escaliers sans fin du centre-ville escarpé et laissez-vous tenter, dans les boutiques, par les tenues en lin faites main. La vision de la côte et des tuiles vernissées du dôme de la Chiesa di Santa Maria Assunta est magique. Baignez-vous sur l'une des plages de la ville.

Détour : *parcourez le célèbre Sentiero degli Dei.*

5 heures 30

25 minutes en ferry

5

AMALFI 1 JOUR

Ralliez **Amalfi** (p. 175), principal port de la côte. Grimpez les 62 marches qui mènent à la cathédrale de style arabo-normand et explorez le passé papetier de la ville. Flânez dans le centre historique et découvrez comment sont cultivés les citrons d'Amalfi.

Détour : *prenez le bus pour Fiordo di Furore et descendez les marches en pierre pour profiter de plages isolées.*

4 heures 50 minutes

40 minutes en bus

6

RAVELLO 1 JOUR

Arpentez le lacis des ruelles médiévales de **Ravello** (p. 183), ville perchée sur une colline. Admirez la vue depuis les villas Cimbrone et Rufolo. Apprenez à faire une *mozzarella fior di latte* avec Biagio Staiano, fromager de la laiterie Staiano.

Détour : *prenez la navette Travelmar pour Tramonti et visitez de petits domaines viticoles.*

5-6 heures

L'aéroport international le plus proche se trouve à 58,9 km à l'ouest, à Naples

QUAND PARTIR

En été ou pas ?

Qu'il pleuve ou que le soleil brille, la Campanie est une région splendide, avec une foule de monuments à découvrir et d'innombrables randonnées à entreprendre. Si Naples ne dort jamais, la côte et les îles ont tendance à somnoler dès que l'été s'achève, à l'exception notable de Sorrente, où la vie culturelle et nocturne ne faiblit pas.

En haute saison (juin-août), la population augmente, de même que les prix. Il est vivement déconseillé d'envisager un séjour en août, car nombre de sites, d'hébergements et de commerces sont alors fermés. Cela dit, partir hors période touristique a aussi ses inconvénients. Dans certains endroits, les transports en commun sont en effet moins fréquents ou cessent de fonctionner.

La côte amalfitaine à moindre coût

La côte amalfitaine étant l'un des lieux les plus onéreux de Campanie, venez plutôt en mai ou en septembre, et réservez tôt afin de profiter des meilleurs tarifs. Le temps sera aussi plus agréable et vous éviterez la foule.

PAROLE D'HABITANT

TRADITIONS DE NOËL

Écrivain voyageur, Laura Thayer vit à Amalfi et gère le site Internet ciaoamalfi.com

"La période de Noël commence officieusement avec la fête patronale de saint André, le 30 novembre, et a bien plus de charme que les célébrations estivales. Les rues sont décorées et l'effervescence se prolonge jusqu'à l'Épiphanie. Un grand feu d'artifice au-dessus du port d'Amalfi marque le Nouvel An (*Capodanno*)."

Sorrente

MARS EST FOU !

Le proverbe italien *marzo è pazzo* se vérifie pleinement. En mars, la météo devient capricieuse, les éclaircies alternant avec des pluies battantes et des températures à faire claquer des dents (7°C). Sans parapluie, point de salut.

La météo au fil des mois

	JANVIER	FÉVRIER	MARS	AVRIL	MAI	JUIN
Température diurne moyenne	**13°C**	**13°C**	**16°C**	**19°C**	**23°C**	**27°C**
Jours de pluie	9	9	8	9	6-7	3

FRONT FROID

Contrairement aux idées reçues, on grelotte parfois dans le sud de l'Italie. En raison de sa proximité avec la mer, la Campanie a un climat plutôt chaud, mais les températures commencent à chuter dès novembre et peuvent descendre jusqu'à 5-6°C en plein hiver.

Les grands rendez-vous

Carnaval À l'approche de Pâques, des enfants déguisés investissent les rues tapissées de confettis et les pâtisseries se remplissent de friandises. Des défilés de chars bigarrés marquent le point d'orgue des festivités. **février-mars**

Ravello Festival (p. 184) Ce festival de musique classique de premier plan se tient dans les superbes jardins en terrasses de la Villa Rufolo. **juin-août**

Ferragosto L'été et l'affluence culminent avec la fête catholique de l'Assomption, chère au cœur des Campaniens, qui donne lieu à des soirées, des concerts et une joyeuse pagaille rappelant les *Feriae Augusti* païennes de jadis, célébrées à la même date. **15 août**

Luci d'Artista (p. 204) La féérie de Noël s'empare de Salerne, qui s'emplit d'installations lumineuses. **fin novembre-janvier**

Fêtes locales et festivals

Misteri di Procida (p. 126) Des chars illustrant la Passion du Christ sont portés en procession dans les rues de Procida par des pénitents vêtus de blanc et de bleu. **Vendredi saint**

Notte delle Lampare (p. 189) Cetara fait revivre l'ancienne technique de pêche nocturne au lamparo consistant à attirer les anchois vers les bateaux à l'aide de lampes. Au programme : dégustation d'anchois, concerts et feux d'artifice. **juillet**

Festa del Porto (p. 133) Ischia célèbre l'inauguration de son port, en 1854, par un défilé en costumes d'époque reconstituant l'arrivée triomphale du roi et de la cour, un spectacle musical et un feu d'artifice. **17 septembre**

Festa di San Michele (p. 199) La statue de saint Michel est transportée d'un sanctuaire de montagne jusqu'à Sala Consilina (province de Salerne), où un enfant déguisé en archange survole la place grâce à un câble. **28 septembre**

PAROLE D'HABITANT

PLAISIRS D'ÉTÉ

Originaire de Procida, Nico Muro dirige une agence de voyages.

"En été, j'aime regarder le coucher de soleil depuis Chiaiolella. J'aime aussi faire du bateau ou, dès que je le peux, surfer. Procida n'est pas une grande destination de surf, mais il existe quelques jours propices. J'attrape alors ma planche et j'essaie de prendre une vague près du pont de Vivara."

Marina Corricella, Procida

CHAUD ET SEC

Les étés campaniens sont plutôt secs, avec une moyenne de 13 à 24 mm de pluie en juillet, le mois le moins arrosé. La température maximale tourne autour de 31°C, mais elle peut culminer à 36-38°C dans le Vallo di Diano, qui connaît un microclimat.

JUILLET	AOÛT	SEPTEMBRE	OCTOBRE	NOVEMBRE	DÉCEMBRE
Température diurne moyenne : **29°C**	Température diurne moyenne : **30°C**	Température diurne moyenne : **26°C**	Température diurne moyenne : **22°C**	Température diurne moyenne : **17°C**	Température diurne moyenne : **14°C**
Jours de pluie : 2	Jours de pluie : 4	Jours de pluie : 7	Jours de pluie : 8	Jours de pluie : 10	Jours de pluie : 11

Positano

AVANT DE PARTIR POUR NAPLES ET LA CAMPANIE

Nos recommandations pour bien se préparer.

Dans sa valise

Chapeau Prévoyez-en un notamment pour randonner.

Chaussures Prévoyez des chaussures suffisamment confortables pour affronter les escaliers et les pavés, mais aussi une paire élégante pour sortir.

Couvrez-vous Même en été, il est judicieux d'avoir de quoi se couvrir en cas de pluie, ainsi que pour visiter les lieux de culte, où il est mal vu d'avoir les épaules et le ventre dénudés. Si vous voyagez durant la basse saison, emportez des vêtements chauds et un parapluie !

À savoir

Regardez vos amis dans les yeux quand vous trinquez (et cela, jamais avec des verres en plastique !).

Ne tentez même pas de dire qu'une autre cuisine est meilleure que l'italienne !

Contrairement à ce qu'on pourrait croire, une petite tasse de café serré à l'italienne contient bien moins de caféine qu'une grande tasse de café plus léger.

Bien que les Napolitains se plaignent facilement des travers de leur ville, les critiques des étrangers ne sont pas les bienvenues.

LIRE

L'Amie prodigieuse (Elena Ferrante, 2011-2014). L'amitié toxique entre Elena et Lila, avec pour toile de fond Naples et Ischia, des années 1940 à nos jours.

Capri, petite île (Félicien Marceau, 1951). Des personnages vivent et se croisent à Capri.

Dictionnaire insolite de Naples (Maria Franchini, 2020). La vie napolitaine, présente et passée, loin des clichés.

Gomorra : Dans l'empire de la Camorra (Roberto Saviano, 2006). Un livre qui traite de la Mafia avec une grande liberté de ton.

Le Jour avant le bonheur (Erri De Luca, 2010). Un récit d'initiation qui a pour cadre Naples, dans l'immédiat après-guerre.

L'Île d'Arturo (Elsa Morante, 1978). Histoires d'enfance et d'adolescence dans la baie de Naples.

Le Ventre de Naples (Valeria Parrella, 2009). Une sélection des meilleures nouvelles napolitaines de l'auteure.

Pompéi : Art, histoire et vie au cœur de la cité ensevelie (Marisa Ranieri Panetta et Araldo De Luca, 2005). Un livre beau et passionnant.

En quelques mots

Buongiorno (bwon·*djor*·no) : bonjour.

Buonasera (bwo·na·*sé*·ra) : bonsoir – s'emploie dès le début de l'après-midi.

Arrivederci (a·ri·vé·*der*·chi) : au revoir.

Per favore (per fa·*vo*·ré) : s'il vous plaît.

Grazie (*gra*·tsyé) : merci

Prego (*pré*·go) : je vous en prie.

Mi scusi (mi *skou*·zi) : excusez-moi.

Permesso (pér·*mès*·so) : pardon – en dérangeant quelqu'un.

Posso entrare? (po·so èn·*tra*·ré) : puis-je entrer ?

Sto solo guardando (sto solo gwar·*dann*·do) : je ne fais que regarder (dans un magasin).

Quanto costa questo? (*kouan*·to *ko*·sta *koué*·sto) : combien ça coûte ?

Vorrei un caffè (vo·*réi* oun ka·*fé*) : je voudrais un café.

Mi porta il conto, per favore (mi *por*·ta il *kon*·to, per fa·*vo*·ré) : apportez-moi l'addition, s'il vous plaît.

C'è un errore nel conto (tchè oun é·*ro*·ré nel *kon*·to) : il y a une erreur dans l'addition.

C'è un gabinetto? (tché oun ga·bi·*né*·to) : y a-t-il des toilettes ?

Può aiutarmi per favore? (pouo a·you·*tar*·mi per fa·*vo*·ré) : pourriez-vous m'aider s'il vous plaît ?

Mi sono perso/a (m/f) (mi so·no pèr·so/a) : je me suis perdu/e.

Ccà nisciuno è fesso (ka ni·chioun' e fi·sso) : "Je ne suis pas stupide !" (en napolitain)

VOIR

L'Amie prodigieuse (2018). Adaptation télévisée du roman. Des scènes ont été tournées à Naples et à Ischia.

Le Talentueux M. Ripley (Anthony Minghella, 1999). Moins de *dolce vita,* plus de crime. La ville fictive de Mongibello (photo) est incarnée par Ischia, Procida et Positano.

Le Facteur (Michael Radford, 1994). Des scènes se déroulent à Procida, sur la plage Cala del Pozzo Vecchio.

L'Or de Naples (Vittorio De Sica, 1954). Des instants de vie dans la grouillante Naples, avec Sophia Loren.

ÉCOUTER

Lost Souls (Spaccanapoli, 2000). Ce duo, dont le nom rend hommage à Naples, mêle rock et musique napolitaine traditionnelle.

Nero a Metà (Pino Daniele, 1980). Le chanteur auteur-compositeur Daniele inventa un genre musical : le *tarumbò*. Il chantait en napolitain.

Napoli Punto e a Capo (Renzo Arbore e L'Orchestra Italiana, 1992). La musique traditionnelle napolitaine par un orchestre moderne.

Mood Street (PeppOh, 2020). PeppOh mélange le *trap*, le hip-hop et même des ballades indie pour créer une musique unique, mais résolument napolitaine.

KRISTI BLOKHIN/SHUTTERSTOCK ©

Sfogliatelle

À TABLE !

On dit parfois "Après l'effort, le réconfort" – en Campanie, ce serait même "Après les escaliers, les bonnes spécialités" !

La Campanie est sans doute la région italienne dont la gastronomie a le plus fortement rayonné dans le monde : pizzas, calzones, aubergines *alla parmigiana*... Bref, des plats nappés de sauce tomate et de mozzarella. Mais il existe bien d'autres délicieuses spécialités, parfois moins connues.

Vous découvrirez au cours de votre voyage, outre l'extrême diversité de la cuisine campanienne, les coutumes locales. Si le petit-déjeuner se résume à un expresso accompagné d'une viennoiserie, les déjeuners et les dîners, eux, s'apparentent parfois à de lentes sonates en quatre mouvements : *antipasto* (entrée), *primo* (plat de pâtes), *secondo* (viande ou poisson) et *dolce* (dessert). Proposer d'aller prendre un café ou de déguster une pizza est un bon moyen de se faire des amis, et la cuisine de rue frite est ici un art de vivre. Les Italiens aiment parler de nourriture (surtout quand ils sont à table) : des plats qu'ils viennent de déguster, de ceux qu'ils aiment, des bons et des mauvais restaurants.

Alors, laissez-vous tenter...

Les saveurs de la Campanie

La cuisine de Campanie, qui allie produits de la mer et de la montagne, et fleure bon l'huile d'olive verte poivrée, le citron, l'origan et la menthe, reflète son terroir – un littoral ensoleillé, des volcans et des montagnes. Les tomates mûries au soleil, les figues et les artichauts blancs, mais aussi les sardines, les poulpes, le lapin et le porc, dont on

Les essentiels

RAGÙ
Sauce à base de tomates, d'oignons et de viande.

PARMIGIANA DI MELANZANE
Gratin d'aubergines, sauce tomate et fromage.

SPAGHETTI ALLE VONGOLE
Spaghettis aux palourdes.

PASTA E PATATE
Pâtes et pommes de terre à la *provola* (fromage).

fait de la *soppressata* (gros saucisson), y sont à l'honneur. La *provola* (provolone), le *caciocavallo*, la *mozzarella fior di latte* (au lait de vache) et la *mozzarella di bufala* (au lait de bufflonne) sont des fromages de choix. La *mozzarella fior di latte* est souvent éclipsée par la *mozzarella di bufala,* plus typée et plus crémeuse et au goût subtil. Fabriquée dans les plaines autour de Caserte et de Paestum, elle se déguste idéalement fraîche du jour.

La cuisine familiale

Tout le monde rêve d'être invité à déjeuner chez la *nonna* (grand-mère), ce qui pourrait bien vous arriver dans cette région où l'hospitalité est de mise.

Si vous avez cette chance, n'arrivez pas les mains vides, apportez une bouteille de vin ou des petits gâteaux achetés dans une *pasticceria* (pâtisserie). Pour un repas de tous les jours, on vous servira un *primo* et peut-être un *contorno* (accompagnement). Pour un déjeuner dominical, attendez-vous à quatre plats, avec leurs garnitures, le tout accompagné de vin.

PAOLO GALLO/SHUTTERSTOCK ©

Spaghetti alle vongole

Régimes alimentaires

Force est de reconnaître que la Campanie n'est pas vraiment le lieu où il est facile de respecter un régime, qu'il soit sans viande, sans gluten ou sans produits laitiers. Dans cette région touristique, on trouve souvent des plats légers, comme les salades ou le carpaccio de poulpe, à midi, mais ils ne sont pas vraiment traditionnels. Si vous avez des restrictions alimentaires ou des allergies, précisez-le ; certains cuisiniers se feront un plaisir de vous concocter quelque chose de délicieux !

YASEMIN OLGUNOZ BERBER/SHUTTERSTOCK ©

ÉVÉNEMENTS CULINAIRES

Pizza Village *(pizzavillage.it ; été ; photo ci-dessus).* Les *pizzaioli* du monde entier viennent concourir à Naples.

Wine & the City *(wineandthecity.it ; mai).* Pendant 10 jours, célébration des vins locaux, avec dégustations, animations et ateliers dans tout Naples.

Sagra del Tonno *(juillet).* Fête du thon sous toutes ses formes à Cetara.

La Festa del Carciofo IGP di Paestum *(avril-mai).* Fête de l'artichaut à Paestum.

Festa del Fico Bianco del Cilento *(août).* Cinq jours dédiés à la très prisée figue blanche du Cilento.

ZITI ALLA GENOVESE
Ziti (grosses pâtes) avec une sauce aux oignons et à la viande.

SCIALATIELLI ALLA PESCATORA
Longues pâtes épaisses aux fruits de mer.

GNOCCHI ALLA SORRENTINA
Gnocchis à la sauce tomate et à la mozzarella.

PIZZA MARGHERITA
Pizza avec de la sauce tomate, de la mozzarella et du basilic.

Spécialités locales

Chaque recoin de la région possède ses propres spécialités gastronomiques. Certaines sont réputées, d'autres sont méconnues.

Emblèmes régionaux

Insalata di limone (salade de citrons ; Procida)
Spaghetti alla Nerano (photo ci-dessus ; spaghettis aux courgettes frites et au fromage ; Nerano)
Ravioli alla caprese (raviolis au fromage et aux herbes et sauce tomate ; Capri)
Ndunderi di minori (gnocchis à la ricotta ; Minori)
Soppressata cilentana (salami de porc fumé ; Cilento)
Colatura di alici (coulis d'anchois ; Cetara)

En-cas et cuisine de rue

Taralli n'zogna e pepe (biscuits croquants en forme d'anneau au lard, amandes et poivre noir)
Montanara (pizza frite à la sauce tomate, au basilic et au fromage)
Frittatina di pasta (croquettes de pâtes)
Cuopp' di pesce (cône en papier garni de petits poissons frits)
Cuzzetiello (baguette fourrée de *ragù*)
Pizza fritta (calzone frit)

Plaisirs sucrés

Babà au rhum
Santa Rosa (coquille de pâte feuilletée fourrée de crème et surmontée d'une griotte)
Sfogliatella riccia (coquille de pâte feuilletée garnie de ricotta)
Sfogliatella frolla (coquille de pâte brisée garnie de ricotta)
Fiocco di neve (brioche fourrée de ricotta et de crème)
Lingua di bue (chausson à la crème de citron)

Pour les curieux

Coniglio alla procidana/ alla caprese/all'ischitana (ragoût de lapin d'Ischia)
Spaghetti ai ricci di mare (spaghettis aux oursins)
Alici (anchois)
Melanzane al cioccolato (aubergines avec sauce au chocolat !)

TABLES D'EXCEPTION

50 Kalò (p. 86) La pizzeria napolitaine du chef Ciro Salvo, est réputée.

O'Parrucchiano (p. 165) Trattoria à l'ancienne de Sorrente, où l'on vous sert au milieu de citronniers.

O'Pignattello (p. 139) Dans ce restaurant élégant de poisson de Lacco Ameno, chaque détail compte.

Ristorante Eughenes (p. 165) Après une randonnée à Punta Campanella, goûtez la cuisine campagnarde de cette trattoria sans chichis.

Il Ritrovo (p. 173) Échappez aux foules de touristes de Positano dans ce refuge de montagne de Montepertuso qui sert des plats rustiques originaux.

Al Civico90 (p. 201) Dans ce restaurant simple mais chic de Salerne, goûtez la spécialité, le *noccioraviolo* (chausson au fromage et aux noisettes).

UNE ANNÉE DANS L'ASSIETTE

PRINTEMPS

Régalez-vous de soupe de légumes et fèves, *taddi e fave*, et de *migliaccio*, le gâteau de carnaval à la ricotta et à l'orange, avant l'arrivée, plus tard en saison, des artichauts et des asperges.

ÉTÉ

C'est la saison des tomates, des aubergines et des courgettes, mais aussi des pétoncles et des moules. Profitez de l'*insalata caprese* (salade de tomates, mozzarella et basilic, arrosée d'huile d'olive).

AUTOMNE

C'est le début des *vendemmia* (vendanges), un bon moment pour visiter des domaines viticoles, et goûter des plats familiaux et consistants, comme les *paccioche con i ceci* (pâtes aux pois chiches).

HIVER

C'est la saison de la réconfortante *zuppa di castagne, porcini e fagioli con tartufo,* soupe aux châtaignes, aux cèpes et aux truffes. Régalez-vous des douceurs de Noël, comme les *struffoli* (petits beignets au miel).

Stand de pizza

L'ART DE manger la *pizza napoletana*

La pizza, à la base de la *cucina povera*, constitue le fondement de la réputation culinaire de Naples. Une pizza classique est cuite au feu de bois. Elle doit avoir un *cornicione* (bord) épais, gonflé et alvéolé, légèrement noirci. La pâte, pas trop cuite, doit rester moelleuse. La véritable pizza napolitaine est garnie de peu de fromage. Outre la classique margherita, citons la *pizza alla capricciosa* (artichauts, olives et jambon), *alla marinara* (sauce tomate, origan, avec parfois olives et anchois) et *alla diavola* (avec salami épicé). Inspirée de la cuisine de rue, la *wurstel e patate* (saucisses et frites) est aussi appréciée. À Naples et sur la côte amalfitaine, on aime la *pizza alla nerano* (avec courgettes frites et fromage).

En général, on mange la pizza avec un couteau et une fourchette, après l'avoir coupée en quatre ou huit parts, mais vous pouvez utiliser vos doigts. Pas besoin de faire de manières.

De la pizza à toute heure !

Il existe une myriade de pizzerias chargées d'histoire où l'on pétrit la pâte depuis des siècles, notamment Da Michele (p. 60) dans le *centro storico* de Naples, un lieu célébrissime depuis que Julia Roberts a dégusté une de ses pizzas dans le film *Mange, prie, aime* (2010). Mais dans chaque pizzeria historique, il y a une vingtaine de pizzaioli napolitains créatifs qui repoussent les limites de leur art.

Les classiques

Préparez-vous à faire la queue…

- L'Antica Pizzeria Da Michele (p. 60)
- Antica Pizzeria e Trattoria (p. 71)

Pizzas plus modernes

- 50 Kalò (p. 86)
- Concettina ai Tre santi (p. 92)
- Nonna Tittina (p. 86)

Excellentes pizzas en dehors de Naples

- Donna Stella, Amalfi (p. 177)
- Covo dei Saraceni, Positano (p. 170)

LA PIZZA EN BREF

Quelques détails sur la spécialité italienne la plus appréciée à l'étranger.

- Faite à l'origine avec du pain plat grec et de tomates du Nouveau Monde, la pizza est née à Naples en 1738.
- En 1889, Raffaelle Esposito crée la pizza margherita, dont les couleurs (rouge, vert et blanc) évoquent le drapeau de l'Italie unifiée. Elle est baptisée en l'honneur de la reine d'Italie, Marguerite de Savoie.
- Le mot "pizza" signifie "gifle" en argot italien.
- Il existe deux grandes sortes de pizzas : la napolitaine (moelleuse avec une croûte épaisse) et la romaine (croustillante et fine).
- La bière et les *fritti*, comme les *arancini* (croquettes de riz) et la *mozzarella in carrozza* (mozzarella et pain, frits) se marient très bien avec la pizza. Pas de débats là-dessus !

VALERIOMEI/GETTY IMAGES ©

Sur le Sentiero degli Dei

ACTIVITÉS DE PLEIN AIR

Grottes secrètes, falaises vertigineuses et sentiers de randonnée côtoyant les cieux.

Quand on rêve de la Campanie, on ne pense pas forcément d'emblée à ses espaces naturels. La région réserve pourtant des sentiers et des plages qui ne demandent qu'à être explorés, des grottes cachées le long de sa côte et des falaises qui semblent faites pour plonger. En revanche, ses pentes abruptes ne se prêtent guère aux promenades faciles à vélo.

Balades et randonnées

Sur les sentiers, découvrez la *macchia mediterranea*, ce maquis méditerranéen typique de la région. Vous verrez et entendrez des cascades dans le lointain, croiserez des oliviers et des marronniers, et sentirez le parfum du romarin en traversant les citronneraies ombragées.

Le Sentiero degli Dei (sentier des Dieux ; p. 173), si proche, semble-t-il, des nuages, est de loin le plus réputé. Ne négligez pas les sentiers moins courus. Le Sentiero delle Ferriere (p. 187), lui, serpente au milieu de cascades et de vestiges d'anciennes papeteries. À Capri, le Sentiero dei Fortini (p. 151) grimpe sur une falaise de 280 m et longe des fortins du début du XIXe siècle.

Randonnez de préférence au printemps et en automne, ou le plus tôt possible car il fait très chaud en été. Et surtout, portez de bonnes chaussures de marche.

Immersion dans la nature

GROTTES
Explorez les **Grotte di Pertosa-Auletta**, le seul lieu d'Italie avec une rivière souterraine navigable (p. 207).

PLONGEON
À Capri, plongez depuis les falaises de la **Spiaggia del Faro**, réputée pour ses splendides couchers de soleil (p. 151).

SOURCES THERMALES
Offrez-vous détente et soins dans le spa de la **Fonte delle Ninfe Nitrodi** sur la colline (p. 142).

EN FAMILLE

Revivez la journée la plus explosive et tragique de la Rome antique au milieu des ruines de **Pompéi (p. 96)**.

Initiez-vous à l'archéologie en participant à une journée d'atelier au superbe **Parco Archeologico del Pausilypon (p. 86)**.

Nagez avec les poissons à l'**Area Marina Protetta Parco Sommerso di Gaiola (p. 87)** et découvrez la protection de la vie marine.

Surveillez les pirates depuis le **Castel dell'Ovo (p. 74)** armé de canons et profitez d'un panorama à 360° sur la baie de Naples.

Prenez un bateau à fond transparent à **Ischia** pour admirer les ruines de la cité romaine d'Aenaria (p. 137).

Montez en télésiège sur le **Monte Solaro (p. 152)** à Anacapri : en prenant de la hauteur vous aurez une vue époustouflante sur les citronneraies et la forêt.

Bateau

Il existe nombre de prestataires pour des sorties en bateau permettant d'admirer de loin la côte et les îles. C'est une option idéale si votre temps est compté. Sinon, nous vous recommandons une approche plus personnelle – et à votre rythme – en louant un *bragozzo* (barque) ou un kayak pour accoster sur des plages secrètes, comme la Spiaggia Laurito (p. 171).

Les eaux et les formations rocheuses de la Campanie ont un charme fou, d'autant plus qu'elles sont le cadre de certains épisodes des épopées d'Homère et de Virgile. La péninsule de Sorrente, en particulier, est associée aux sirènes et à leur chant perfide.

Veillez à ne pas pénétrer dans une zone protégée. Les riverains vous diront souvent que “tout le monde passe par là”, mais cela ne signifie pas que c'est autorisé ! Renseignez-vous auprès d'un guide officiel ou consultez les sites de l'office du tourisme pour en avoir le cœur net.

LES MEILLEURS SPOTS

Retrouvez le top des sites et des itinéraires sur la carte p. 42

ELENA ARRIGO/SHUTTERSTOCK ©

Kayak, côte amalfitaine

Plongée et snorkeling

La vie sous-marine véritablement exceptionnelle dans les eaux de la région fait qu'elle est très appréciée des plongeurs. Des centres de plongée existent sur une grande partie de la côte, proposant des sorties guidées, avec location de matériel et cours pour tous niveaux.

Dans la zone volcanique des Champs Phlégréens, le Parco Sommerso di Baia abrite les vestiges de villas romaines englouties après un séisme en 1538. Le centre de plongée de Lucrino affilié au parc propose des sorties avec guide et des cours de plongée afin de voir de près, au milieu des poissons, d'éblouissantes mosaïques et des statues. L'Area Marina Protetta Parco Sommerso di Gaiola offre aussi des sorties de snorkeling et de plongée avec des guides agréés. Faites une excursion en bateau le long des côtes aux eaux cristallines et préparez-vous à un beau spectacle.

MARCHE
Faites une balade paisible de Scala aux vestiges de la **Basilica di Sant'Eustachio** du XIIe siècle (p. 187).

KAYAK
Louez un kayak dans la sublime **Baia di Ieranto** et pagayez parmi les sirènes (p. 166).

ESCALADE
Gravissez le **Monte Epomeo** à Ischia pour jouir d'une vue panoramique sur les îles et la baie de Naples (p. 140).

PHOSPHORESCENCE
Découvrez les couleurs phosphorescentes de la **Grotta Azzurra** à Capri (p. 152).

Snorkeling/plongée

1. Parco Sommerso di Baia (p. 104)
2. Area Marina Protetta Parco Sommerso di Gaiola (p. 87)

Randonnée

1. Sentiero degli Dei (p. 173)
2. Sentiero delle Ferriere (p. 187)
3. Sentiero dei Fortini (p. 151)
4. Monte Cervati (p. 208)

Bateau

1. Spiaggia Laurito (p. 171)
2. Péninsule de Sorrente (p. 166)

LES MEILLEURS SPOTS

Notre sélection d'activités de plein air.

SUR LA ROUTE

Les chapitres de cette partie s'organisent autour des sites essentiels, qui pourront vous servir de base pour partir à la découverte des environs. Vous y trouverez toutes nos recommandations ainsi que des conseils d'habitants de la région pour vivre des expériences uniques.

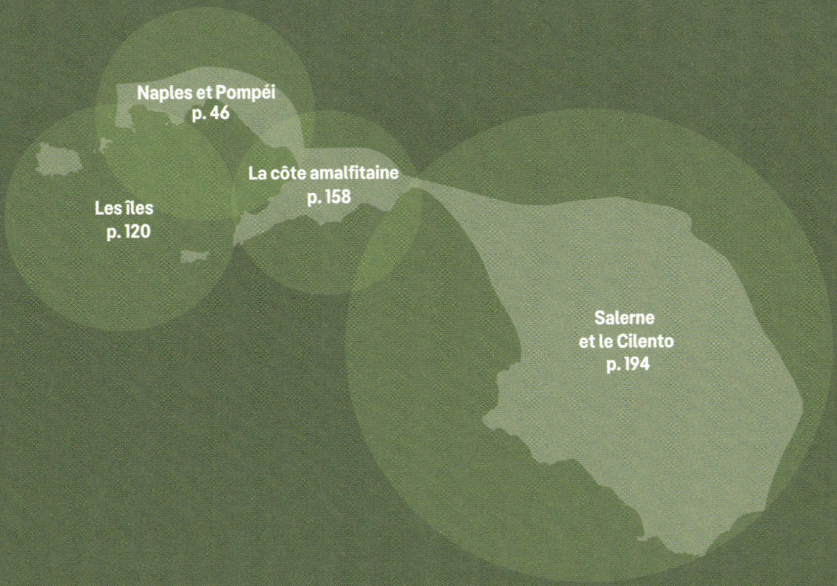

Fiordo di Furore (p. 181)

FOKKE BAARSSEN/SHUTTERSTOCK ©

NAPLES ET POMPÉI

MYTHES ET HISTOIRE

À la fois lieu de naissance de la pizza et demeure d'Hadès, le maître des Enfers, la région de Naples, placée sous le signe du Vésuve, déborde d'énergie.

On entend parfois dire, en Italie, qu'il y a l'Italie et qu'il y a Naples – tant la cité est singulière, par son caractère et par son histoire. Troisième ville d'Italie, Naples est l'une des plus anciennes, des plus artistiques et des plus attachantes. Son centre historique est classé au Patrimoine mondial, ses trésors archéologiques comptent parmi les plus impressionnants au monde et elle compte une myriade d'orgueilleux palais, châteaux et églises.

L'identité de la région se situe à la croisée de l'histoire et du mythe. Tout a commencé avec la Grèce. Après avoir fondé Cumes à proximité au VIIIe siècle av. J.-C., les Grecs établirent la cité vers 680 av. J.-C., l'appelant Parthénope. Aujourd'hui, le littoral est jalonné de vestiges helléniques. Et certaines formations rocheuses apparaîtraient même dans l'*Odyssée* d'Homère !

L'éruption du Vésuve en 79, à l'époque romaine, demeure une des catastrophes naturelles qui a le plus frappé les imaginations ; en réalité, le supervolcan partiellement sous-marin des Champs Phlégréens constitue une bombe à retardement sans doute plus dangereuse encore que le Vésuve.

FRANCESCO RICCARDO IACOMINO/GETTY IMAGES ©

Les Normands, les Angevins, les Espagnols et les Bourbons qui ont régné tour à tour sur Naples ont fait la richesse de la ville et laissé leur empreinte sur son architecture et sa langue. En 1600, Naples était la plus grande ville d'Europe, ornée de splendeurs baroques par des artistes comme Luca Giordano, José de Ribera et Caravage.

À partir de la fin de l'unification italienne, en 1871, Naples a entamé un long déclin, renforcé par la présence de la Camorra. Aujourd'hui, la ville conserve ses côtés sombres ; mais si l'agglomération peut sembler anarchique et délabrée, regardez au-delà de la saleté et des graffitis et vous découvrirez une ville aux fresques, aux sculptures et aux panoramas époustouflants, d'une surprenante élégance.

La règle : prendre son temps. Monter en funiculaire sur les collines du Vomero pour admirer la ville. Plonger dans les eaux des Champs Phlégréens pour explorer des villas romaines englouties. Visiter Herculanum, autre ville victime du Vésuve en 79. Et succomber à la délicieuse gastronomie napolitaine...

QUARTIERS PRINCIPAUX

CENTRE HISTORIQUE
Quelque 2 700 ans d'histoire... p. 52

TOLEDO ET QUARTIERS ESPAGNOLS
Merveilles baroques et sombres ruelles. p. 65

SANTA LUCIA ET CHIAIA
Promenades et front de mer chic.
p. 74

VOMERO
La belle vie sur les hauteurs.
p. 78

ELXENEIZE/GETTY IMAGES ©

Rue napolitaine

MERGELLINA ET POSILLIPO
Ruines submergées et panoramas maritimes. p. 84

LA SANITÀ ET CAPODIMONTE
Cryptes et catacombes. p. 88

BAIE DE NAPLES
Activité volcanique et vestiges romains de Pompéi et Herculanum. p. 93

CHAMPS PHLÉGRÉENS
Cratères et ruines romaines sous-marines. p. 103

S'orienter

La ville de Naples est immense et les sites à voir dans ses environs sont éloignés les uns des autres. Voici quelques informations pour s'y retrouver dans ce milieu tentaculaire et divers, afin de profiter au mieux de son séjour.

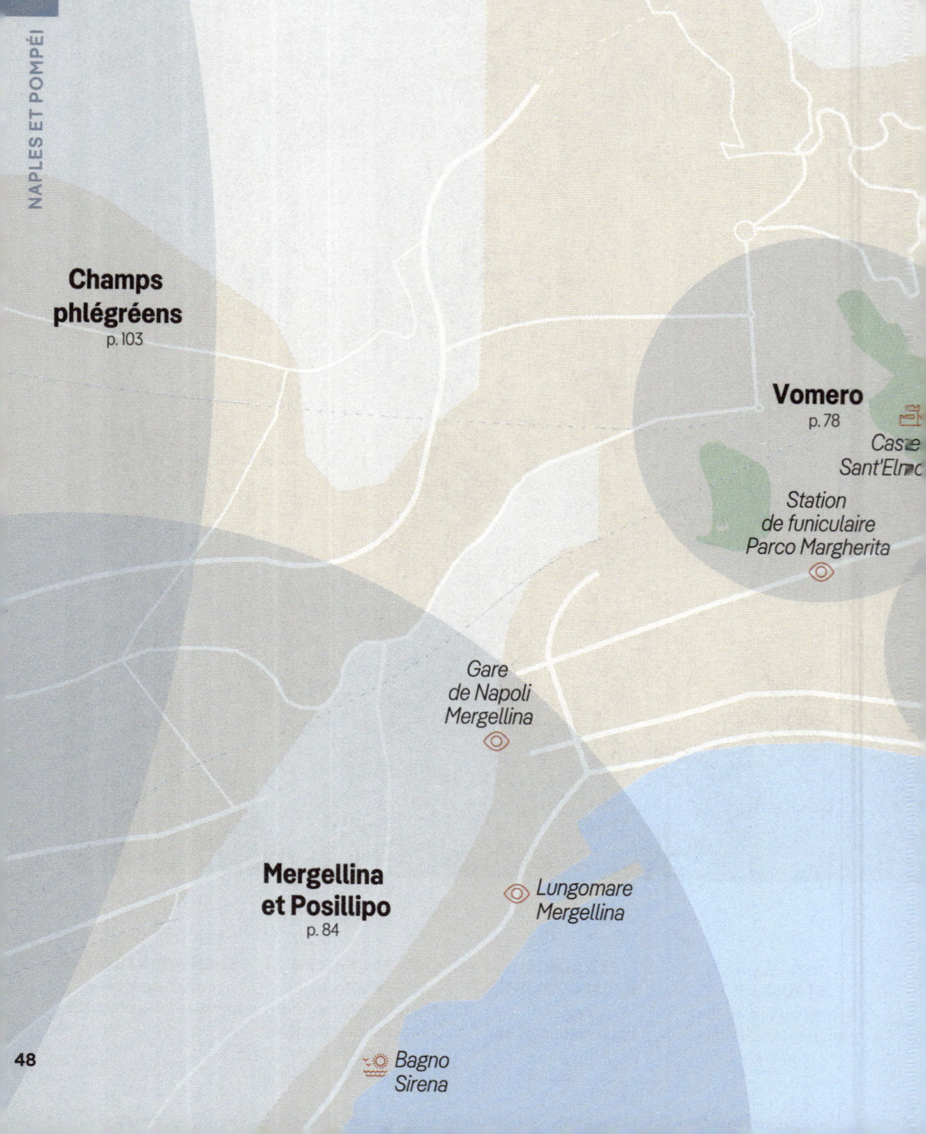

VOITURE

Il est déconseillé de conduire dans Naples, en raison de la forte circulation et des difficultés de stationnement. Toutefois, il peut être utile d'avoir une voiture pour visiter les villes des Champs Phlégréens, éloignées les unes des autres.

À PIED

Malgré l'étendue de la ville, chacun de ses *quartieri* est assez compact, et l'on passe rapidement de l'un à l'autre ; Naples se prête donc bien à une découverte à pied. Soyez prudent la nuit et dans les lieux très fréquentés.

DEPUIS L'AÉROPORT

Les navettes **Alibus** (www.anm.it ; 5 €) relient l'aéroport à la gare ferroviaire Napoli Centrale, dans le centre-ville, en 15 minutes, et à Molo Beverello, le principal port de ferries, en 35 minutes. Les billets s'achètent aux bornes de la zone d'arrivée de l'aéroport, ou encore en ligne.

TRANSPORTS EN COMMUN

L'excellent réseau de transports en commun **ANM** (www.anm.it ; billet 90 minutes 1,70 €) permet de se déplacer facilement dans la ville : des bus, des funiculaires et un métro (lignes L1 et L6) aux stations ornées d'œuvres d'art impressionnantes. La ligne L2 du métro est en fait un train régional géré par **Trenitalia** (trenitalia.com).

Planifier son séjour

De musées en églises, de piazzas en promenades en bord de mer, on vous met au défi de vous ennuyer à Naples !

TRAVEL PHOTOGRAPHY/GETTY IMAGESA ©

Vue sur Naples

JOUR 1

Matin

- Prenez la ligne L1 du métro jusqu'à la Stazione Dante pour petit-déjeuner à l'**Antica Pasticceria Scaturchio** (p. 60). Admirez le Cristo Velato de la **Cappella Sansevero** (p. 53) et les trésors du **Duomo** (p. 53) avant un déjeuner à **Tandem** (p. 60).

Après-midi

- Sillonnez la **Via dei Tribunali** ou la **Via San Gregorio Armeno** (p. 63). Reprenez la L1 jusqu'à la fascinante **Stazione Toledo**, puis descendez la très commerçante **Via Toledo** (p. 70) en goûtant les *taralli* (biscuits salés) de **Pintauro** (p. 73). Une fois sur la **Piazza del Plebiscito**, visitez le **Palazzo Reale** (p. 67). Pour finir, shopping à la **Galleria Umberto I** (p. 69) et café au **Gambrinus** (p. 25).

Soir

- Après un *aperitivo* au **Spuzzulè Winebar** (p. 69), dînez à la très animée **Trattoria Da Nennella** (p. 72).

VOUS AIMEREZ AUSSI...

Vous éloigner du Centro Storico pour découvrir des quartiers largement ignorés des visiteurs, comme le Posillipo et les Champs Phlégréens.

VERSION GRECQUE

Sous les ruines romaines, il y a les vestiges grecs, en particulier dans le **Rione Sanità** – un des plus anciens quartiers de Naples – et à **Cumes** (Cuma), dans les Champs Phlégréens.

MATCH DE CALCIO

Naples est une grande ville de football. Assistez à un match dans une ambiance survoltée au **stade Diego Armando Maradona**, à Fuorigrotta.

CONCOURS DE PIZZA

Traditionnels ou novateurs, les chefs rivalisent chaque été dans la ville d'origine de la pizza pour être récompensés lors du festival **Pizza Village**.

JOUR 2

Matin

- Consacrez la matinée à une flânerie mêlée de lèche-vitrines dans les quartiers de **Chiaia** et **Santa Lucia** (p. 74). Ne manquez pas le **Palazzo Mannajuolo** (p. 74) et son illustre escalier. Visitez le **Castel dell'Ovo** (p. 74) qui offre de beaux points de vue sur la côte. Poursuivez sur le front de mer de Mergellina, à l'ouest, pour déjeuner au **50 Kalò** (p. 86) et prendre un dessert au **Chalet Ciro 1952** (p. 87).

Après-midi

- Montez jusqu'au **Vomero** (p. 78) par le *funicolare*, le métro, ou à pied par le Pedamentina di San Martino – pour visiter la **Certosa di San Martino** (p. 80).

Soir

- *Aperitivo* dans une ambiance speakeasy à l'**Archivio Storico** (p. 82) puis dîner à l'**Osteria Donna Teresa** (p. 81), l'une des meilleures adresses du quartier.

JOUR 3

Matin

- Prenez la Circumvesuviana pour accéder au site archéologique de **Pompéi** (p. 96) : commencez par la Villa dei Misteri, puis explorez les lieux en passant par l'Orto dei Fuggiaschi et les Terme Stabiane, pour finir par l'**Anfiteatro**. Déjeunez dans le Pompéi moderne au **Melius** (p. 100), sur la Via Sacra.

Après-midi

- Direction le sommet du **Vésuve** (p. 93). Le point de vue sur la baie de Naples, Capri, Ischia et la péninsule de Sorrente est splendide.

Soir

- Rentrez à Naples pour dîner chez **Nonna Tittina** (p. 86), à Mergellina, et contempler le *lungomare* (promenade de bord de mer) à la tombée de la nuit.

À LA PLAGE

Paressez sur le sable des *stabilimenti* (clubs de plage) vintage du rivage de **Mergellina**, d'où le point de vue sur le Vésuve et le Posilippo est inoubliable.

MARCHANDER SUR LES MARCHÉS

On peut tout acheter dans les **marchés de rue** de Campanie, des moules fraîches aux pantoufles.

EXPÉRIENCES MUSICALES

Écoutez des concerts improvisés de musique napolitaine sur les piazzas ou prenez part aux festivals estivaux, comme **Newroz**, pour les nouveautés locales.

AVENTURES AQUATIQUES

Le Posillipo et les Champs Phlégréens se situent dans des zones d'activité volcanique. On peut y faire de la **plongée** parmi les ruines romaines.

CENTRE HISTORIQUE

DEUX MILLE SEPT CENTS ANS D'HISTOIRE

Entre des bâtiments couverts de taches d'humidité et de graffitis, des scooters filent sur les pavés de rues qui ne semblent pas conçues pour les voitures. Des églises médiévales surgissent sans crier gare au coin d'une rue, des vestiges grecs apparaissent sous nos pas… Vieux de presque trois millénaires et pas coquet pour deux sous, le *Centro Storico* (centre historique) de Naples est depuis 1995 classé au Patrimoine mondial de l'Unesco.

Neapolis fut fondée par les Grecs en 474 av. J.-C. L'organisation actuelle du centre historique est encore calquée sur les *decumani* (axes est-ouest) antiques. Les rues labyrinthiques, bordées de stands culinaires et de restaurants, recèlent également de nombreuses églises et monuments. Le Duomo (la cathédrale) est le gardien du crâne et du sang miraculeux de San Gennaro (saint Janvier), le saint patron de la ville.

Le centre est un quartier privilégié pour ce qui est de l'animation et de la vie nocturne. Dominant la mêlée, la Guglia di San Gennaro est un obélisque réalisé au XVIIe siècle par le sculpteur baroque Cosimo Fanzago pour remercier le saint d'avoir sauvé Naples de l'éruption du Vésuve de 1631.

Pour les infos pratiques, voir le Carnet d'adresses p. 100

À SAVOIR

Avec ses étroites ruelles pavées, le centre historique est en grande partie piéton – malgré les quelques scooters à éviter. La marche est le meilleur moyen d'explorer ce dédale en profitant de l'animation des places et de la Via dei Tribunali.

LIUBOV BUTAKOVA/SHUTTERSTOCK ©

Port'Alba, Piazza Dante

Port'Alba

ARCHE DU XVIIe SIÈCLE

Entrée officieuse du centre historique, la **Port'Alba** se trouve sur la Piazza Dante. Cette arche imposante datant de 1625 était à l'origine ornée de trois blasons ; une fresque représentant la Vierge et San Gennaro fut ajoutée en 1656. Franchissez l'arche pour remonter dans le passé en suivant la Via Port'Alba, jalonnée de librairies d'occasion. Vous déboucherez sur la **Piazza Bellini**, lieu le plus animé du centre historique en soirée, où l'on contemple des vestiges des murs de la cité grecque du IVe siècle ; attardez-vous pour un spritz.

Cappella Sansevero

CHAPELLE AU CHRIST VOILÉ

Fondée au XVIIe siècle sur la Via Francesco de Sanctis, la Cappella Sansevero renferme des chefs-d'œuvre baroques, comme la fresque saisissante peinte sur la voûte par Francesco Maria Russo, *Gloire du Paradis* (1749). Mais l'œuvre la plus célèbre est incontestablement la sculpture en marbre réalisée par Giuseppe Sanmartino en 1753, *Cristo Velato* (*Christ voilé* ; photo de gauche), qui représente la dépouille du Christ recouverte d'un léger voile. L'extraordinaire réalisme et la finesse de son rendu suscitent l'admiration depuis des siècles. Sous la chapelle sont exposés deux modèles anatomiques de système cardio-vasculaire humain ; on raconte qu'ils proviendraient de deux malheureux domestiques assassinés.

Duomo et Museo del Tesoro di San Gennaro

CATHÉDRALE GOTHIQUE ET RELIQUES

L'opulente **cathédrale (*duomo*) de Naples**, dont la construction a débuté au XIIIe siècle et qui fut amplement remaniée au cours des siècles suivants, renferme des trésors artistiques. Remontez la magnifique nef centrale décorée de fresques de Luca Giordano ; sur le bas-côté gauche, on accède à la Basilica di Santa Restituta et au Battistero di San Giovanni in Fonte, baptistère paléochrétien tapissé de mosaïques du IVe siècle.

Sur le bas-côté droit, la Cappella di San Gennaro (ou chapelle du Trésor ; 1646), joyau du baroque napolitain, est dédiée au saint patron de Naples. Ornée de fresques de Giovanni Lanfranco, elle abrite un buste-reliquaire en argent doré (XIVe siècle) contenant le crâne de San Gennaro et deux fioles de son sang, qui se liquéfieraient trois fois par an – un événement d'une grande importance pour nombre de Napolitains. À côté de la cathédrale, le **Museo del Tesoro di San Gennaro** expose des présents offerts au saint patron de Naples, notamment une extraordinaire mitre du XVIIIe siècle ornée de 3 694 pierres précieuses. On y contemple également des fresques de Luca Giordano.

Fresques de la Cappella di San Gennaro

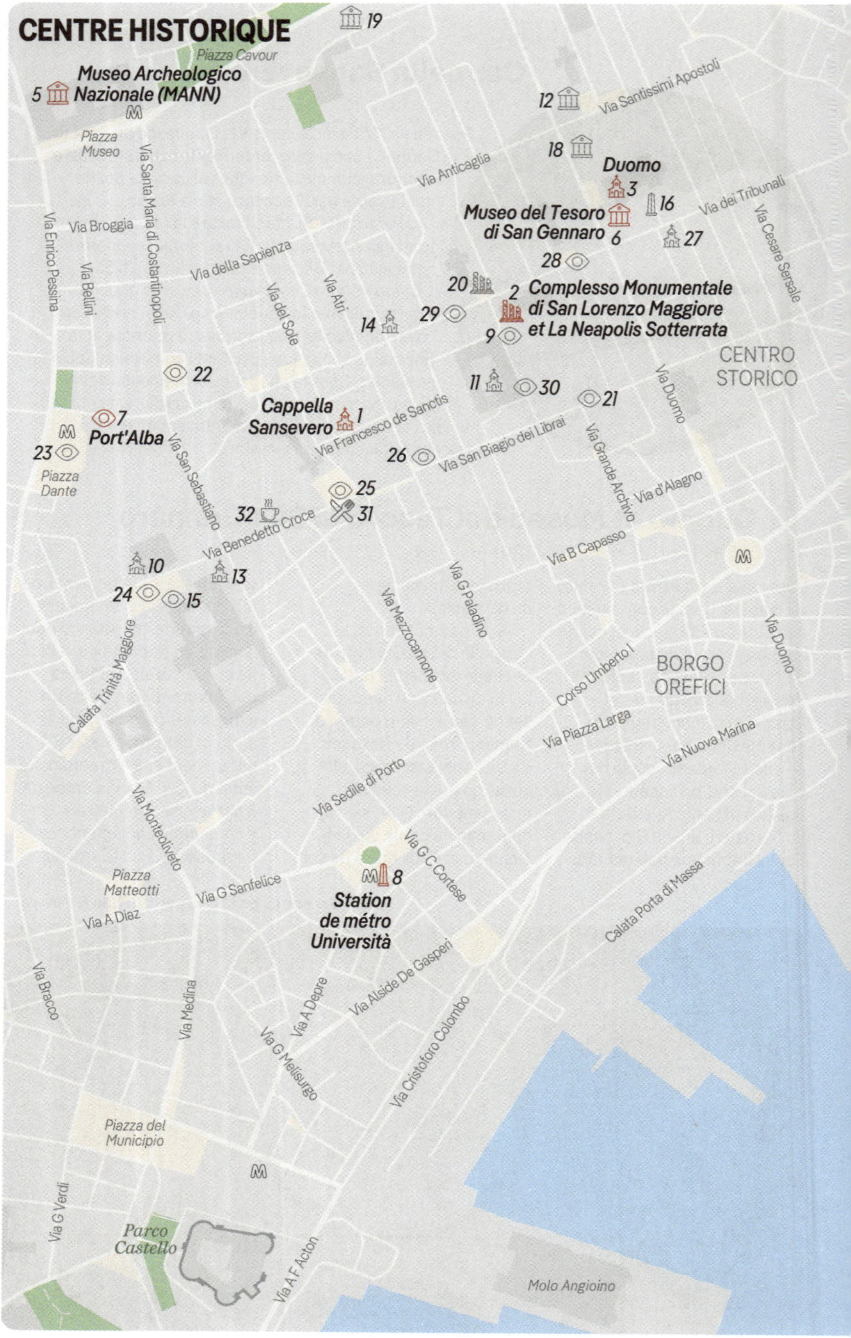
CENTRE HISTORIQUE
19
Piazza Cavour
5 Museo Archeologico Nazionale (MANN)
Piazza Museo
12
Via Santissimi Apostoli
18
Duomo
3
16
Museo del Tesoro di San Gennaro 6
Via dei Tribunali
27
28
Via Anticaglia
Via Cesare Sersale
Via Broggia
Via Santa Maria di Costantinopoli
Via Enrico Pessina
Via Bellini
Via della Sapienza
Via del Sole
Via Atri
20
2 Complesso Monumentale di San Lorenzo Maggiore et La Neapolis Sotterrata
14
29
9
CENTRO STORICO
Via Duomo
22
11
30
21
Cappella Sansevero 1
7 Port'Alba
Via Francesco de Sanctis
Via San Biagio dei Librai
23
Piazza Dante
26
Via San Sebastiano
Via Grande Archivio
25
Via d'Alagno
32
31
Via Benedetto Croce
10
13
Via B Capasso
24
15
Via G Paladino
Via Mezzocannone
Calata Trinità Maggiore
Corso Umberto I
BORGO OREFICI
Via Duomo
Via Piazza Larga
Via Nuova Marina
Via Sedile di Porto
Via Monteoliveto
Via G C Cortese
8
Station de métro Università
Piazza Matteotti
Via G Sanfelice
Via A Diaz
Calata Porta di Massa
Via Alcide De Gasperi
Via Bracco
Via Medina
Via A Depre
Via G Melisurgo
Via Cristoforo Colombo
Piazza del Municipio
Via G Verdi
Parco Castello
Via A F Acton
Molo Angioino

INCONTOURNABLES

1 Cappella Sanservo
2 Complesso Monumentale di San Lorenzo Maggiore et La Neapolis Sotterrata
3 Duomo
4 Station de métro Garibaldi (p. **68**)
5 Museo Archeologico Nazionale (MANN)
6 Museo del Tesoro di San Gennaro
7 Port'Alba
8 Station de métro Università (p. **68**)

VOIR

9 Bottega Michele Buonincontro
10 Chiesa del Gesù Nuovo
11 Chiesa e Chiostro di San Gregorio Armeno
12 Complesso Monumentale Donna Regina Museo Diocesano di Napoli
13 Complesso Monumentale di Santa Chiara
14 Complesso Museale di Santa Maria delle Anime del Pugatorio ad Arco
15 Guglia dell'Immacolata
16 Guglia di San Gennaro
17 Mercato di Porta Nolana
18 Museo Civico Gaetano Filangieri
19 Museo d'Arte Contemporanea Donnaregina (MADRE)
20 Napoli Sotterranea
21 Ospedale delle Bambole
22 Piazza Bellini
23 Piazza Dante
24 Piazza del Gesù Nuovo
25 Piazza San Domenico Maggiore
26 Piazzetta Nilo
27 Pio Monte della Misericordia
28 Spaccanapoli (*decumano inferiore*)
29 Via dei Tribunali (*decumano maggiore*)
30 Via San Gregorio Armeno

SE RESTAURER

31 Pasticceria Scaturchio

PRENDRE UN VERRE ET FAIRE LA FÊTE

32 Palazzo Venezia Napoli

INFOS PRATIQUES
Scannez ce QR-code pour connaître les tarifs et les horaires d'ouverture.
mann-napoli.it

INCONTOURNABLE

Museo Archeologico Nazionale (MANN)

Le Musée archéologique national de Naples abrite l'une des plus importantes collections au monde de trésors antiques. Parmi ses pièces maîtresses : quelques-unes des plus belles fresques et mosaïques provenant de Pompéi et Herculanum, ainsi que le spectaculaire *Toro Farnese* (*Taureau Farnèse*), la plus grande sculpture d'un seul tenant de l'Antiquité jamais mise au jour.

À NE PAS MANQUER

- Deux icônes de la statuaire antique : le *Taureau Farnèse* et l'*Hercule Farnèse*
- La mosaïque *La Bataille d'Alexandre*
- Les œuvres érotiques du *Gabinetto Segreto* (cabinet secret)
- Les fresques campaniennes, les bronzes et les marbres de la Villa dei Papiri (1er étage)

Toro Farnese et Ercole

Au rez-de-chaussée, le *Toro Farnese* (*Taureau Farnèse*) est la star incontestée de ces colossales sculptures grecques et romaines réunies par les Farnèse. Mentionné dans l'*Histoire naturelle* de Pline l'Ancien, ce chef-d'œuvre du début du IIIe siècle (sans doute une copie romaine d'une œuvre grecque) taillé dans un unique bloc de marbre représente l'humiliante fin de Dircé, reine de Thèbes, traînée jusqu'à ce que mort s'ensuive par un taureau furieux auquel elle fut attachée. Exhumée à Rome en 1545, près des thermes de Caracalla, la sculpture a été restaurée par Michel-Ange avant d'être escortée en 1788 à Naples par un navire de guerre. Face au plus grand groupe sculpté que l'Antiquité nous ait légué se dresse le puissant *Hercule* (*Ercole*), découvert sur le même site, mais sans jambes. Michel-Ange chargea Guglielmo Della Porta de lui en sculpter de nouvelles, avant qu'il ne retrouve, sur ordre des Bourbons, ses jambes d'origine exhumées lors de fouilles ultérieures.

Le rocher soutenant la massue sur laquelle s'appuie le demi-dieu mentionne le sculpteur athénien Glycon.

Mosaïques et collection d'art érotique

La très imposante collection de mosaïques à l'entresol provient surtout des fouilles de Pompéi. Les *Musiciens ambulants* (*Musici ambulanti,* salle LIX) campent une belle scène de comédie, tandis que sur l'allégorique *Memento mori,* un crâne symbolise la mort, un papillon l'âme, et la roue le destin. Plus saisissantes encore, les mosaïques des salles LX et LXI pavaient la plus grande demeure de Pompéi, la maison du Faune (*Casa del Fauno*). La plus célèbre, *La Bataille d'Alexandre,* campe le conquérant chevauchant Bucéphale face au roi perse Darius III. Cette magnifique scène enlevée est la reproduction exacte d'une peinture hellène de la seconde moitié du IVe siècle av. J.-C. Ce sont des mosaïstes réputés d'Alexandrie (Égypte) qui ont ici œuvré de la fin du IIe siècle av. J.-C. au début du siècle suivant. Second trésor (jadis jugé scandaleux) de ce niveau, le Gabinetto Segreto (cabinet secret) réunit une petite collection d'art érotique antique dont la pièce iconique est un marbre du mythique dieu Pan, mi-bouc mi-homme, copulant avec une vieille chèvre.

Fresques et sculptures

Le 1er étage est un prodigieux rassemblement de fresques, poteries, verreries et sculptures classiques. En partant du gigantesque salon de la Méridienne (*Salone della Meridiona*, que traverse un cadran solaire spécifique à l'heure de midi appelé "méridienne"), on accède à toute une série de fresques déposées après leur découverte dans de multiples villas romaines enfouies sous les cendres du Vésuve. Le *Persée et Andromède* (salle LXXII) est l'une des plus larges représentations de la scène où Persée transperce le monstre marin chargé de dévorer sa promise attachée à un rocher. Dans la salle suivante (LXXIII), c'est *Thésée le libérateur* des Athéniens qui vainc le Minotaure. *Bacchus et le Vésuve* (salle LXXV) nous montre le volcan tel qu'il était avant son éruption de 79, avec un sommet au lieu de deux. La *Rixe entre Pompéiens et Nucériens* (salle LXXVIII) recrée l'ambiance effervescente entre spectateurs rivaux dans l'amphithéâtre de Pompéi en 59. Au bout du bâtiment est rassemblé un ensemble d'étonnantes sculptures provenant de la Villa dei Papiri. Condamnées pour l'éternité à remplir un tonneau sans fond après la sinistre élimination de tous les hommes de la famille, les *Danaïdes* (salle CXVI) sont représentées ici sous la forme de 5 bronzes remontant au règne d'Auguste (27 av. J.-C.-14 ap. J.-C.).

TRÉSORS AU SOUS-SOL

Le Musée archéologique national possède un département épigraphie exceptionnel dans la péninsule italienne. Ces inscriptions sur pierre en grec ancien et en latin témoignent tant de la vie privée que publique durant l'Antiquité. La collection égyptienne voisine (exposition permanente) n'a pour rivale en Italie que celle du Museo Egizio de Turin.

À SAVOIR

- Achetez *Le Musée archéologique national de Naples* (12 €, en français), publié par Electa ou si vous souhaitez vous concentrer sur les œuvres principales, louez un audioguide (5 €) en français.
- Pour éviter l'overdose, commencez par le *Toro Farnese* et l'*Ercole*, explorez l'entresol puis concentrez-vous sur les fresques du 1er étage et les sculptures de la Villa dei Papiri.
- Au 1er étage, ne manquez pas le Salone della Meridiana (XVIIe siècle), joyau architectural de l'édifice qui abrite le musée – le Palazzo degli Studi. Au plafond, le *Triomphe des arts et des sciences* dû au fresquiste napolitain Pietro Bardellino.

Complesso Monumentale di San Lorenzo Maggiore et La Neapolis Sotterrata

L'ANTRE DE LA NAPLES ANCIENNE

La façade du **Complesso Monumentale di San Lorenzo Maggiore** ne laisse pas deviner les splendeurs millénaires qu'il renferme. On y découvre les différentes strates de constructions superposées depuis la ville grecque.

La **basilique** de ce riche ensemble religieux est considérée comme l'un des plus beaux édifices médiévaux de Naples. Hormis la délicate façade de Ferdinando Sanfelice, la Cappella al Rosario et le Cappellone di Sant'Antonio, les ajouts baroques ont été ôtés au siècle dernier pour révéler son austère élégance gothique.

À l'intérieur, en admirant les fresques du XIVe siècle, vous remarquerez des dalles de verre au sol laissant apercevoir les vestiges du sous-sol. Ce n'est pas une église ordinaire bâtie sur des ruines ordinaires. Aventurez-vous sous l'édifice pour découvrir **La Neapolis Sotterrata**, des vestiges de la Neapolis antique, fondée par des colons grecs en 474 av. J.-C. Les Romains ajoutèrent plus tard un forum et un vaste *macellum* (marché) de deux étages à l'ensemble d'origine. Neapolis s'étendait à peu près à l'emplacement du centre historique actuel. Vous pouvez opter pour une visite guidée d'une heure (en anglais ou en italien) ou une visite libre le long de routes pavées de mosaïques gréco-romaines, entre les boulangeries et les temples.

NAPOLI SOTTERRANEA

Non loin de La Neapolis Sotterrata, en allant vers l'église Santa Maria delle Anime del Purgatorio ad Arco, vous verrez la longue file d'attente de la billetterie de... Napoli *Sotterranea*. Non, vous ne voyez pas double : Napoli Sotterranea est l'autre visite souterraine du centre historique de Naples.

Cette visite très populaire vous entraîne au cœur d'un réseau antique d'aqueducs. Ce vaste dédale souterrain construit par les Grecs afin d'extraire le tuf utilisé comme matériau de construction fut agrandi par les Romains, puis, bien plus tard, pendant la Seconde Guerre mondiale, utilisé comme abri antiaérien. Au cours de la visite, on voit aussi les jardins de l'hypogée et les vestiges d'un amphithéâtre romain où des fouilles sont encore en cours.

La Neapolis Sotterrata

LUCIANO FOCHI/SHUTTERSTOCK ©

Spaccanapoli

À VOIR AUSSI DANS LE CENTRE HISTORIQUE

Rues antiques

ROUTES GRÉCO-ROMAINES ET MÉDIÉVALES

Le réseau de rues actuel du centre historique est hérité des trois axes gréco-romains principaux : le *decumano maggiore*, le *decumano inferiore* et le *decumano superiore*. Le *decumano inferiore* est également appelé **Spaccanapoli** – littéralement, "fend Naples" – car, vu du ciel, il coupe la ville en deux. Il est relié à la **Via dei Tribunali** *(decumano maggiore)* par la Via San Gregorio Armeno. Les rues sombres aux murs couverts de graffitis du centre historique sont un vrai régal à explorer et sont animées de jour comme de nuit. La Piazza Bellini, la Piazzetta Nilo et la Via dei Tribunali sont particulièrement vivantes et bordées de stands de cuisine de rue et de restaurants.

LES PLUS BEAUX MUSÉES

MANN (Museo Archeologico Nazionale di Napoli)
Voir p. 56.

Complesso Monumentale Donna Regina Museo Diocesano di Napoli
Peintures, sculptures et triptyques religieux provenant pour la plupart d'églises désaffectées sont exposés dans cet ancien sanctuaire baroque. Entre autres œuvres remarquables : les dernières toiles de Luca Giordano et une fresque de jeunesse de Francesco Solimena.

Museo Civico Gaetano Filangieri
Un étonnant musée aux collections éclectiques : armures et armes asiatiques et européennes, somptueux tableaux (XVe-XIXe siècle). La séduisante Sala Agata justifie à elle seule la visite.

Madre (Museo d'Arte Contemporanea Donnaregina)
Toiles, sculptures, photos et installations d'artistes, designers et architectes prolifiques des XXe et XXIe siècles.

OÙ SE LOGER DANS LE CENTRE HISTORIQUE

Hotel Piazza Bellini
Bel hôtel tendance dans un *palazzo* du XVIe siècle, sur la Piazza Bellini, proche du métro. **€€**

Hostel of the Sun
Auberge de jeunesse animée près du terminal de l'hydroglisseur. Dortoirs colorés et bar sympathique. **€**

Schiara
B&B de cinq chambres au décor contemporain inspiré de thèmes italiens. **€€**

LES SECRETS DE LA VILLE

Gianmarco Pagotto, manager international du Petit Palais Naples *(lepetitpalaisnaples.com)*, nous présente sa facette préférée du centre historique

"La meilleure façon d'apprécier le quartier est de se perdre dans les ruelles, pour découvrir les églises, les édifices historiques et les joyaux cachés qu'enveloppe l'odeur des *taralli* (biscuits) encore tout chauds des boulangeries.

Toutefois, pour vraiment connaître Naples, il faut descendre sous terre, jusqu'aux vestiges de la Neapolis grecque d'origine – des rues bordées de boutiques de l'époque romaine, du théâtre où Néron s'est produit, en hommage à la cité grecque de Parthénope que Rome respectait tant. C'est là, sous nos pieds, que se trouve la mémoire d'une ville bâtie par strates successives – le témoignage d'une histoire millénaire."

Piazza del Gesù Nuovo et Complesso Monumentale di Santa Chiara

PLACE, ÉGLISE ET CLOÎTRE MÉDIÉVAUX

Située à la lisière du centre historique, la Piazza del Gesù Nuovo est bordée du **Complesso Monumentale di Santa Chiara** et de la **Chiesa del Gesù Nuovo**. Au centre se dresse la **Guglia dell'Immacolata** (1747-1750), signée Giuseppe Genuino, l'un des trois obélisques baroques en marbre de Naples. Faites un tour sur vous-même pour prendre la mesure de la beauté architecturale de la place. La façade Renaissance à pointes de diamant du palais Sanseverino (XVe siècle) a été conservée pour devenir celle de la **Chiesa del Gesù Nuovo**. Cette église à l'extravagance baroque abrite des œuvres de grands maîtres tels que Francesco Solimena, Luca Giordano et Cosimo Fanzago. Le **Complesso Monumentale di Santa Chiara**, un ensemble monastique, apparaît à première vue comme un exemple austère d'architecture médiévale. Mais derrière son église (abritant la chapelle funéraire des rois bourbons), on découvre le couvent construit par Robert d'Anjou : son superbe cloître aux galeries angevines, orné de fresques du XVIIe siècle, encadre un jardin décoré de colonnes et de bancs couverts d'éclatantes majoliques du XVIIIe siècle. Un petit musée renferme les vestiges de thermes du Ier siècle.

Pasticceria Scaturchio

PÂTISSERIE HISTORIQUE RÉPUTÉE POUR SES SFOGLIATELLE

Cette pâtisserie fondée en 1905 a tant de succès qu'elle a essaimé à travers la ville. La boutique d'origine est celle de la Piazza San Domenico Maggiore. Passez la porte de sa devanture en bois : vous voici dans le royaume féerique des pâtisseries napolitaines ! Les *sfogliatelle* (pâtisseries fourrées à la ricotta) de Scaturchio figurent régulièrement sur la liste des meilleures de la ville. Commandez un café napolitain pour accompagner votre *sfogliatella riccia* (pâte feuilletée) ou *frolla* (pâte sablée) encore chaude.

Complesso Museale di Santa Maria delle Anime del Purgatorio ad Arco

CULTE DES ÂMES DU PURGATOIRE

Dans la Via dei Tribunali, l'arche du Vico del Fico al Purgatorio, sombre et couverte de graffitis, est gardée par une statue en bronze de Pulcinella (Polichinelle) ; son nez brille à force d'avoir été frotté par des passants en quête de chance. Juste en face, l'église Santa Maria delle Anime del Purgatorio ad Arco (XVIIe siècle) est surnommée par les habitants l'église *de' 'e cape 'e morte* (des têtes de mort). Le bel édifice baroque renferme le crâne ailé du sculpteur

OÙ SE RESTAURER DANS LE CENTRE HISTORIQUE

La Campagnola
Restaurant confortable et élégant de la Piazzetta Nilo servant de copieuses spécialités napolitaines. **€€**

Tandem
Dans cette adresse populaire, pâtes au *ragù* ou à la sauce génoise à la viande, et *cuzzetiello* (sandwich au *ragù*). **€**

Da Michele
Priez (en vain) pour que l'attente ne soit pas trop longue dans cette pizzeria historique très appréciée. **€**

Dionisio Lazzari et des chefs-d'œuvre du peintre Luca Giordano. Sa crypte est le siège du culte ancestral des *anime pezzentele*, les âmes du purgatoire. Du XVIIe au début du XIXe siècle, la grande tombe sans nom au centre de l'église inférieure accueillait en effet les dépouilles des habitants qui n'avaient pas les moyens d'être inhumés dans l'église. Les pratiquants adoptaient des crânes et priaient pour les âmes ; ils espéraient qu'une fois au paradis, celles-ci leur offriraient grâces et bénédictions en gratitude. Ce culte d'ossements humains anonymes perdure aujourd'hui.

SOMBRE HISTOIRE

Un quartier si ancien recèle forcément son lot de lieux de sinistre mémoire. Ainsi, la Piazza del Mercato, site historique d'un marché aux poissons près de la gare centrale, fut à la fois l'épicentre de l'épidémie de peste de 1656 et le lieu d'exécution de plus de 200 partisans de la République parthénopéenne en 1799. Quant à l'église San Giovanni a Carbonara, réputée pour ses fresques, son sol en mosaïque, son décor sculpté et son escalier à double révolution, elle l'est aussi pour sa chapelle abritant la sépulture de Giovanni Caracciolo, politicien arriviste et ambitieux, amant de Jeanne II de Naples, poignardé au Castel Capuano en 1432.

Chiesa e Chiostro di San Gregorio Armeno

ENSEMBLE MONASTIQUE BAROQUE

Dès l'entrée voûtée de cet ensemble monastique du XVIe siècle, son exubérance toute de dorures, de marbre et de *piperno* (pierre volcanique) laisse pantois. L'église renferme des chefs-d'œuvre de styles Renaissance et baroque, dont l'autel en marbre de Dionisio Lazzari et un ensemble de fresques de Luca Giordano représentant l'arrivée des religieuses arméniennes qui apportèrent à Naples les reliques de saint Grégoire. Mais c'est la liquéfaction du sang solidifié de sainte Patricia qui a fait la renommée de San Gregorio. Après avoir fui Constantinople, la sainte mourut à Naples entre le IVe et le VIIIe siècle. Son sang se liquéfierait chaque mardi, à la différence de celui du saint patron de la ville, San Gennaro (p. 62), qui ne redevient liquide que trois fois par an. Le beau cloître, empreint de sérénité, est accessible par un portail dans le Vico Giuseppe Maffei. Il donne accès à la tribune des nonnes, superbement décorée, qui surplombe la nef et le maître-autel.

Ospedale delle Bambole

HÔPITAL HISTORIQUE DES POUPÉES

Depuis la fin du XIXe siècle, les enfants de Naples viennent faire soigner leur poupée dans cet "hôpital" fondé par le concepteur de théâtres de marionnettes Luigi Grassi. Le lieu est rempli de dizaines de morceaux de poupée ; un court-métrage d'animation relate l'histoire de l'hôpital. Au fond, les "médecins" sont au travail dans les différents services : Urgences, Orthopédie et Salon de beauté.

Les places de Naples

PRENDRE LE POULS DE LA VILLE

Du *cornetto* (croissant) du matin au negroni du soir, avec beaucoup de conversations animées entre les deux, la vie italienne tourne autour des *piazze* (places).

Salumeria
Dans ce bistrot, ingrédients locaux de qualité et recettes de Campanie revisitées. Panini, sublimes pâtes *al ragù*... **€€**

'O Sfizio
Cette modeste échoppe de vente à emporter propose une sublime *parmigiana di melanzana*. **€**

Donna Romita
Établissement branché et minimaliste, somptueuse cuisine locale et moderne. Bar de plain-pied, restaurant en sous-sol. **€€**

L'HÉRITAGE DE SAN GENNARO

San Gennaro (saint Janvier), évêque de Bénévent, fut décapité en 305 au nom de sa foi. Un événement singulier se produisit bientôt : son sang, recueilli dans deux ampoules, commença à se liquéfier de façon inattendue. Le saint fut enterré dans les catacombes de Capodimonte, mais son crâne et son sang furent transférés des siècles plus tard dans la cathédrale de Naples. En guise de remerciement pour sa protection lors de l'éruption du Vésuve de 1631, les Napolitains érigèrent un obélisque en son honneur dans le centre historique.

On raconte que le sang de San Gennaro se liquéfie trois fois par an : le 19 septembre (jour de la Saint-Janvier), ainsi qu'en décembre et en mai. Des milliers de fidèles se rendent à la cathédrale pour assister au miracle. Si la liquéfaction ne se produit pas, cela est considéré comme un mauvais présage pour la ville.

GIMAS/SHUTTERSTOCK ©

***Le Sette opere di Misericordia*, Pio Monte della Misericordia**

Cinq des places emblématiques de la ville se trouvent dans le centre historique : la **Piazza del Gesù Nuovo** (p. 60), la **Piazza Bellini**, la **Piazza Dante** (photo page précédente), la **Piazza San Domenico Maggiore** et la **Piazzetta Nilo**. La vibrante **Piazza Bellini** fut construite sur le *decumano maggiore* de la Neapolis antique ; des vestiges de murs grecs subsistent d'ailleurs à côté des terrasses des cafés. Toute proche, la monumentale **Piazza Dante** accueille les familles durant les chaudes soirées d'été. Elle fut dessinée au XVIIIe siècle par Luigi Vanvitelli (p. 83) pour Charles VII de Bourbon dont la statue devait être installée au centre de la façade en hémicycle. C'est en fait une statue de Dante qui a pris sa place. Un peu plus loin, la médiévale **Piazza San Domenico Maggiore**, bâtie sur le *decumano inferiore*, est bordée par la Chiesa di San Domenico Maggiore (XIVe siècle). Église royale des Angevins, celle-ci abrite dans sa sacristie de remarquables fresques, visibles lors de la visite guidée de 30 minutes. Vous trouverez aussi, sur la Piazza San Domenico Maggiore, la célèbre pâtisserie Scaturchio et des lieux animés de la vie nocturne. Également sur le *decumano inferiore*, la **Piazzetta Nilo** semble bien petite mais tout aussi vivante que ses voisines, grâce à ses bars et restaurants sympathiques. Vous croiserez le souvenir de deux divinités sur cette *piazzetta*. Tout d'abord le dieu Nil, honoré par des marchands d'Alexandrie vivant dans la région à l'époque romaine, qui commandèrent la Statua del

OÙ PRENDRE UN VERRE DANS LE CENTRE HISTORIQUE

La Fesseria
Petit bar à l'américaine servant des cocktails près de la Piazzetta Nilo.

Shanti Art Musik Bar
Cocktails, en-cas et sièges de récup' dans ce bar artiste avec drapeaux de prière tibétains, près de la Piazzetta Nilo.

Libreria Berisio
Parcourez les rayonnages un verre à la main dans cette librairie-bar à cocktails vintage située près de Port'Alba.

Nilo. Face au dieu Nil, le Bar Nilo abrite le sanctuaire du dieu du football napolitain, Diego Maradona, auquel a été réservée une "chapelle miraculeuse" (Via San Biagio dei Librai 129).

Pio Monte della Misericordia

ÉGLISE DU XVIIe SIÈCLE ET SON CARAVAGE

Cette institution de charité fondée au XVIIe siècle se dresse en face de la Guglia di San Gennaro (p. 53), tout près de la cathédrale. L'église octogonale au sein du palais renferme des chefs-d'œuvre Renaissance, mais surtout un splendide tableau du Caravage, *Les Sept Œuvres de Miséricorde* (1606-1607), qui trône au-dessus du maître-autel. Cette imposante peinture à l'huile témoigne d'une parfaite maîtrise du clair-obscur. On en a un beau point de vue depuis le premier étage du palais. Cet étage abrite également une galerie de peintures qui, outre une belle collection d'art Renaissance et baroque, expose des artistes montants.

Via San Gregorio Armeno

BOUTIQUES DE SANTONS (PASTORI)

Réalisés avec un grand souci du détail et beaucoup d'amour, les *presepi* (crèches ; photo ci-dessous) sont l'objet d'un fort engouement en Campanie, et à Naples en particulier. Leurs origines remontent au XVIe siècle. Traditionnellement exposées au moment de Noël, elles représentent la vie typique de l'Italie du Sud du passé, avec ses poissonniers, ses bergers et ses arbres chargés de citrons. En foulant les pavés de la Via San Gregorio Armeno (photo page suivante), vous aurez l'occasion de voir les artisans au travail toute l'année. De nombreuses crèches sont produites en masse, mais certains artisans (par exemple à la **Bottega Michele Buonincontro**) perpétuent des techniques de fabrication traditionnelles et familiales. L'atmosphère est magique aux environs de Noël.

Mercato di Porta Nolana

MARCHÉ AUX POISSONS ET ALIMENTAIRE HISTORIQUE

Le Mercato di Porta Nolana a fêté ses 400 ans, mais ses poissons sont toujours frais !

LES "SAINTS" NAPOLITAINS D'AUJOURD'HUI

San Gennaro est le plus vénéré des saints patrons de Naples (qui en compte plus de 50 !), mais certaines personnalités plus contemporaines sont tout aussi adulées.

Totò, acteur comique, auteur de textes et de chansons natif de la Sanità, a joué dans de nombreuses comédies populaires. Il est surnommé le "prince du rire". Pino Daniele, compositeur-interprète pionnier du genre musical *tarumbò*, est célèbre pour ses classiques en dialecte napolitain, comme *Quanno Chiove*.

Mais la plus appréciée des icônes locales est peut-être le footballeur argentin Diego Maradona, qui a vécu sept ans à Naples. Son visage est partout, des fresques des quartiers espagnols aux serviettes de plage vendues sur les marchés.

Jamón
Traiteur et bar à vins populaire de la Piazza San Domenico Maggiore, servant des planches de charcuterie.

Spazio Nea
Cocktails, vins et *aperitivi* à la carte de ce vaste café et galerie d'art contemporain de la Piazza Bellini.

Salumeria Upnea
Dans ce bistrot, on savoure une cuisine napolitaine traditionnelle et un succulent *aperitivo* à base de charcuterie.

LUCA GIORDANO

Dans la seconde moitié du XVIIe siècle, le peintre baroque Luca Giordano (1632-1705) allait devenir l'artiste le plus prolifique de Naples. Jeune élève de José de Ribera, le Napolitain puisa son inspiration dans les effets de lumière de Mattia Preti (1613-1699), le faste du peintre vénitien Véronèse et la vivacité de Pierre de Cortone, artiste et architecte vivant à Rome. On lui doit des fresques dans la nef du Duomo (p. 53) et au plafond de la Basilica di Santa Restituta voisine. La Chiesa del Gesù Nuovo (p. 60) recèle aussi plusieurs travaux du maître, notamment sur les murs et la voûte de la Cappella della Visitazione et des toiles dans la Cappella di San Francesco Saverio. Le *Triomphe de Judith*, qui orne le plafond de la chapelle du Trésor dans la Certosa di San Martino (p. 80), éclipse cependant tout le reste.

LAZYLLAMA/SHUTTERSTOCK ©

Via San Gregorio Armeno

Situé à quelques pâtés de maisons de la gare Napoli Centrale, ce marché emblématique se tient tous les jours. Mieux vaut s'y rendre tôt pour faire le plein d'olives vertes, de sardines et de gourmandises frites, mais aussi pour assister aux scènes de marchandage et aux discussions enflammées en napolitain. La Porta Nolana est un vestige des nombreuses portes médiévales de Naples.

Palazzo Venezia Napoli

BAR ET JARDIN SECRET DANS UN PALAZZO

Ce superbe *palazzo* de Spaccanapoli fut offert à la Sérénissime au XVe siècle par Ladislas d'Anjou-Durazzo, roi de Naples. Son intérieur rouge écarlate aux échos de Pompéi est richement orné de colonnes en marbre et de tapisseries. Des œuvres récentes d'artistes locaux y sont en vente, et un petit café doté d'un jardin verdoyant offre le cadre d'un *aperitivo* très élégant : on s'y croirait à mille lieues du centre-ville. Le *palazzo* accueille des événements culturels.

OÙ FAIRE DU SHOPPING DANS LE CENTRE HISTORIQUE

Gay Odin
Fabrique de chocolats artisanale historique, et sa boutique. Plusieurs enseignes dans la ville.

Bottega 21
Des articles contemporains en cuir réalisés de façon artisanale et traditionnelle, à partir de cuir toscan de premier choix.

MAC Ceramica
Beaux objets modernes en céramique réalisés par les artisans Antimo De Santis et Marina Pascali.

TOLEDO ET QUARTIERS ESPAGNOLS

SPLENDEURS BAROQUES ET SOMBRES RUELLES

Avec sa vaste *piazza*, ses Vespas filant à toute allure et ses pizzerias historiques, ce quartier semble on ne peut plus italien. Et pourtant, l'Espagne y est omniprésente – jusque dans son nom !

Naples fut sous domination espagnole de 1501 à 1707 – une période de grande prospérité, d'innovation architecturale et d'expansion urbaine. Des maîtres baroques comme Cosimo Fanzago et Luigi Vanvitelli construisirent alors de magnifiques églises et palais, ornés de chefs-d'œuvre de Luca Giordano ou du Caravage.

Plus loin du littoral, le vice-roi espagnol Pedro de Toledo réorganisa les Quartiers espagnols (*Quartieri Spagnoli*) pour y installer ses troupes. Le somptueux Palazzo Reale et le Teatro San Carlo vinrent confirmer le statut de Naples, leur beauté n'ayant d'égale que celle de la Certosa di San Martino et de l'imposante Piazza del Plebiscito. En 1600, la population de Naples avait atteint 300 000 habitants, ce qui en faisait la plus grande ville d'Europe.

Aujourd'hui, c'est l'un des meilleurs quartiers pour le shopping, la vie nocturne et les événements artistiques. Filant vers le nord depuis la Piazza del Plebiscito, la Via Toledo trace une frontière entre la splendeur royale du Palazzo Reale et la rudesse des anciens quartiers militaires. Tournez la tête à droite pour voir les boutiques à la mode, les édifices de style Liberty (équivalent italien de l'Art nouveau) et les musées d'art, à gauche pour contempler le sombre dédale de ruelles ornées de guirlandes lumineuses et de linge séchant aux balcons. Appréciez la dichotomie, *muchachos*.

Pour les infos pratiques, voir le Carnet d'adresses p. 112

À SAVOIR

Les principaux sites sont très concentrés et il y a beaucoup de ruelles mystérieuses à explorer : mieux vaut donc se déplacer à pied dans le quartier – même s'il vous faudra éviter quelques scooters et voitures.
Vous pouvez prendre le funiculaire à Montesanto, juste au nord de La Pignasecca. Restez vigilant dans ce secteur très fréquenté.

Caffè Gambrinus

INCONTOURNABLES
1 Palazzo Reale
2 Piazza del Plebiscito
3 Teatro San Carlo
4 Station de métro Toledo

VOIR
5 Casa e Chiesa di Santa Maria Francesca Delle Cinque Piaghe
6 Castel Nuovo
7 Chiesa di Sant'Anna dei Lombardi
8 Galleria Umberto I
9 Gallerie d'Italia
10 La Pignasecca
11 Fresque de Maradona
12 Via Toledo

SE RESTAURER
13 Sfogliatella Mary
14 Trattoria Da Nennella

PRENDRE UN VERRE ET FAIRE LA FÊTE
15 Caffè Gambrinus

Teatro San Carlo

OPÉRA BAROQUE

Le fastueux Teatro San Carlo est le plus ancien opéra d'Europe encore en activité. Le bâtiment actuel est la réplique exacte de l'original, édifié en 1737 mais qui a brûlé en 1816. Vous pouvez participer à une visite guidée du magnifique théâtre tout de draperies rouges et de dorures (y compris de la loge privée du roi), ou, mieux encore, assister à une représentation (programme et réservations sur le site Web).

Basilica Reale Pontifica San Francesco di Paola

Piazza del Plebiscito

UNE PLACE ENTRE PALAIS ROYAL ET BASILIQUE

Si le café est le sang de Naples, son cœur est la Piazza del Plebiscito, construite au XVIIe siècle pour tenir compagnie au tout récent Palazzo Reale.

La place est encadrée au nord-est par le Palazzo Reale et au sud-ouest par la Basilica Reale Pontifica San Francesco di Paola, copie néoclassique du Panthéon de Rome, commandée en 1817 par Ferdinand Ier pour célébrer la restauration de son royaume après l'interlude napoléonien. Les statues équestres de Charles VII de Bourbon et de Ferdinand Ier achèvent de lui conférer une aura royale.

La Piazza del Plebiscito accueille aujourd'hui de nombreux événements culturels et des concerts d'artistes internationaux.

Palazzo Reale

BIBLIOTHÈQUE NATIONALE, MUSÉE ET JARDINS DANS UN PALAIS

Le Palazzo Reale (Palais royal ; photo en bas) est le témoignage le plus frappant de la période de la domination espagnole. Ce vaste ensemble édifié au XVIIe siècle était la résidence de la famille royale espagnole. Il accueille désormais notamment le Museo del Palazzo Reale, une riche et hétéroclite collection de meubles, porcelaines, tapisseries, sculptures et peintures baroques et néoclassiques, répartie dans les appartements royaux. Le palais abrite aussi le MeMus (Musée et archives historiques du Teatro San Carlo), des Jardins romantiques, ainsi que la Bibliothèque nationale de Naples et son petit joyau, la Biblioteca Lucchesi Palli (XIXe siècle). La bibliothèque renferme une impressionnante collection de papyrus antiques, qui se visite sur réservation (via le site Web). Vous pouvez aussi réserver une visite guidée des appartements historiques du palais pour admirer le *scalone d'onore* – imposant escalier en marbre –, le marbre et les dorures de la Chapelle royale, et le Teatrino di Corte, un théâtre privé bâti en 1768 et renfermant d'étonnantes statues d'Apollon et des Muses en papier mâché.

JEAN-BERNARD CARILLET/ LONELY PLANET © ; PAGE PRÉCÉDENTE : ISOGOOD_PATRICK/SHUTTERSTOCK ©

L'art dans le métro napolitain

STATIONS ARTISTIQUES

Une mosaïque représentant des enfants dans les rues de Naples et des monstres marins, un alignement de passagers sérigraphié sur un miroir... Loin des longs tunnels gris caractérisant la plupart des stations de métro à travers le monde, la Linea 1 de Naples est jalonnée d'installations artistiques permanentes. Ces œuvres d'art moderne, propriétés de la municipalité de Naples, sont gérées par l'ANM, l'entreprise de transports publics – une belle rencontre entre art public et architecture.

Deux escaliers, deux portraits aux couleurs vives des amants maudits, Dante et Béatrice. L'autoportrait d'un artiste emprisonné dans un caisson lumineux sur un fond de nuages pris dans des filets. La station Toledo est l'une des plus remarquables, avec des chefs-d'œuvre tels que *Le tre finestre*, qui représente des figures humaines volant comme des oiseaux, et *Engiadina,* mosaïque de silhouettes minoennes qui dansent sur une montagne. Mais l'installation inoubliable entre toutes est *Crater de Luz/Olas/Relative Light* : empruntez un escalator de 40 m s'engouffrant dans un tunnel étourdissant orné de mosaïques bleutées, bercé de vagues et d'un spectacle lumineux. De quoi donner envie de prendre le métro !

Le Metro Art Your Tour propose des visites guidées sur mesure de 1 heure 30, de deux stations de votre choix.

OÙ VOIR DE L'ART DANS LE MÉTRO

Stazione
Passagers sérigraphiés sur un miroir (station Garibaldi).

Dante e Beatrice
Portraits colorés des amants de la Renaissance, peints chacun sur un escalier (station Università).

Spulcinellando, Sguazzando, Scugnizzando
Mosaïque détaillée représentant des enfants napolitains s'amusant dans la mer en compagnie de Polichinelle et de monstres mythiques (station Materdei).

Universo Senza Bombe, Regno dei Fior, 7 Angeli Rossi
Formes géométriques colorées sur fond bleu vif (station Dante).

Crater de Luz/Olas/Relative Light
Voyage sous-marin parmi les mosaïques, les lumières et les vagues (station Toledo).

***Crater de Luz/Olas/Relative Light* de l'architecte Oscar Tusquets Blanca et de Robert Wilson**

ESHEREZ/SHUTTERSTOCK ©

COLORMAKER/SHUTTERSTOCK ©

Galleria Umberto I

À VOIR AUSSI À TOLEDO ET DANS LES QUARTIERS ESPAGNOLS

Galleria Umberto I

GALERIE COMMERÇANTE COUVERTE DU XIXe SIÈCLE

Cette **galerie** somptueuse fut construite en l'honneur du roi Humbert Ier (Umberto I) en remerciement des services qu'il rendit à la ville lors de l'épidémie de choléra de 1884. C'est un lieu de rencontre populaire, avec sa voûte vitrée qui projette des éclats de lumière sur le sol orné de mosaïques représentant les 12 signes du zodiaque. Les boutiques de chaîne à la mode côtoient les B&B de charme et les magasins de vêtements pour hommes réputés comme Antonio Barbaro. Faites une pause goûter dans la *pasticceria* historique **Sfogliatella Mary** avant de prendre la pose à côté de votre signe astrologique.

ÉTANCHER SA SOIF

Quoi de plus rafraîchissant qu'un verre de limonade par une chaude journée ? Essayez donc la citronnade à la napolitaine, fraîchement pressée et agrémentée d'une pointe de bicarbonate, à boire d'un trait comme un shot. Cette mixture qui monte au nez est vendue par le petit stand Limonata a Cosce Aperte, installé sur la Piazza Trieste e Trento. Une boisson à la fois divertissante (on la boit penché en avant, jambes écartées car le breuvage mousse) et goûteuse !

OÙ PRENDRE UN VERRE À TOLEDO ET DANS LES QUARTIERS ESPAGNOLS

Cammarota Spritz
Non loin de la Trattoria Da Nennella, ce bar populaire et sans prétention propose un *spritz* Aperol à 1 €.

Il Birraiuolo
Bar intimiste au personnel de bon conseil, proposant différentes bières artisanales à la pression.

Spuzzulè Winebar
Bar branché décoré avec des matériaux de récupération. Du vin, de la charcuterie et même une carte pour le dîner.

OÙ ÉCOUTER DE LA MUSIQUE LIVE À NAPLES

Antonio De Carmine, alias "Il Principe", musicien, producteur et PDG de NyNa City 91 records *(@antonio_de_carmine)*, nous livre ses bonnes adresses musicales.

Punk Tank
De la musique alternative et post-punk, ainsi que des ateliers.

Lanificio 25
J'aime cette adresse située dans un quartier qui monte depuis quelque temps. Le style : avant-garde et expérimental.

Nabllah
Un très beau lieu, très sélect, au bord de la mer. Beaucoup d'événements internationaux.

Duel Club
Des pros qui organisent des concerts de haute volée. Un mariage réussi d'événements rock, rap et trap avec de la musique house et techno.

Castel Nuovo

CHÂTEAU MÉDIÉVAL ET MUSÉE

Les Napolitains vous regarderont peut-être de travers si vous leur parlez du Castel Nuovo : ils préfèrent appeler cette imposante construction du XIIIe siècle le Maschio Angioino (donjon angevin). On peut voir au niveau supérieur (l'édifice en compte deux) l'imposante Salle des Barons et la Cappella Palatina (chapelle palatine), qui renferme des œuvres d'art napolitain du XVIIe au XXe siècle, dont des tableaux de Solimena et de Giordano et des vestiges de fresques de Giotto. Ne manquez pas le superbe point de vue sur la baie. Le château renferme aussi des ruines romaines : on peut voir les fouilles en cours à travers le sol vitré de la Sala dell'Armeria (salle d'armes).

Caffè Gambrinus

CAFÉ ET SALON DE THÉ DE LA BELLE ÉPOQUE

Cet illustre café se situe à la limite des quartiers Toledo et Santa Lucia. Construit en 1860 et représentatif de la Belle Époque, avec ses grandes fresques et tapisseries, il a rapidement attiré une clientèle de personnalités littéraires et politiques. La vitrine des pâtisseries est extrêmement tentante ; passez commande à la caisse, puis apportez votre ticket au bar. Vous pouvez opter pour un expresso napolitain bien corsé ou tenter le Caffè Gegè, assemblage de café, sucre, cacao et crème dédié (sans surprise) à San Gennaro. Prenez le temps de savourer votre collation dans un décor des plus raffinés.

Gallerie d'Italia

RUE COMMERÇANTE ET MUSÉE D'ART

La Via Toledo, qui part vers le nord depuis la majestueuse Piazza del Plebiscito, est la principale artère du quartier. En la remontant, on a sur la gauche les sombres Quartieri Spagnoli et sur la droite les magasins de chaîne tendance. Au numéro 177, le palais Piacentini abrite depuis 2022 les Gallerie d'Italia, une importante collection d'œuvres napolitaines et italiennes allant du XVIIe au XXe siècle. *Le Martyre de sainte Ursule* (1610) du Caravage en est la pièce maîtresse. Achevée quelques semaines avant la mort solitaire de l'artiste, la peinture décrit le roi des Huns, vengeur, transperçant le cœur de la vierge Ursule, qui refuse de l'épouser. Derrière la martyre mourante se tient un Caravage hagard, funeste prémonition de son sort.

Parmi les autres œuvres remarquables figurent *L'Enlèvement d'Hélène* de Luca Giordano, *Agar et Ismaël dans le désert*

OÙ SE LOGER À TOLEDO ET DANS LES QUARTIERS ESPAGNOLS

Hotel Il Convento
Superbe boutique-hôtel dans un ancien couvent du XVIe siècle. **€€**

Real Toledo
B&B de charme aux chambres à la fois chics et douillettes, avec balcon, TV et coin repas. **€€**

Art Resort Galleria Umberto
Hôtel fastueux situé dans la Galleria Umberto I. Salles de bains en marbre et œuvres d'art moderne. **€€**

Chiesa di Sant'Anna dei Lombardi

face à l'ange Gabriel de Francesco Solimena ou encore une série de bronzes et de sculptures en terre cuite de Vincenzo Gemito. La peinture de paysage, largement représentée, offre d'intéressants points de vue sur la Naples d'autrefois.

Chiesa di Sant'Anna dei Lombardi

LA RENAISSANCE TOSCANE À NAPLES

Cette majestueuse église érigée en 1411 est l'un des plus beaux exemples de Renaissance toscane à Naples, témoignage des liens étroits qui existaient jadis entre les Aragonais de Naples et la dynastie florentine des Médicis. Ses commanditaires aragonais en ont fait un véritable musée de la Renaissance. Si l'extérieur gothique d'origine fut transformé au XVIIe siècle, à l'intérieur, ses panneaux en marqueterie et les fresques sont d'époque. Attention à ne pas vous laisser distraire par la somptueuse sacristie au point de manquer le *Compianto sul Christo morto* (*Lamentation sur le Christ mort*, 1492) en terre cuite de Guido Mazzoni, ainsi que d'autres œuvres de la Renaissance et du peintre baroque Francesco Solimena.

La Pignasecca

MARCHÉ ALIMENTAIRE

En remontant la Via Toledo vers le nord, vous tomberez sur une fourche avec la Via Pignasecca, où se tient le plus ancien

LA MEILLEURE CUISINE DE RUE

Passione di Sofì
Cuisine de rue moderne, dont des en-cas frits comme la *pizza fritta* ou les *frittatine di pasta* (croquettes de pâtes). **€**

Pescheria Azzurra
Bravez la foule du *mercato* pour un *cuopp'* rempli de sardines et de calamars ou une assiette de *spaghetti alle vongole* (aux palourdes). **€**

Antica Pizzeria e Trattoria al 22
Pizzeria classique de quartier servant une excellente *pizza a portafoglio* (pizza pliée en 4). **€**

Friggitoria Fiorenzano
Un stand sans prétention, mais où déguster notamment des *montanara* (pizzas frites) goûteuses. **€**

Toledo Relax
Cadre minimaliste élégant, avec une touche de fantaisie dans le papier peint, près de la Via Toledo. **€€**

La Gemma
B&B chaleureux et coloré sur la Piazza Dante. Navette gratuite depuis/vers l'aéroport. **€€**

Dante Maison de Charme
Belle propriété historique rénovée avec des touches colorées, sur la Piazza Dante. **€€**

CADEAU ANONYME

Si le faste du Caffè Gambrinus (p. 70) vous met d'humeur prodigue, offrez à un inconnu un *caffè sospeso*.

Les Napolitains sont d'avis que personne ne devrait être privé de café, si bien que lorsqu'ils en prennent un pour eux, il leur arrive d'en payer un autre d'avance pour l'inconnu qui les suivra.

La coutume se serait répandue à la fin du XIXe siècle, après l'unification de l'Italie, mais aurait presque disparu pendant la Seconde Guerre mondiale. Elle a toutefois connu un regain en 2010, lorsque le Gambrinus décida de fêter le 150e anniversaire de ce petit geste qui peut illuminer une journée...

marché de rue de la ville (depuis le XVIe siècle). Il s'étire et fourmille de la Piazza Carità à la station du funiculaire de Montesanto. On y trouve aussi bien des fruits que du pain ou des abats suspendus à des crochets, mais la Pignasecca est surtout incontournable pour sa cuisine de rue.

C'est en arrivant tôt le matin que l'on obtient les produits les plus frais et que l'on profite de la meilleure ambiance. Parmi les en-cas frits, citons les *frittatine di pasta* (beignets de pâtes et béchamel) et la *montanara* (beignet nappé de sauce tomate, fromage et basilic). Au marché aux poissons, découvrez le *cuopp'* – cône en papier forcément huileux fourré de calamars, poulpes, crevettes et sardines frites. Vous aurez besoin de vos deux mains pour tenir votre *cuzzetiello* – sandwich farci de *ragù*. Vous aimez peut-être déjà les *calzone*... mais les avez-vous déjà goûtés frits et farcis à la ricotta, au poivre noir et à la couenne de porc (*cicoli*) ? Si ce n'est pas le cas, prenez une *pizza fritta*. Ou essayez la *pizza a portafoglio* (en portefeuille) : des mini-pizzas qu'on plie en quatre pour manger sur le pouce. Option plus légère : les *taralli n'zogna e pepe* – biscuits salés croustillants en forme d'anneaux torsadés, au poivre et aux amandes. N'essayez pas de résister !

Casa e Chiesa di Santa Maria Francesca delle Cinque Piaghe

RELIQUES ET POUVOIR DE FERTILITÉ

Ce petit sanctuaire dédié à sainte Marie-Françoise des Cinq-Plaies aurait des propriétés magiques. Seule Napolitaine canonisée, sainte Marie-Françoise (1715-1791) possédait des dons de prophétie. En plus de l'église, le sanctuaire comprend un musée et l'appartement de la sainte, conservé comme au XVIIIe siècle. On y voit encore la chaise en bois réputée exaucer le vœu des femmes souhaitant enfanter. Les murs sont couverts d'ex-voto et de babioles, tandis que les vêtements de la sainte portent les traces de sang de ses cinq stigmates.

L'OCCULTISME CATHOLIQUE

Pour en savoir plus sur les traditions ésotériques catholiques, voir les **Catacombe di San Gennaro** (p. 92) et le **Complesso Museale di Santa Maria delle Anime del Purgatorio ad Arco** (p. 60).

Trattoria Da Nennella

VÉRITABLE CUISINE FAMILIALE

Si l'attente ne vous fait pas peur, essayez cette trattoria authentique. Adresse très appréciée dans le quartier depuis 1949, la Trattoria Da Nennella est célèbre autant pour la fougue de ses serveurs que pour sa cuisine napolitaine familiale. La carte est simple, mais la cuisine parfaite : c'est grosso modo ce que vous

OÙ SE RESTAURER À TOLEDO ET DANS LES QUARTIERS ESPAGNOLS

Antica Pizzeria e Trattoria al 22
Pizzeria et trattoria servant de copieuses spécialités napolitaines. **€€**

Ristorante Pizzeria Al Cucciolo Bohemien dal 1963
Cuisine italienne traditionnelle avec *primi piatti* (pâtes) et *fritti* (hors-d'œuvre frits) maison. **€€**

Osteria della Mattonella
Spécialités napolitaines à l'ancienne dans un cadre intimiste, orné de majoliques du XVIIIe siècle. **€€**

Trattoria Da Nennella

mangeriez si un ami napolitain vous invitait à dîner chez sa *nonna*. Pour vous en convaincre, enfoncez votre fourchette dans une *mozzarella di bufala* bien juteuse ; puis faites-la tournoyer dans votre plat de spaghettis aux câpres et aux anchois. Attendez-vous à quelque événement inattendu – des assiettes cassées ou une chanson improvisée – pendant que vous dégustez la spécialité : *pasta e patate con provola* (ragoût de pâtes et pommes de terre au fromage). La maison ne prend pas les réservations.

Maradona et compagnie

ART DE RUE INSOLITE

Les Quartiers espagnols sont une mine d'œuvres de *street art*. On découvre sur leurs murs aussi bien le comique Totò que l'acteur Bud Spencer. La peinture murale la plus célèbre représente le footballeur Diego Maradona, dans la Via Emanuele de Deo, décorée de drapeaux en papier. Posté au coin de la rue, un marchand de *granita* (dessert glacé aromatisé au café, aux fruits frais ou aux pistaches et amandes locales) annonce les "parfums de Maradona". Ce n'est qu'une des innombrables œuvres rendant hommage au footballeur dans les rues de Naples ; amusez-vous à repérer les autres.

UN DIALECTE NAPOLITAIN INFLUENCÉ PAR L'ESPAGNOL

Le dialecte napolitain (ou napulitano), influencé par deux siècles de domination espagnole, compte quelque 400 mots empruntés à la langue hispanique : ainsi, le mot *amprèss* (rapidement) vient de l'espagnol *prisa* ; *muntone* (tas), de *montón* ; *tenere* (avoir), de *tener* ; *sbarià* (diverger) de *desvariar* ; *crepato* (brisé), de *quebrado*. Le dialecte napolitain possède toutefois ses propres vocabulaire, grammaire, orthographe et prononciation. Langue officielle du royaume de Naples de 1442 à 1458, le napolitain reste commun dans les rues et dans nombre d'écrits littéraires et musicaux, de l'*Epistola napoletana* (Lettre napolitaine) du XIVe siècle de Boccace aux tubes folk-rock contemporains du chanteur-compositeur Pino Daniele.

OÙ TROUVER DES TARALLI À TOLEDO ET DANS LES QUARTIERI SPAGNOLI

Pintauro
Cette boulangerie historique de la Via Toledo vend des *taralli* croustillants à souhait. €

Panificio Coppola Vincenzo
Boulangerie familiale de la Via Pignasecca qui vend du bon pain frais et de délicieux *taralli*. €

Panificio Boccia
Plutôt chic, ce bistrot-boulangerie moderne vend des *taralli* traditionnels haut de gamme à emporter. €€

SANTA LUCIA ET CHIAIA

ÉLÉGANTES PROMENADES EN FRONT DE MER

Santa Lucia et Chiaia ne sont qu'à quelques minutes de marche des Quartieri Spagnoli, mais leurs rues paisibles bordées d'arbres et leur éblouissant front de mer semblent à des années-lumière des sombres ruelles. En empruntant vers l'ouest, depuis la Piazza del Plebiscito, la vivante Via Chiaia, vous pénétrerez dans le quartier du même nom, qui date du XVIIe siècle. Avec ses édifices majestueux et ses larges boulevards bordés de boutiques et de cafés élégants, c'est un quartier radieux. La Via dei Mille rassemble de luxueuses boutiques de mode, tandis que la Villa Comunale est un jardin public calme et verdoyant.

À la sortie du parc s'étire la belle promenade du front de mer, jusqu'à Santa Lucia, petit quartier au bord de l'eau doté d'hôtels du XIXe siècle et de superbes points de vue sur la baie de Naples. Amarré au littoral, le Castel dell'Ovo est un imposant château édifié par les Normands sur l'îlot de Megaride ; c'est là, d'après la légende, que la sirène Parthénope se donna la mort.

Pour les infos pratiques, voir le Carnet d'adresses p. 113

À SAVOIR

Le quartier de Toledo rejoint ceux de Chiaia et de Santa Lucia, qui s'explorent aisément à pied ; qui plus est, on profite davantage du front de mer et du Borgo Marinari (îlot de Megaride) en marchant. Toutefois, si vous devez vous rendre rapidement d'une extrémité à l'autre du front de mer, prenez le bus n°140.

Palazzo Mannajuolo

PALAIS À L'ESCALIER HYPNOTISANT

Situé sur la Via Filangieri, le Palazzo Mannajuolo est un parfait exemple du style Liberty (équivalent italien de l'Art nouveau). Il recèle un étonnant secret : un escalier hélicoïdal étourdissant conçu par Giulio Ulisse Arata, aux marches en marbre gaufré et à la rampe en fer forgé. Vu d'en bas (malheureusement, on n'en voit pas davantage lors de la visite), il semble s'enrouler à l'infini.

Via Chiaia

Castel dell'Ovo

CHÂTEAU NORMAND AVEC VUE SUR LE VÉSUVE

Posté sur l'îlot rocheux de Megaride, cet imposant château normand du XIIe siècle (photo à gauche) qui a servi de monastère, de forteresse, de prison et de résidence royale est le plus ancien des sept châteaux de Naples. Il tient son nom (château de l'Œuf) d'une facétie du poète romain Virgile (70-19 av. J.-C.) qui, selon la légende, aurait enterré un œuf sur le site actuel du château et aurait prétendu que si l'œuf se cassait, le château et la ville s'effondreraient. Pour l'instant, tout va bien : le château est encore debout et ouvert aux visiteurs, qui peuvent admirer ses élégantes salles et profiter, depuis sa terrasse, d'une vue à 360° sur la baie de Naples et les fronts de mer de Santa Lucia et de Mergellina.

SANTA LUCIA ET CHIAIA

INCONTOURNABLES
1 Castel dell'Ovo
2 Galleria Borbonica
3 Palazzo Mannajuolo

VOIR
4 Borgo Marinari
5 DaDoM (Museo Darwin Dohrn)
6 Museo Pignatelli
7 Piazza dei Martiri
8 Front de mer de Santa Lucia
9 Villa Comunale

SE RESTAURER
10 La Scialuppa

Galleria Borbonica

ABRI ANTIAÉRIEN LABYRINTHIQUE

Pour une plongée souterraine dans cinq siècles d'histoire, visitez le tunnel des Bourbons. Conçu par Ferdinand II en 1853 pour relier le Palazzo Reale aux casernes en passant sous le Monte Echia, il s'intègre au réseau du XVIIe siècle de l'aqueduc de Carmignano. Lors de la Seconde Guerre mondiale, on estime que 5 000 à 10 000 Napolitains s'y abritèrent pour échapper aux bombardements. La visite guidée donne à voir ce triste refuge : les salles lugubres, les toilettes exiguës, l'infirmerie où les résidents étaient aspergés de DDT dans le but de combattre les maladies… La Galleria Borbonica accueille aussi concerts et représentations théâtrales.

JEAN-BERNARD CARILLET/LONELY PLANET © ; PAGE DE DROITE : LUCAMATO/ SHUTTERSTOCK ©

Museo Pignatelli

À VOIR AUSSI À SANTA LUCIA ET À CHIAIA

Museo Pignatelli

VILLA BAROQUE ET MUSÉE

Cette villa du début du XIXe siècle constitue une oasis de calme inattendue au cœur de la ville bouillonnante. Commandée par l'amiral Ferdinando Acton (ministre à la cour du roi Ferdinand IV) en 1826, elle fut conçue par l'architecte Pietro Valente dans un style pompéien opulent, et fut par la suite léguée à l'État italien. L'intérieur, avec ses lustres en cristal, ses tentures murales en cuir et son mobilier somptueux, est magnifiquement préservé. Transformée en musée, la villa présente une collection d'objets d'art du XVIe au XIXe siècle ; l'étage supérieur est consacré à la photographie contemporaine. Le Museo delle Carrozze adjacent renferme une collection de calèches des XIXe et XXe siècles. Dans les jardins, canards et chats flânent paresseusement.

Piazza dei Martiri

PLACE AUX LIONS

Cette petite place du XIXe siècle proche du front de mer de Santa Lucia rend hommage aux générations de martyrs napolitains. La colonne, datant de l'époque des Bourbons, est

LE MEILLEUR DE LA VIE NOCTURNE

Cantine Sociali
Une adresse qui attire les foules, avec sa belle carte des vins et son buffet *aperitivo* gratuit.

Al Barcadero
Bar sans prétention situé au bord de l'eau à deux pas du Borgo Marinari. On y sert un Negroni corsé.

Enoteca Belledone
Solide carte des vins, bonne charcuterie et plateaux de *crudo* (fruits de mer crus).

L'Antiquario
Cocktails inventifs servis dans un cadre à mi-chemin entre le speakeasy et l'Art nouveau. Jazz live le mercredi.

OÙ SE LOGER À SANTA LUCIA ET À CHIAIA

Grand Hotel Vesuvio
Hôtel de luxe à la décoration somptueuse, inspirée du XIXe siècle. **€€€**

Bourbon House
Hébergement bon marché (pour le quartier), décoration branchée, salles de bains privatives et TV. **€€**

Relais Bijoux Napoli
B&B bien équipé au style bohème chic, proche de la Villa Comunale. TV et minibar. **€€**

surmontée d'une statue ailée symbolisant la vertu ; à sa base, quatre lions en marbre représentent les soulèvements de 1799 (lion mourant), 1820 (transpercé d'une épée), 1848 (lion couché) et 1860 (lion debout) contre les Bourbons.

Front de mer de Santa Lucia

PROMENADE EN BORD DE MER ET PLAGE DE ROCHERS

La portion du *lungomare* (promenade du front de mer) napolitain qui se trouve à Santa Lucia est bordée d'une petite plage de rochers d'où plongent joyeusement les habitants. Vous avez le choix entre vous jeter à l'eau ou profiter du spectacle en sirotant un *granita* au citron ou en grignotant des *taralli* tout chauds, vendus dans des kiosques. Le regard se perd jusqu'au magnifique Castel dell'Ovo et au menaçant Vésuve, qui encadrent la superbe baie de Naples.

Borgo Marinari

PORT DE PÊCHE ET RESTAURANTS

Profitez de la visite du Castel dell'Ovo, sur l'îlot de Megaride, pour déjeuner à **Borgo Marinari**, charmant petit port au pied du château. Ce site où les Grecs fondèrent au VIIe siècle av. J.-C. la colonie de Megaris est associé à la sirène Parthénope : selon la légende, celle-ci s'y serait échouée, le cœur brisé, après avoir tenté en vain de séduire Ulysse par son chant. La région de Naples est encore aujourd'hui souvent appelée "Partenopea", et une fontaine ornée d'une statue de la sirène se dresse sur la Piazza Sannazaro, dans le quartier voisin de Mergellina. Lorsque vous dégusterez vos *spaghetti alle vongole* à **La Scialuppa**, n'oubliez pas de lever votre verre de *vino bianco* glacé en l'honneur de Parthénope.

LE MEILLEUR DU SHOPPING

Passeggiata Colonna
Passage commerçant tout proche de la gare de la Piazza Amedeo. Vêtements artisanaux modernes, bijoux et boutiques d'art.

Gennaro Regina
Galerie du peintre Gennaro Regina, dont l'œuvre s'inspire de Naples et de ses traditions.

Tramontano
Boutique historique de sacs artisanaux en cuir *made in Italy*, depuis 1865.

Bowinkel
Cette galerie-boutique vend depuis 1879 les plus belles estampes, photos, peintures, etc., de la ville.

Villa Comunale

PARC DE BORD DE MER ET MUSÉE

Flâner dans cet agréable parc s'étirant de Chiaia à Mergellina offre un vrai bol d'air pur. Ce paisible tapis de verdure fut aménagé par l'architecte renommé Luigi Vanvitelli pour l'usage exclusif des Bourbons ; à l'origine, il n'était ouvert au peuple qu'un jour par an, le 8 septembre, jour de la Fiesta di Piedigrotta. Public depuis 1869, le parc abrite la Stazione Zoologica Anton Dohrn (photo à droite), institut de recherche biologique récemment rénové qui comprend le tout nouveau **DaDoM (Museo Darwin Dohrn)**, musée consacré à l'évolution et à la biodiversité.

OÙ SE RESTAURER À SANTA LUCIA ET À CHIAIA

Muu Muuzzarella Lounge
Dans ce restaurant contemporain, tout tourne autour de la *mozzarella di bufala* fraîche de Campanie. €

L'Ebbrezza di Noè
La cave à vins "L'Ivresse de Noé" se transforme à la nuit tombée en restaurant tendance. €€

Pescheria Matiucci
Cette poissonnerie se métamorphose chaque soir en restaurant de fruits de mer haut de gamme. €€

VOMERO

LA BELLE VIE SUR LES HAUTEURS

Les quartiers de Naples proches du port et du front de mer sont pleins de charme... mais si vous alliez explorer les hauteurs de la ville ? Quartier résidentiel et commercial huppé, le Vomero doit sa réputation d'opulence à l'épidémie de peste du XVIIe siècle, lorsqu'il servit de refuge aux plus fortunés. On y accède à pied (une randonnée à part entière !) ou, plus facilement, en bus ou en funiculaire ; les différents arrêts vous laisseront à proximité des principales concentrations de boutiques ou de vie nocturne, ainsi que des deux grands sites touristiques du quartier : la Certosa di San Martino et le Castel Sant'Elmo.

Vomero compte plusieurs places animées – dont la Piazza Vanvitelli, centrale, d'où l'on rejoint Chiaia et Santa Lucia –, ainsi que de nombreux magasins, cafés, restaurants et bars. Un ensemble d'escaliers en pierre bien cachés mène au sommet de la colline de San Martino, d'où se déroule un magnifique point de vue sur le Centro Storico et la baie de Naples, jusqu'au Posillipo.

Pour les infos pratiques, voir le Carnet d'adresses p. 114

À SAVOIR

Les principaux sites du Vomero sont proches les uns des autres, et il est facile d'explorer le quartier à pied. La circulation y est peu intense. On peut rejoindre la colline du Vomero en bus, en funiculaire ou à pied par des escaliers... qu'il faudra monter puis redescendre. Le point de vue une fois en haut vaut bien cet effort !

INCONTOURNABLES
1 Castel Sant'Elmo
2 Certosa e Museo di San Martino
3 Station de funiculaire Montesanto
4 Station Parco Margherita

VOIR
5 Museo della Ceramica Duca di Martina e Villa Floridiana
6 Pedamentina di San Martino
7 Salita del Petraio
8 Piazza Vanvitelli
9 Vigna di San Martino

SE RESTAURER
10 Golocius

PRENDRE UN VERRE ET FAIRE LA FÊTE
17 Archivio Storico

Station du funiculaire, Vomero

En funiculaire

À L'ASSAUT DE LA COLLINE

Le Vomero que l'on connaît aujourd'hui était en grande partie composé de terres agricoles jusqu'à la fin du XIXe siècle. Il faut dire que jusqu'en 1889, le seul moyen de gravir la colline de San Martino était la marche à pied. Aujourd'hui, le funiculaire est de loin le moyen le plus rapide et le plus amusant de monter au sommet. Il vous suffit d'embarquer à la **station Montesanto**, sur la Via Pignasecca, à la **station Augusteo** sur la via Toledo, ou à **Parco Margherita**, à Chiaia, pour profiter de superbes panoramas sur la ville.

Castel Sant'Elmo

CHÂTEAU MÉDIÉVAL AVEC VUE SUR LA BAIE

Ce château en forme d'étoile perché sur la colline de San Martino était à l'origine une église dédiée à Saint-Érasme. Quatre siècles plus tard, en 1349, Robert d'Anjou la transforma en château, que le vice-roi d'Espagne Don Pedro de Toledo fortifia en 1538. Il fut utilisé comme prison militaire jusque dans les années 1970. C'est aujourd'hui le plus grand des sept châteaux napolitains, et l'un des monuments emblématiques de la ville. La vue panoramique qu'il offre sur Naples, la baie et les îles est époustouflante.

Le Castel Sant'Elmo est aujourd'hui associé au **Museo del Novecento**, consacré à l'art napolitain du XXe siècle. Si le funiculaire et le métro peuvent vous laisser à proximité, il faut toutefois marcher pour rejoindre le château et le musée.

Certosa e Museo di San Martino

CHARTREUSE MÉDIÉVALE ET MUSÉE

Point d'orgue du baroque napolitain, cette chartreuse (photo en bas) transformée en musée fut fondée par les Angevins entre 1325 et 1368. Dotée de l'un des plus beaux cloîtres d'Italie, elle a été décorée et remaniée au fil des siècles par des artistes italiens talentueux, notamment l'architecte Giovanni Antonio Dosio au XVIe siècle et le sculpteur baroque Cosimo Fanzago un siècle plus tard. C'est aujourd'hui un superbe musée d'art napolitain.

L'église du monastère, la sacristie et ses splendides armoires en marqueterie, la chapelle du trésor et la salle capitulaire renferment d'innombrables fresques et tableaux de grands peintres du XVIIe siècle tels Luca Giordano (voir p. 64) ou José de Ribera. Dans la nef, d'extraordinaires marqueteries de marbre sont dues à Cosimo Fanzago.

Flânez dans le grandiose cloître, un espace éclatant de blancheur rythmé sur tout son pourtour par des colonnes et des statues en marbre immaculé, puis dans les jardins, offrant une vue sur la ville, le Vésuve et la baie de Naples.

Dans le musée, vous pourrez admirer des représentations de Naples à travers l'histoire, de somptueuses embarcations royales, de rares *presepi* (crèches) des XVIIIe et XIXe siècles, des sculptures ou encore la collection de peintures des moines.

Pour le retour, vous pouvez emprunter les escaliers de la Pedamentina di San Martino, cachés derrière le mur situé face aux boutiques, qui débouchent dans les Quartieri Spagnoli.

Certosa e Museo di San Martino

ENRICO DELLA PIETRA/SHUTTERSTOCK ©

FUNICULÌ FUNICULÀ

Vous connaissez peut-être la célèbre chanson napolitaine *Funiculì Funiculà* ? Mais savez-vous d'où vient son titre ?

Souvent considérée comme italienne à l'étranger, elle est en fait chantée en dialecte napolitain. Écrite en 1880 par le journaliste Giuseppe Turco et mise en musique par Luigi Denza, elle célébrait l'inauguration du funiculaire reliant Naples au Vésuve. Le refrain bien reconnaissable "jammo jammo 'ncoppa, jamme jà", signifie "allons, allons au sommet, allons-y allons".

Vigna di San Martino (p. 82)

À VOIR AUSSI DANS LE VOMERO

Piazza Vanvitelli

SHOPPING, RESTAURANTS ET VIE NOCTURNE

Après avoir bien grimpé et admiré le paysage, rendez-vous Piazza Vanvitelli (métro Vanvitelli) pour une bonne dose de shopping et d'animation. Nommée d'après le grand architecte Luigi Vanvitelli (voir p. 83), cette place octogonale du XIXe siècle est le cœur du Vomero. Il fait bon flâner dans les rues arborées du quartier qui, en plus des magasins de chaîne habituels, possède de bons restaurants et de nombreux bars sympathiques où prendre l'*aperitivo*.

Museo della Ceramica Duca di Martina et Villa Floridiana

MUSÉE DE LA CÉRAMIQUE, VILLA ET PARC

L'opulente **Villa Floridiana** et les 18 hectares de forêt qui l'entourent furent offerts par le roi Ferdinand Ier à sa seconde épouse, la duchesse de Floridia. La villa abrite depuis 1927 le **Museo della Ceramica Duca di Martina**, qui outre une superbe collection de céramiques (dont d'inestimables porcelaines chinoises Ming et des vases japonais Edo), expose quelques toiles de maîtres baroques comme Francesco Solimena. Prenez une

LES MEILLEURS RESTAURANTS

Osteria Donna Teresa
Cette petite *osteria* familiale très animée sert une excellente cuisine classique, dont des *pasta e patate*. **€**

Gorizia 1916
Pizzeria branchée et sophistiquée. Essayez aussi les délicieux *fritti*, notamment la *mozzarella in carrozza*. **€€**

Godot Restaurant
Excellents *crudo* et plats de poissons et fruits de mer avec une touche de modernité, dans un petit espace branché. **€€€**

Trattoria Vanvitelli
Pizzeria-restaurant à l'ancienne très populaire, servant des pizzas légères et délicieuses, notamment au blé complet. **€€**

OÙ SE LOGER DANS LE VOMERO

Le Petit Palais Naples
B&B dans un édifice du XIVe siècle bordant l'escalier de la Pedamentina. Terrasse sur le toit, vue magnifique. **€€€**

Vanvitelli Domus
B&B confortable à la décoration minimaliste et colorée, avec salle de bains privative et TV. **€**

La Chambre Napoli
B&B confortable et bien équipé, où dominent le blanc et le bleu. Les chambres King sont dotées d'un balcon. **€€**

VUE DU VOMERO

Antonio Grimaldi, gynécologue et hôte du Petit Palais Naples *(lepetitpalaisnaples.com)* évoque les meilleurs points de vue du Vomero.

“C’est sans hésiter la terrasse du Castel Sant’Elmo qui offre le plus beau point de vue. De ce château perché au sommet de la colline, on a une vue à 360° sur la ville de Naples – le centre historique d’un côté, le Posillipo de l’autre et le Vésuve au fond.

Mais comment ne pas citer aussi la vue de la Certosa di San Martino ? Le centre historique, la mer et les collines en terrasses plantées de vignes apparaissent encadrés par l’architecture monumentale de la chartreuse.”

part de pizza à emporter chez **Golocious**, sur la Via Domenico Cimarosa, et savourez-la dans les jardins luxuriants. Un lieu d’une exquise beauté, qui offre une vue enchanteresse.

Archivio Storico

BAR À COCKTAILS DE STYLE SPEAKEASY

Quelques marches gravies à petites foulées depuis la Piazza Vanvitelli, et vous voilà à l’Archivio Storico, un bar à cocktails qui ne manque pas de style. La partie speakeasy est fermée l’été, mais le reste de l’année il vous suffit de descendre l’escalier et de passer derrière une immense peinture style XIXe siècle à la gloire des Bourbons, pour pénétrer dans cette vaste salle au plafond voûté et à l’opulente décoration. Portraits et bustes des membres de la famille royale de Naples et chandelles de cire rappellent au visiteur que la cité fut jadis le centre du pouvoir. Les mixologistes, dans un recoin du bar, concoctent de délicieuses créations.

Montée des marches

CHEMINS SECRETS POUR LE PARADIS

Le funiculaire est peut-être le moyen le plus rapide de gravir la colline de San Martino, mais ce n’est pas en réalité le plus beau. Le Vomero est aussi relié à la “terre ferme” par deux anciens escaliers en pierre. La **Pedamentina di San Martino** va du Corso Vittorio Emanuele à la Certosa di San Martino, tandis que la **Salita del Petraio** part de Chiaia pour rejoindre la station de funiculaire Morghen. L’ascension est rude – respectivement 414 et 530 marches – mais le calme et les points de vue sont fabuleux. Qu’il est agréable de passer devant des habitations typiques, parmi la végétation, à des lieues de l’animation de la ville en contrebas…

Vigna di San Martino

PROMENADE PARMI LES VIGNES

En contrebas de la Certosa di San Martino s’étend un bout de terrain occupé par des vignes (dont un cépage très rare), des oliviers et des ânes. Il s’agit de l’ancien vignoble des chartreux de San Martino, oasis irréelle ressuscitée par Peppe Morra, propriétaire d’une galerie. Elle comprend désormais 2 500 ceps de vigne, 900 oliviers, 700 agrumes et de nombreuses variétés de plantes et de fleurs sauvages. Une ferme de 7 hectares au cœur de Naples.

Ce paradis bucolique a été récemment déclaré monument national. Il est ouvert au public sur rendez-vous. Le vignoble propose également des visites trekkings et a accueilli Wine & the City, un

DE L’ART SOUS TERRE

Découvrez les spectaculaires installations artistiques des stations de métro de Naples p. 68.

OÙ PRENDRE UN CAFÉ DANS LE VOMERO

Ventimetriquadri
Cette ancienne imprimerie transformée en *caffè* sert des cafés spéciaux ainsi que des thés et des pâtisseries.

Fonoteca
Dans ce café, bar et magasin de disques, on passe en revue la collection de vinyles tout en buvant un verre.

Toffee Coffee Shop
Excellent café, qui propose aussi de la restauration rapide. Options sans lactose et bonne musique.

PIO3/SHUTTERSTOCK ©

Reggia di Caserta

festival du vin très populaire qui se tient dans divers lieux de Naples chaque année en mai.

Reggia di Caserta

PALAIS MONUMENTAL ET JARDINS

Un Versailles italien, à 32 km au nord de la ville… En 1752, les Espagnols étaient bien établis à Naples, la dynastie des Bourbons au pouvoir. Charles VII désira alors construire une résidence royale gigantesque, fastueuse et immodérément baroque, qui susciterait l'admiration de tous. C'est à Caserte, un site à la fois suffisamment proche de Naples et éloigné du rivage pour être à l'abri des pirates, que l'édifice fut bâti.

Presque trois siècles plus tard, le palais royal de Caserte est toujours aussi éblouissant, avec ses 61 000 m^2, ses quatre cours, ses 1 200 pièces, ses 34 escaliers, son théâtre, sa bibliothèque et ses jardins paysagers, parmi les plus beaux d'Europe. Le palais, que Charles VII voulait digne de rivaliser avec Versailles, est même plus grand que celui du Roi-Soleil.

L'architecte fut tout naturellement Luigi Vanvitelli (voir l'encadré ci-contre), dont les opulentes créations définissent le baroque italien. Dans l'entrée principale, un escalier monumental de 117 marches mène aux appartements royaux qui, comme l'ensemble du palais, sont somptueusement décorés de fresques, d'œuvres d'art, et d'un mobilier en bois laqué, de dorures et de cristal.

Prenez le temps de découvrir le vaste palais ainsi que ses jardins paysagés, ornés de statues, fontaines, bassins et cascades. À noter, le lieu a servi de décor à de nombreux films, dont *Star Wars 1* et *2*, et *Mission Impossible 3*. Des trains relient régulièrement Naples à la gare de Caserte (3,70 €, 30-50 min), au bout du parc.

LES GRANDES RÉALISATIONS DE VANVITELLI

La Reggia di Caserta ne représente qu'un aperçu de l'œuvre architecturale de Luigi Vanvitelli (1700-1773).

En plus d'avoir participé à la conception du Palazzo Reale de Naples, Vanvitelli a notamment dessiné les plans du Lazzaretto di Ancona – un gigantesque bâtiment militaire de quarantaine, en forme de pentagone, à Ancône –, du somptueux Palazzo Colonna, à Rome, et de la Villa Comunale (p. 77) à Naples.

OÙ PRENDRE UN APERITIVO DANS LE VOMERO

Barittico
Cuisine et cocktails savamment préparés, cadre chic. Produits artisanaux, délicieux *aperitivo* et options véganes.

Barrio Botanico
Bar-salon de thé très chic dans un cadre bohème, où l'on sert des cocktails élaborés et d'excellents en-cas.

Guyot Winebar
Intérieur sombre, cocktails élégants, assiettes de charcuterie et sandwichs délicieux.

MERGELLINA ET POSILLIPO

PARC MARIN ET VUES SUR LA MER

Pour sortir de Naples sans sortir de Naples, cap à l'ouest !

Commencez par prendre le train jusqu'à l'imposante gare de Napoli Mergellina ; de là, descendez jusqu'à la Piazza Sannazaro, où trône une statue de la sirène Parthénope. Vous n'avez plus qu'à rejoindre à pied la promenade de front de mer, typique de Naples, avec ses stands vendant de la cuisine de rue.

Le Posillipo (Pausilippe) est à la fois l'extrême-ouest de Naples et l'extrême-est des Champs Phlégréens. Malgré son charme volcanique, c'est un quartier largement résidentiel, prisé pour ses points de vue depuis les hauteurs et ses criques propices à la baignade. Il est ponctué de *discese* – descentes – menant à la réserve marine protégée de Gaiola, d'où l'on voit l'île de Nisida (où Brutus aurait fomenté son complot contre César).

La vue depuis le Parco Virgiliano vaut à elle seule le détour, mais il y a plus à voir encore. Prenez le bus jusqu'à la Grotta di Seiano, un tunnel qui mène directement au site archéologique du Pausilypon, où subsistent les vestiges d'un amphithéâtre romain tourné vers la mer. Quant au Parco Sommerso di Gaiola, c'est une aire marine protégée où l'on peut faire des sorties de snorkeling ou en bateau.

Pour les infos pratiques, voir le Carnet d'adresses p. 115

À SAVOIR

Mergellina est facilement accessible en métro et en train. Le bus n°140 parcourt sur toute sa longueur la Via Posillipo et relie rapidement le Posillipo et Chiaia. Il est un peu plus difficile de circuler en transports en commun dans le Posillipo, mais le bus C1E dessert plusieurs *discese* et les parcs.

AJIT WICK/SHUTTERSTOCK ©

Gare de Napoli Mergellina

GARE FERROVIAIRE DU XIXe SIÈCLE

La fin du XIXe siècle vit l'inauguration du premier funiculaire de Naples, qui reliait la colline de San Martino au centre-ville en contrebas et favorisa le développement du Vomero. De nombreuses gares furent construites par la suite un peu partout dans la ville, dans un style monumental. Malheureusement, les bombardements de la Seconde Guerre mondiale eurent raison de ces beaux édifices historiques – de tous, sauf un : la gare de Napoli Mergellina (photo à gauche). Commencez votre visite du quartier par ce petit morceau d'histoire.

Plages

PLAGES CACHÉES DANS LA VILLE

Mergellina compte quatre ravissantes plages de sable avec vue sur la baie de Naples, les hauteurs romantiques du Posillipo, le majestueux Vésuve et le superbe Palazzo Donn'Anna (XVIIe siècle). L'accès au **Bagno Sirena** et à la **Spiaggia delle Monache** se trouve sur la Via Posillipo : il faut descendre par un tunnel orné de mosaïques et passer sous une pergola pour accéder à ce site magique. L'accès au **Bagno Elena** (la plus ancienne plage du quartier) et au **Bagno Ideal** se trouve à 400 m à l'est. Des havres inattendus dans le paysage urbain. L'accès à certaines de ces plages est payant (voir le Carnet d'adresses p. 115).

INCONTOURNABLES
1 Bagno Elena
2 Bagno Ideal
3 Bagno Sirena
4 Lungomare Mergellina
5 Gare de Napoli Mergellina
6 Spiaggia delle Monache

VOIR
voir 11 Grotta di Seiano
7 Marechiaro
8 Parco Archeologico del Pausilypon
9 Parco Sommerso di Gaiola
10 Parco Vergiliano à Piedigrotta
11 Parco Virgiliano

SE RESTAURER
12 Chalet Ciro 1952
13 Da Cicciotto

LUCAMATO/SHUTTERSTOCK ©

Lungomare Mergellina

FRONT DE MER ET CUISINE DE RUE

Cette promenade bordant 2,5 kilomètres de littoral rocheux est pleine de charme. Elle est jalonnée de chalets rétro – des petits bars proposant divers en-cas et *granite*, et de kiosques vendant des coquillages et des objets artisanaux (voir l'encadré p. 87). Ne résistez pas à l'expérience napolitaine ultime : flâner au bord de l'eau en regardant les bateaux danser et en grignotant des *taralli* tout chauds. Si vous êtes plutôt sucré, on vous recommande le **Chalet Ciro 1952** : ses beignets frits fondent dans la bouche.

LES MEILLEURS RESTAURANTS

Nonna Tittina
Il n'y a pas de Nonna Tittina aux fourneaux, mais ce restaurant italien chic et moderne n'en est pas moins chaleureux. **€€**

50 Kalò
Légères comme l'air, les excellentes pizzas du maître *pizzaiolo* Ciro Salvo sont chacune associées à une huile d'olive spécifique. **€€**

Ristorante Calasole
L'adresse élégante du quartier depuis 1886, avec vue sur le cap du Posillipo et une carte traditionnelle de poissons et fruits de mer. **€€€**

Palazzo Petrucci
Ce restaurant de poissons et fruits de mer, étoilé au Michelin, sert des plats inventifs. Vue sur le Palazzo Donn'Anna et le Vésuve. **€€€**

MICHELLEBRAGA/SHUTTERSTOCK ©

L'île de Nisida vue du Parco Virgiliano

À VOIR AUSSI À MERGELLINA ET AU POSILLIPO

Parco Virgiliano

PARC ET POINTS DE VUE

Quoique peu entretenus, le parc et ses environs offrent des points de vue imprenables. Aménagé sur la colline du Posillipo en 1931, le parc porte aujourd'hui le nom du poète antique Virgile. Il s'étend sur 9,2 hectares et comprend des sentiers et des équipements sportifs, ainsi que des bars. À vos pieds, la péninsule de Sorrente, les îles de Capri, Procida, Ischia et Nisida, la côte du Posillipo, le quartier de Coroglio et le littoral des Champs Phlégréens, tout simplement…

Parco Archeologico del Pausilypon

TUNNEL ET AMPHITHÉÂTRE ROMAINS

Sur la colline du Posillipo se trouvent les vestiges d'une luxueuse villa romaine (Ier siècle av. J.-C.) qui appartenait à Publius Vedius Pollion, un homme si riche qu'il possédait son propre amphithéâtre, et si cruel qu'il voulut, en guise de châtiment, jeter dans un bassin peuplé de murènes voraces un esclave qui avait brisé une coupe de cristal. D'autres vestiges de la villa sont submergés (voir Parco Sommerso di Gaiola, p. 87)

On accède au site par la **Grotta di Seiano**, tunnel romain de 770 m de long qui relie la plaine de Bagnoli au paisible vallon de Gaiola. Des activités, dont des ateliers d'archéologie, sont proposées aux enfants. L'amphithéâtre de la villa accueille en été des concerts et représentations théâtrales au coucher du soleil.

OÙ PRENDRE UN APERITIVO À MERGELLINA ET DANS LE POSILLIPO

Twins
Un bar tenu par des frères et décoré comme un salon cosy, pour boire cocktail, vin ou café.

Pacù
Belle terrasse au bord de l'eau, excellents cocktails et amuse-bouche.

Barril
Bar à vins proposant de la délicieuse charcuterie et des cocktails originaux.

Parco Sommerso di Gaiola

RÉSERVE MARINE

L'Area Marina Protetta Parco Sommerso di Gaiola, qui tient son nom de deux îlots émergeant à quelques mètres de la côte du Posillipo, recèle dans ses profondeurs marines des structures de la luxueuse villa romaine que fit construire Publius Vedius Pollion (voir p. 86), attiré comme d'autres patriciens par la beauté du site.

Diverses activités sont proposées : ateliers de préservation marine pour les enfants, sorties en bateau, snorkeling et plongée pour tous les âges. Non loin, une petite plage rocheuse jouit d'une vue sur la jolie côte et les hautes falaises de tuf jaune. Dans la zone A (réserve intégrale), autour de la ravissante île de la Gaiola, le kayak et la navigation en bateau ne sont permis qu'en compagnie de guides autorisés. Renseignez-vous auprès du personnel du parc.

Marechiaro

PETIT PORT DE PÊCHE

Ce tout petit port de pêche est facilement accessible en bus ou à scooter. Un quai, une église, quelques restaurants à l'ancienne, des embarcations colorées et de belles plages bordées de falaises : c'est un endroit plein de charme pour déjeuner ou se baigner au calme. **Da Cicciotto**, avec son beau sol carrelé bleu et blanc, est le restaurant le plus populaire. Il se double d'une pizzeria, plus abordable, à quelques mètres. Passez devant Da Cicciotto et descendez par le chemin jusqu'au petit quai ; de là, un *gozzetto* (barque de pêche) vous emmènera jusqu'à des plages plus éloignées, pour la plupart libres d'accès, au pied de falaises.

Parco Vergiliano a Piedigrotta

TOMBEAUX LITTÉRAIRES

Près de la gare de Napoli Mergellina, juste avant le tunnel routier, un sentier mène à un parc méconnu (photo ci-dessous) abritant la tombe supposée de Virgile. Selon la légende, la dépouille du poète romain, mort à Brindisi en 19 av. J.-C., aurait été transportée à Naples et enterrée dans ce caveau de l'époque d'Auguste. C'est également dans ce parc que débouche la Crypta Neapolitana, tunnel romain long de 700 m qui reliait Naples à Pouzzoles. Cette merveille d'ingénierie fut réalisée au Ier siècle av. J.-C. L'entrée du parc est gratuite, mais il ferme à 14h40. Les beaux chemins ombragés sillonnent le site parmi des vestiges couverts de mousse.

SHUTTERSTOCK ©

CHALETS NAPOLITAINS

Les bars et kiosques qui s'égrènent sur le front de mer de Mergellina, appelés les "chalets" de Naples, sont une institution depuis les années 1950. Inspirés des snack-bars à l'américaine, ils ont rapidement attiré des jeunes venus de tous les coins de la ville. Après le Chalet Primavera, l'un des précurseurs, beaucoup d'autres ont suivi, dont le Chalet Ciro 1952.

Les chalets servent du café et des glaces, mais surtout des *taralli*, l'en-cas napolitain par excellence. Déguster des *taralli* chauds sur le front de mer est rapidement devenu une tradition.

Les chalets attirent aujourd'hui une animation nocturne bruyante (qui à certaines heures demande d'être vigilant). La plupart des chalets sont un peu délabrés, mais pas de quoi renoncer au *tarallo* au bord de l'eau.

CHALETS DE MERGELLINA ET DU POSILLIPO

Chalet Ciro 1952
Glacier et *pasticceria* qui prépare d'incomparables *graffe* (beignets) depuis 70 ans. €

Chalet Chiquitos
Célèbre pour ses smoothies, sa *macedonia* (salade de fruits) et sa brioche fourrée à la glace. €

Leopoldo Infante
Les *taralli* de Leopoldo sont généreux en saindoux et peu poivrés. L'une des nombreuses enseignes à Naples. €

LA SANITÀ ET CAPODIMONTE

CRYPTES ET CATACOMBES

Souvent jugée trop dangereuse pour les touristes (voire les habitants) à cause des activités de la Camorra, la Sanità se réinvente avec vigueur grâce aux efforts de La Paranza, une organisation citoyenne composée de jeunes gens déterminés à faire revivre leur quartier.

Chargés d'histoire, la Sanità et Capodimonte abritent un spectaculaire hypogée grec et les plus anciennes cryptes du sud de l'Italie. Quant au Museo di Capodimonte, il présente une vaste collection d'œuvres d'art médiévales et de la Renaissance. Le quartier, au-delà de ses rues minérales parfois frénétiques, renferme également de belles oasis de verdure : l'Orto Botanico, sur la Via Foria, rassemble quelque 9 000 espèces de plantes, tandis que les 134 hectares du Real Bosco offrent un havre bienvenu.

Les rues de la Sanità se caractérisent autant par leurs *palazzi* du XVIIe siècle que par leurs fresques avant-gardistes. Ne manquez pas la Basilica di Santa Maria della Sanità et ses mystérieuses cryptes.

Pour les infos pratiques, voir le Carnet d'adresses p. 116

À SAVOIR

La circulation des voitures et scooters est très intense dans la Sanità, surtout aux abords de la Via Vergini. Soyez particulièrement prudent en traversant. Comptez 25 minutes pour rallier à pied le Capodimonte et les Catacombe di San Gennaro. Le trajet longe par endroits la *tangenziale* (route périphérique), très fréquentée ; mieux vaut prendre le bus n°163.

INCONTOURNABLES
1 Basilica di Santa Maria della Sanità et Catacombe di San Gaudioso
2 Station de métro Materdei (voir p. **68**)
3 Museo di Capodimonte
4 Real Bosco di Capodimonte

VOIR
5 Catacombe di San Gennaro
6 Ipogeo dei Cristallini
7 Laboratorio Oste
8 Orto Botanico di Napoli
9 Palazzo dello Spagnuolo
10 Palazzo Sanfelice

SE RESTAURER
11 Pasticceria Poppella

Pasticceria Poppella

Pasticceria Poppella

PÂTISSERIE HISTORIQUE

Le *fiocco di neve* (flocon de neige) est une brioche sucrée fourrée de ricotta et de crème saupoudrée de sucre. On trouve partout en ville des imitations appelées *nuvolette* (petits nuages), mais l'original de la Pasticceria Poppella est incomparable. Achetez-en tôt le matin, juste sortis du four et fondants, dans cette pâtisserie centenaire toujours très fréquentée.

Cimitero delle Fontanelle

CIMETIÈRE

La grande peste de Naples en 1656 nécessita l'ouverture des carrières de Fontanelle aux fossoyeurs faute de place. Puis l'épidémie de choléra de 1837 en fit le principal site d'inhumation de Naples, d'où ces quelque 8 millions d'ossements humains. À la fin du XIXe siècle, les Fontanelle sont devenues un lieu de culte des "âmes du purgatoire", dont les adeptes adoptaient des crânes et priaient pour leurs âmes. Une légende entoure Il Capitano, le crâne placé au pied du calvaire à trois croix du cimetière. Selon la légende, il fut adopté par une jeune fille pieuse de La Sanità, qui lui demanda de bénir son mariage. Son fiancé cependant se moqua du crâne et enfonça un bâton dans l'une de ses orbites. Au banquet de noces, un inconnu portant bandeau sur l'œil et vieil uniforme d'officier fit son apparition. Interpellé par le marié, l'hôte ouvrit son manteau pour révéler un squelette qui s'effondra sur le sol. Le choc tua le jeune couple. (Le cimetière était fermé pour travaux début 2023, se renseigner avant de se déplacer.)

Basilica di Santa Maria della Sanità et Catacombe di San Gaudioso

BASILIQUE DU XVIIe SIÈCLE

Au cœur du quartier de la Sanità, cette imposante église du XVIIe siècle recèle des peintures baroques d'Andrea Vaccaro et de Luca Giordano, mais surtout d'impressionnantes catacombes, accessibles par la crypte du Ve siècle : des fresques médiévales représentant les défunts sont surmontées de crânes enchâssés dans les parois. La basilique tire son nom (*sanità* signifie la santé) d'une représentation de la Madone, retrouvée dans la crypte, qui aurait un pouvoir de guérison. Mais elle est aussi connue sous le nom Chiesa di San Vincenzo, d'après le saint dont l'intercession aurait sauvé la ville de l'épidémie de choléra de 1836.

SUR LES TRACES D'ELENA FERRANTE

La célèbre saga napolitaine *L'Amie prodigieuse* suit le lien unissant deux amies nées au milieu du XXe siècle à Naples, entre pauvreté, brutalité et transformations sociales. Les descriptions de Naples tissent un formidable pèlerinage littéraire à travers les rues, places et *palazzi* où vivent les personnages.

Ainsi, le quartier défavorisé où ont grandi Elena et Lila évoque le Rione Luzzatti, au sud du Mercato Caramanico a Poggioreale. La Via Taddeo da Sessa, la *stradone* des quatre romans, le borne au sud. Au nord, c'est le *centro storico* (p. 52), où Elena se frotte à la politique avec les Brigades rouges sur la Via dei Tribunali, et flâne avec son père parmi les livres près de la Port'Alba (p. 52). Adepte, avec ses filles et son ancienne camarade Gigliola, du luxueux Caffè Gambrinus (p. 70), Elena explore l'histoire de la ville à la somptueuse Biblioteca Nazionale di Napoli (p. 67). Au nord de ces deux lieux se déploie la Via Toledo, où les frères Solara rôdent dans leur Fiat 1100. Le quartier élégant de Chiaia abrite quant à lui les boutiques la Via dei Mille, ou encore la librairie La Feltrinelli...

Museo di Capodimonte et Real Bosco

MUSÉE DES BEAUX-ARTS ET PARC

Situés à 1,5 km seulement de la Sanità, le musée et le parc du Capodimonte n'ont pourtant rien à voir avec le dédale de rues de ce quartier.

Le Palazzo Reale di Capodimonte, ancienne résidence estivale des souverains des Deux-Siciles, recèle l'une des plus riches et vastes collections d'art en Italie. Et le palais a pour écrin le glorieux Real Bosco, poumon vert de Naples aux paysages splendides.

Le Museo di Capodimonte réunit nombre de collections historiques, la plus notable étant la collection Farnèse. Parmi les œuvres incontournables, on retiendra la *Crucifixion* de Masaccio peinte tel un instantané, la mélancolique *Vierge à l'Enfant avec deux anges* de Botticelli, la lumineuse *Transfiguration* de Bellini, ou encore la magistrale *Flagellation du Christ* du Caravage. Citons encore une suite de tapisseries tissées au début du XVIe siècle à Bruxelles célébrant la victoire de Charles Quint sur François Ier à la bataille de Pavie (1525), et un flot de peintures baroques napolitaines.

On peut facilement consacrer une demi-journée au musée, puis pique-niquer dans le Real Bosco voisin, un parc vaste et paisible (ancienne réserve de chasse royale) orné de sculptures en marbre. Des événements culturels s'y déroulent régulièrement. Pour monter jusqu'au musée à pied, mieux vaut emprunter l'escalier de la Principessa Isolde, pour éviter la circulation frénétique de la tangenziale.

Museo di Capodimonte (Palazzo Reale di Capodimonte)

RJANKA KADIC/ALAMY STOCK PHOTO ©

Orto Botanico di Napoli

À VOIR AUSSI À LA SANITÀ ET À CAPODIMONTE

Laboratorio Oste

ATELIER D'ARTISANAT MODERNE

L'atelier du sculpteur et designer napolitain Annibale Oste (1942-2010) a été transformé en un petit musée qui présente certaines de ses œuvres, dans lesquelles il insufflait dynamisme et fantaisie à des matériaux aussi divers que le bronze, l'acier, le bois, l'albâtre et le verre. L'endroit, charmant, est géré par les enfants de l'artiste, Mariasole et Vincenzo. Ce dernier expose aussi (et vend) ses bijoux contemporains. Mieux vaut appeler (349 4433422) avant de se déplacer.

Orto Botanico di Napoli

JARDIN BOTANIQUE ET CENTRE DE RECHERCHE

Créée au XIXe siècle lorsque Naples était sous domination française, cette oasis située à cheval sur la Sanità et la périphérie du centre historique tient lieu de centre de recherche pour l'université de Naples Federico II. Différents écosystèmes y sont reconstitués, dont celui d'une forêt de fougères

LE CHARME DE LA SANITÀ

Vincenzo Scorzio, originaire de la Sanità et président de l'association Paranza *(@catacomedinapoli)*, nous dit ce qu'il aime dans son quartier.

"La Sanità est ancrée dans la réalité… C'est un quartier où les visiteurs peuvent apercevoir la véritable Naples, loin des stéréotypes et des cartes postales, loin des quartiers touristiques comme le Centro Storico ou le *lungomare*. Ce quartier, c'est la vraie vie, et en même temps une sorte de pièce de théâtre permanente. Même moi qui y habite, j'ai cette impression quand je fais mes courses ou que je marche dans la rue. On se croirait dans un film, mais c'est la vie authentique de la Sanità."

OÙ PRENDRE UN VERRE À LA SANITÀ ET À CAPODIMONTE

Antica Cantina Sepe
Bar à vins avec également des tables sur le trottoir. Longue carte des vins et musique live le jeudi.

Sciò
Bar avec quelques tables en extérieur et une bonne sélection de vins ; planches de charcuterie et de fromage.

La Bottega del Vino
Dégustation de vins aux tables installées sur le trottoir.

luxuriantes et celui d'un désert peuplé de plantes grasses. On y trouve également un jardin japonais, un jardin dédié aux personnes malvoyantes et une serre tropicale de plantes mexicaines. Mentionnons aussi le musée paléobotanique et ethnobotanique, qui présente notamment l'utilisation des plantes par différentes ethnies dans le monde.

Catacombe di San Gennaro

CATACOMBES DU IIe SIÈCLE

En montant vers le Capodimonte, ne manquez pas de vous arrêter aux Catacombe di San Gennaro, l'un des plus vastes réseaux de catacombes d'Italie du Sud. Elles recèlent de très anciennes fresques paléochrétiennes, qui témoignent du tournant artistique de la mythologie romaine au symbolisme paléochrétien. Les voûtes sont impressionnantes, et l'on peut y voir la première tombe de San Gennaro (Ve siècle), avant que ses ossements ne soient transférés au Duomo. Près des catacombes, la Basilica di San Gennaro fuori le mura ("hors les murs", car l'édifice était situé hors de la cité) remonte au Ve siècle.

Ipogeo dei Cristallini

VESTIGES GRECS PEINTS

L'Ipogeo dei Cristallini (hypogée de la Via dei Cristallini) est un grand cimetière grec du IVe siècle av. J.-C. C'est un site remarquable pour ses tombeaux peints, les vestiges de peinture grecque étant rarissimes. Quatre tombes distinctes creusées côte à côte dans le tuf arborent de superbes représentations de Dionysos, Ariane ou encore de la tête de Méduse. Les chambres funéraires, sur deux niveaux, sont ornées de fresques. À l'époque de la construction, le niveau supérieur était au-dessus du sol. Le cimetière fut enseveli par des coulées de boue, ce qui explique son excellent état de conservation.

Ces tombes et quelque 700 objets funéraires furent découverts en 1889 par le baron di Donato dans le sous-sol de son palais (de nombreuses pièces sont exposées au Museo Archeologico Nazionale ; p. 56), mais le site n'est ouvert au public que depuis 2022. On y accède par un escalier qui descend à 11 m sous le niveau de la rue. Visite sur réservation uniquement.

PALAIS PARTICULIERS

L'architecture assez morne et la circulation intense du quartier de la Sanità peuvent donner envie de le traverser rapidement pour rejoindre les catacombes ou la Pasticceria Poppella. Ce serait manquer les superbes *palazzi* du XVIIe siècle : le **Palazzo dello Spagnuolo** (Via Vergine 19) et le **Palazzo Sanfelice** (Via Sanità 2-6 ; photo ci-dessous).

Ces demeures de la noblesse qui se trouvaient dans un quartier pauvre incarnent le style baroque napolitain. Elles se distinguent par leurs *cortili* (cours) qui arborent des escaliers en forme de X. Même si ce sont des propriétés privées, on entrevoit les escaliers en passant devant les portes cochères qui donnent sur la cour.

OÙ SE RESTAURER À LA SANITÀ ET À CAPODIMONTE

Concettina ai Tre Santi
Pizzas "néo-napolitaines" assez chères, mais délicieuses et originales. Bonne carte de cocktails. €€€

Taverna Luciana
Une adresse un peu à l'écart qui vaut le détour. Excellente cuisine traditionnelle, cadre convivial et animé, tables en extérieur. €€

La Campagnola
Excellente cuisine napolitaine rustique : *fritti, pasta e patate*… €€€

BAIE DE NAPLES

RUINES ROMAINES ET VOLCANS

Peu de catastrophes naturelles ont marqué l'imaginaire collectif comme l'éruption du Vésuve du 24 août 79. Le seul signe avant-coureur fut un panache de fumée en forme de pin parasol ; l'explosion se produisit quelques heures plus tard. Au cours des 24 heures qui suivirent, des pluies de cendres et des débris s'abattirent sur les bâtiments, des coulées pyroclastiques se déversèrent sur la ville de Pompéi et des coulées de boue engloutirent le port de pêche d'Herculanum.

Pompéi fut redécouverte en 1594 par l'architecte Domenico Fontana lors de travaux de construction, tandis qu'Herculanum fut mise au jour en 1709 lorsqu'un fermier trouva des décorations en marbre en creusant un puits. Sur les deux sites, des fouilles, à partir du XVIIIe siècle, révélèrent de splendides maisons, palais, bains, temples et commerces ornés de fresques et de mosaïques. Ces précieux vestiges furent malheureusement pillés au cours des siècles, et de nombreux objets sont aujourd'hui au MANN, le musée archéologique de Naples (p. 56). Mais les rues et les places de Pompéi et d'Herculanum (Ercolano) recèlent encore des trésors et forment de véritables musées à ciel ouvert. Herculanum ayant été ensevelie sous des coulées de boue, ses édifices sont très bien conservés. On y voit encore des matières organiques comme du bois ou du tissu.

Pour les infos pratiques, voir le Carnet d'adresses p. 117

À SAVOIR

Les trains de la Circumvesuviana (www.eavsrl.it) desservent Herculanum, la ville et le site archéologique de Pompéi depuis la gare Napoli Centrale. Depuis Herculanum et Pompéi, des navettes et le bus EAV (www.eavsrl.it) desservent le Vésuve ; comptez 30 minutes de marche du terminus des bus jusqu'au sommet du cratère (accès payant et sur réservation préalable uniquement ; attention, aucun réseau Internet en haut du Vésuve !).

Vésuve

VOLCAN ACTIF

Le volcan qui domine la baie de Naples de sa silhouette à deux pics est encore actif. Lors de l'éruption de 79, les villages des alentours étaient encore en train de se remettre d'un terrible séisme qui avait eu lieu 17 ans plus tôt. Pline le Jeune fut témoin de l'éruption depuis l'autre côté de la baie et compara le premier panache de fumée à un pin parasol. Des milliers d'habitants allaient y perdre la vie.

Depuis 79, le Vésuve a connu une trentaine d'éruptions ; la plus dévastatrice eut lieu en 1631, et la plus récente en 1944. Plus d'un demi-million de personnes vit dans la "zone rouge", le secteur le plus vulnérable en cas d'éruption majeure. Pourtant, malgré les incitations du gouvernement à déménager, peu de résidents souhaitent partir.

Chaque année, des millions de visiteurs gravissent à pied – ou à cheval (www.horseridingnaples.com) ! – les versants abrupts du Vésuve, striés de lave noire. Le cratère de 450 m de diamètre est situé au cœur du parc national du Vésuve (accès payant et sur réservation préalable), parcouru de chemins de randonnée. Comptez 3 ou 4 heures pour profiter du site et de sa vue spectaculaire (attention, accès au cratère fermé par mauvais temps). Une buvette se trouve en haut du cratère. Méfiez-vous des vendeurs à la sauvette de visites guidées hors de prix !

ÉVÉNEMENTS

En été, Herculanum accueille, souvent à guichets fermés, les Venerdì di Ercolano (les vendredis d'Herculanum) – des installations lumineuses et des tableaux vivants en costumes romains antiques.

La scène du Grand Théâtre antique de Pompéi accueille en été du théâtre classique et des représentations du Teatro Stabile de Naples. Le Pomigliano Jazz Festival, en plus des concerts de jazz de renommée internationale qui se déroulent à Naples, organise des événements au sommet du cratère.

BAIE DE NAPLES

INCONTOURNABLES
1 Herculanum
2 Vésuve
3 Pompéi

VOIR
4 Anfiteatro (Pompéi)
5 Antiquarium (Pompéi)
6 Casa dei Cervi (Herculanum)
7 Casa del Fauno (Pompéi)
8 Casa del Gran Portale (Herculanum)
9 Casa del Poeta Tragico (Pompéi)
10 Casa dell'Atrio a mosaico (Herculanum)
11 Casa dello Scheletro (Herculanum)
12 Casa del Tramezzo di Legno (Herculanum)
13 Casa di Nettuno e Anfrite (Herculanum)
14 Casa Sannitica (Herculanum)

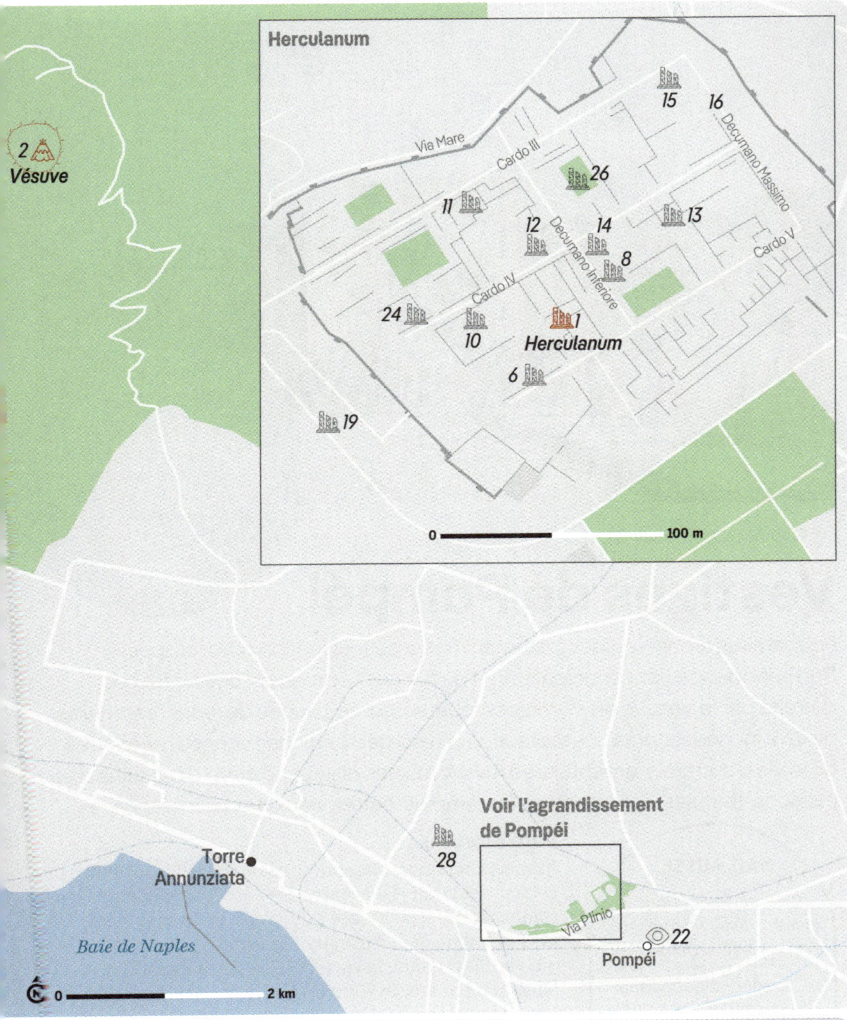

15 Collegio degli Augustali (Herculanum)
16 Decumano Massimo (Herculanum)
17 Foro (Pompéi)
18 Grande Palestra (Pompéi)
19 L'Antica Spiaggia (Herculanum)
20 Lupanar (Pompéi)
21 Museo Archeologico Virtuale
22 Pompéi moderne
23 Orto dei Fuggiaschi (Pompéi)
24 Sacello di Venere (Herculanum)
25 Teatro (Herculanum)
26 Terme Centrali (Herculanum)
27 Terme Stabiane (Pompéi)
28 Villa dei Misteri (Pompéi)
29 Casa dei Vettii (Pompéi)

SHOPPING 30 Mercato di Resina

FRANCESCO BONINO/SHUTTERSTOCK ©

INFOS PRATIQUES
Scannez ce QR-code pour connaître les tarifs et les horaires d'ouverture.
www.pompeiisites.org

INCONTOURNABLE

Vestiges de Pompéi

Peu de sites archéologiques exercent une telle fascination que Pompéi. Son importance tient principalement au fait que la prospère cité ne fut pas détruite par le Vésuve en 79, mais enfouie sous une couche de *lapilli* (fragments de lave incandescente). Le visiteur peut ainsi découvrir des scènes préservées de la vie d'autrefois, arpenter des rues romaines et jeter un coup d'œil dans des maisons, temples, échoppes, cafés, amphithéâtres vieux de deux millénaires.

MAIS AUSSI...

Casa del Poeta Tragico (maison du poète tragique). Cave canem *en mosaïque.*

Casa del Fauno (maison du Faune). *La plus grande demeure privée de Pompéi.*

Lupanar. *Graffitis et fresques osées.*

Casa delle Venere in Conchiglia (maison de la Vénus au coquillage). *Péristyle, fresque de Vénus.*

Grande Palestra. *Terrain d'athlétisme flanqué de portiques.*

Foro (Forum)

Immense rectangle flanqué de colonnes, le forum était le cœur de Pompéi, le centre des activités religieuses, commerciales et politiques. Le Tempio di Giove (IIe siècle av. J.-C.), temple dédié à Jupiter, Minerve et Junon et qui était le cœur de la vie religieuse à Pompéi, s'aligne parfaitement avec le Vésuve, en arrière-plan. Le forum comprend auss le Tempio di Apollo, le Macellum (marché ; des fresques indiquent ce qu'on y vendait, comme des crevettes) et le Granai del Foro (grenier), qui abrite désormais plus de 9 000 objets domestiques (amphores, pots...) ainsi que des moulages de corps.

Anfiteatro (Amphithéâtre)

L'amphithéâtre de Pompéi est l'un des plus anciens amphithéâtres romains connus. Il pouvait accueillir 20 000 spectateurs. La noblesse, les hommes politiques et des visiteurs de villes voisines venaient assister aux combats de gladiateurs, jusqu'à ce que des affrontements violents ne causent sa fermeture en 59, jusqu'en 62. Sur le parapet, des fresques représentent les combats de gladiateurs ; au niveau supérieur, on peut voir inscrits les noms des magistrats. En haut, la vue est spectaculaire.

Villa dei Misteri (villa des Mystères)

Les grandes *domus* (maisons) de Pompéi arboraient souvent de magnifiques fresques et mosaïques. La Villa dei Misteri en est un exemple frappant. Dans cette somptueuse demeure de 90 pièces, une fresque dionysiaque recouvre trois murs de la salle à manger. Splendide, elle représente Dionysos, son épouse Ariane et l'initiation d'une jeune fille au culte du dieu par un rituel de flagellation. Le fond de la fresque est d'un rouge éclatant. Le *tablinum* (bureau) renferme des peintures miniatures d'inspiration égyptienne.

Casa dei Vettii

Cette maison, l'une des plus somptueusement décorées de Pompéi, a rouvert au public en 2023 après 20 ans de travaux de restauration. Elle appartenait à deux affranchis devenus de riches marchands. De nombreuses fresques ont été remarquablement préservées : scènes mythologiques, érotiques, ou encore de chasse. L'une montre Priape, dieu grec de la fertilité, pesant son gigantesque phallus sur une balance. Ailleurs, une délicate frise haute de 15 cm représente des cupidons préparant un banquet. Le jardin, bordé d'un péristyle, arbore fontaines de marbre et statues.

Antiquarium

Le petit musée présente d'intéressantes découvertes archéologiques témoignant du passé préromain de la ville et de ses dernières années : bijoux, céramiques, fresques, mosaïques de la colonie grecque d'origine, et moulage en plâtre d'un cheval mort lors de l'éruption.

Orto dei Fuggiaschi (jardin des Fugitifs)

Au cours de ses fouilles, l'archéologue italien Giuseppe Fiorelli (1823-1896) a mis au point une technique consistant à verser du plâtre liquide dans les cavités laissées dans le sol par les corps des victimes, afin d'en obtenir un moulage. L'Orto dei Fuggiaschi en renferme la plus importante collection : 13 habitants figés dans des postures de défense ou de détresse face à la mort.

Terme Stabiane (Thermes stabiens)

Ces thermes (IIe siècle av. J.-C.) comptent parmi les plus anciens thermes romains connus. Les usagers passaient tour à tour par le *tepidarium* (bain tiède), le *frigidarium* (bain froid) et le *caldarium* (bain chaud). L'établissement était aussi doté d'une cour imposante, d'une colonnade en marbre et d'un grand bassin. Remarquez, dans le vestiaire des hommes, la voûte ornée de stuc, ses enfants ailés et ses nymphes audacieuses.

SURVIVANTS

Pompéi et Herculanum comptaient entre 15 000 et 20 000 habitants lors de l'éruption, mais seuls 2 000 corps ont été retrouvés. Où sont donc passés les autres ? On peut supposer qu'ils se sont enfuis aux premières secousses. En 2019, le chercheur Steven Tuck a réussi à montrer par une analyse des patronymes que de nombreux survivants se sont établis aux alentours, notamment à Cumes et à Neapolis.

À SAVOIR

- Il y a moins de monde dans la partie du site la plus éloignée de l'entrée.
- Pour vous y retrouver dans ce vaste site, utilisez l'application MyPompeii ou prenez part à une visite guidée, comme celles proposées par YellowSudMarine Food Art & Tours.
- Prévoyez une demi-journée pour bien profiter des lieux, en prenant le temps de flâner et d'explorer ce site immense.
- Des bâtiments et expositions sont fermés certains jours ; consultez le site Web.
- Prévoyez des chaussures fermées et confortables pour parcourir les chemins de roche volcanique et les rues pavées.
- La navette gratuite Pompei ARTE peut vous emmener aux autres sites archéologiques du parc, dont Oplonte (ancien faubourg huppé de Pompéi où se visite la magnifique villa de Poppée) et Stabies (abritant deux villas patriciennes).

La tragédie de Pompéi

24 OCTOBRE 79

8h Les ❶ **Terme Suburbane** et le ❷ **foro** sont toujours en travaux après le tremblement de terre de l'an 62 (ou 63) qui a dévasté la ville. Malgré les secousses ressenties durant la nuit, les habitants ne réalisent pas encore l'ampleur de la catastrophe qui s'annonce.

12h Des habitants font leurs achats au ❸ **Thermopolium di Vetutius Placidus**, d'autres sont au ❹ **Lupanare** et des gladiateurs s'entraînent à ❺ **l'anfiteatro**. Une forte explosion annonce l'éruption. Un énorme nuage noir de matière volcanique, haut de 14 km, se forme alors au-dessus du cratère.

15h-17h Une pluie de *lapilli* (fragments de lave) tombe sur Pompéi. Terrifiés, les habitants commencent à fuir ou à chercher un refuge. En moins de 2 heures, le panache volcanique atteint 25 km de haut, obscurcissant le ciel. Les toits des maisons s'effondrent sous le poids des débris, ensevelissant les occupants.

25 OCTOBRE 79

Minuit Un torrent de boue engloutit Herculanum. La pluie de *lapilli* et de cendres continue de tomber sur Pompéi, détruisant les édifices et asphyxiant les habitants.

4h-8h Des nuées ardentes atteignent Herculanum et dévastent Pompéi, tuant les derniers habitants, dont ceux de ❻ **l'Orto dei Fuggiaschi**. La couche de *lapilli* préservera des trésors comme les mosaïques de la ❼ **Casa del Menandro** et les fresques de la ❽ **Villa dei Misteri**.

BON À SAVOIR

- Venir de préférence l'après-midi.
- Prévoir au moins 3 heures.
- S'équiper de chaussures confortables et d'un chapeau.
- Emporter de l'eau.
- Ne pas utiliser de flash.

Terme Suburbane
Pour chauffer le *laconicum* (sauna) et le *caldarium* (bains chauds), les Romains disposaient d'un ingénieux système d'hypocauste inséré dans le sol et les murs. Mais les baigneurs se réchauffaient aussi les sens face aux scènes canailles du décor.

Foro
Le forum, situé à l'intersection des deux grandes rues orthogonales de Pompéi, était le centre de la ville. Interdit à la circulation, il était flanqué de colonnes entre lesquelles étaient placées des statues de membres de la famille impériale.

Villa dei Misteri

On peut admirer dans cette villa la très célèbre *Frise dionysiaque*, mais également un trompe-l'œil dans le *cubiculum* (chambre) et une décoration raffinée aux accents égyptiens dans le *tablinum* (réception).

Lupanare

Les prostituées de ce lupanar étaient pour la plupart des esclaves d'origine grecque ou orientale. Des matelas garnissaient les lits en pierre. Les noms gravés aux murs sont peut-être ceux de ces femmes et de leurs clients.

POROJNICU STELIAN / SHUTTERSTOCK ©

Thermopolium di Vetutius Placidus

Sur le comptoir de cette échoppe de rue étaient conservés au chaud de larges vases contenant de la nourriture toute prête. Au mur du *lararium* (sanctuaire domestique) à l'arrière sont représentés Dionysos (dieu du Vin) et Mercure (dieu du Commerce).

TÉMOIN OCULAIRE

Les lettres de Pline le Jeune (61-114) à Tacite (58-120) font, 30 ans plus tard, un récit poignant de ces deux jours d'enfer, initialement datés des 24 et 25 août 79. Mais raisins frais et fruits séchés identifiés par les botanistes faisaient pencher pour l'automne. Et voilà qu'en octobre 2018, de nouvelles fouilles ont révélé une inscription au charbon de bois sur un mur signé du 17 octobre 79, quelques jours avant le séisme !

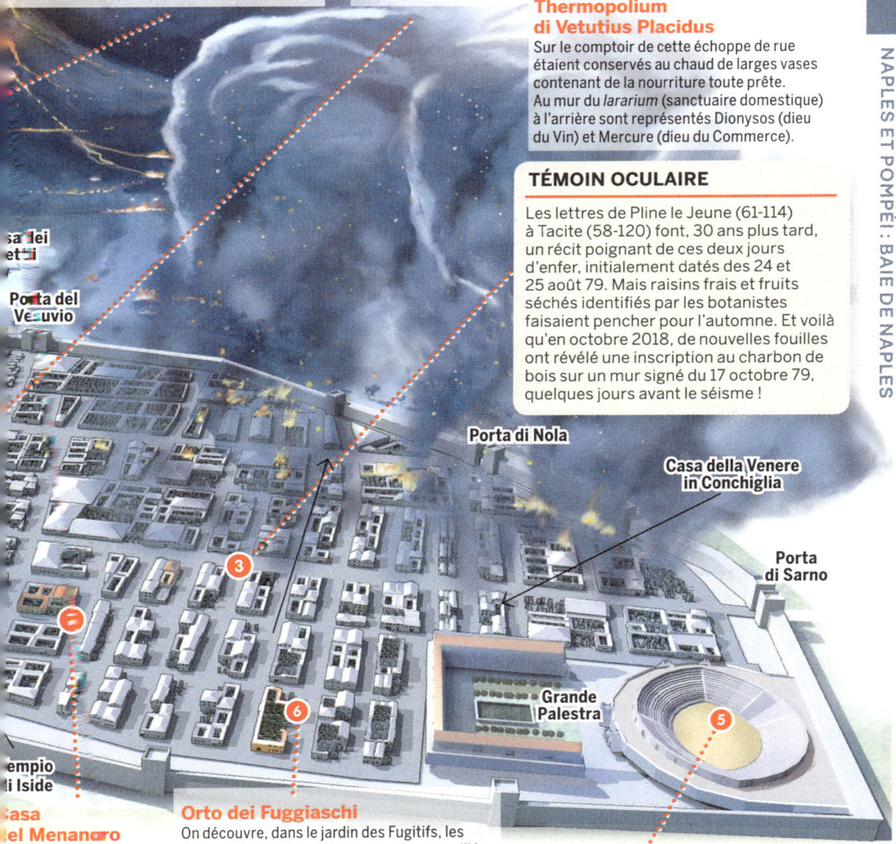

Casa del Menandro

une des plus elles demeures ompéiennes, cette aison appartenait la famille de Poppée, euxième épouse e Néron. La pièce gauche de l'atrium évèle une fresque gurant la guerre e Troie et une osaïque polychrome eprésentant des ameurs remontant Nil.

Orto dei Fuggiaschi

On découvre, dans le jardin des Fugitifs, les émouvants moulages des corps recroquevillés, figés dans leur dernière posture face à la mort, de 13 habitants réfugiés ici lors de l'éruption. C'est le plus grand nombre de victimes trouvées sur un même lieu.

EDELLA / GETTY IMAGES ©

Anfiteatro

Magistrats, sénateurs et riches commerçants prenaient place au premier rang de cet amphithéâtre, pour assister à des combats de gladiateurs, spectacle très prisé à l'époque. Des scènes de combats, de chasse et de triomphes guerriers décorent le mur entourant l'arène centrale.

AU DELÀ DES RUINES

Quelques suggestions pour varier les plaisirs après la visite des sites archéologiques.

La Cantina del Vesuvio, un vignoble établi de longue date sur les versants du Vésuve, se trouve tout près de Pompéi et d'Herculanum en voiture. Réputé, son Lacryma Christi (larmes du Christ), vin ancien issu de vignes qui ne poussent qu'à proximité du volcan était déjà apprécié des Romains. Dégustations et cours de cuisine sont proposés.

Vous pouvez aussi visiter Castellammare di Stabia et les vestiges de Stabies, (p. 97), déjeuner en bord de mer puis prendre le téléphérique jusqu'au beau point de vue du Monte Faito (p. 166).

Enfin, la Pompéi moderne, avec sa Via Sacra bordée de cafés, restaurants et boutiques, et sa belle église sur la place principale, est un bon endroit où prendre un petit-déjeuner ou un déjeuner à des prix plus bas que dans les lieux touristiques.

DIMA MOROZ/SHUTTERSTOCK ©

Terme Centrali, Herculanum

À VOIR AUSSI DANS LA BAIE DE NAPLES

Casa dei Cervi (maison des Cerfs), Herculanum

VILLA NOBLE

Cette belle villa patricienne à deux niveaux, l'une des plus belles d'Herculanum, donnait sur la mer. Dans la cour verdoyante, des cerfs en marbre sont attaqués par des chiens, tandis qu'Hercule ivre soulage sa vessie ! Admirez les fresques, les sols en marbre et les superbes natures mortes.

Casa Sannitica (maison Samnite), Herculanum

VILLA À DEUX NIVEAUX ORNÉE DE FRESQUES

Cette vaste demeure construite au IIe siècle av. J.-C. par les Samnites, qui avaient vaincu les Grecs en 421 av. J.-C., laisse entrevoir le passé préromain d'Herculanum. Presque trois fois centenaire lors de l'éruption du Vésuve, la villa avait été remaniée à de nombreuses reprises. Parmi ses traits distinctifs, citons le garde-corps en lattis de bois de l'étage, l'*impluvium* (bassin en marbre pour recueillir l'eau de pluie) et la grande fresque représentant l'enlèvement d'Europe.

OÙ SE RESTAURER DANS LA BAIE DE NAPLES

Melius (Pompéi)
Traiteur-restaurant gourmet servant des plats à base d'ingrédients locaux comme des pâtes de Gragnano ou des anchois de Cetara. **€€**

La Bettola del Gusto (Pompéi)
Cuisine italienne très innovante (couscous aux poulpes grillés) fièrement préparée à partir de produits artisanaux. **€€**

Pizzeria Ro.Vi (Herculanum)
Pizzas classiques ou originales à base d'ingrédients locaux bien choisis. Cadre moderne ; *pizza fritta* sensationnelle. **€€**

L'Antica Spiaggia (plage antique), Herculanum

AMÉNAGEMENTS ANTIQUES DE BORD DE MER

Ces chambres voûtées ouvertes sur la plage servaient d'entrepôts portuaires. Elles furent utilisées comme refuges lors de l'éruption. En 1980, quelque 300 squelettes y furent découverts, avec leurs bijoux et leurs pièces de monnaie. Deux ans plus tard, des archéologues firent une autre découverte étonnante : la quille d'un bateau en bois, recouvert de couches de boue volcanique, probablement utilisé par les victimes dans une vaine tentative de fuite. Longue de 9 m, cette embarcation qui rappelle l'actuel *gozzo* (une barque de pêche) est exposée dans le pavillon adjacent aux ruines, à côté d'autres objets trouvés sur place.

Terme Centrali (Thermes centraux), Herculanum

THERMES ORNÉS DE MOSAÏQUES

Trois établissements de thermes ont été découverts à Herculanum. Les Terme Suburbane (Ier av. J.-C.) sont très anciens, mais les Terme Urbane (Centrali), divisées en sections *maschili* (hommes) et *femminili* (femmes), sont dans un état remarquable. Ils étaient dotés des habituels *tepidarium, caldarium* et *frigidarium,* de grands bassins et de baignoires en marbre. Presque intactes, les mosaïques en noir et blanc représentant des créatures marines mythologiques (thermes des femmes) ou des motifs géométriques (thermes des hommes) sont d'une sophistication étonnante.

Casa del Tramezzo di Legno (maison de la Cloison en bois), Herculanum

MAISON AVEC ÉLÉMENTS EN BOIS CONSERVÉS

La coulée de boue volcanique qui ensevelit Herculanum momifia des matières organiques tels que le tissu ou le bois. Cette maison à double atrium contient encore un grand panneau en bois qui servait de cloison entre deux pièces, ainsi qu'un sommier en bois. La cloison aux panneaux travaillés, équipée de supports de lampes à huile, séparait l'un des atriums de la pièce commune, où le propriétaire recevait ses clients. Il reste également le parement en marbre de l'*impluvium*, des peintures murales et une mosaïque géométrique près de l'entrée.

FRESQUES ET MOSAÏQUES D'HERCULANUM

Bien que les fresques et les mosaïques soient moins nombreuses à Herculanum qu'à Pompéi, certaines sont magnifiques. En voici quelques-une restées *in situ* :

Casa dello Scheletro (maison du Squelette) Spectaculaire *lararium* (sanctuaire) incrusté de minuscules mosaïques.

Casa di Nettuno e Anfrite (maison de Neptune et d'Amphitrite) Mosaïque aux chaudes couleurs représentant Neptune et Amphitrite.

Collegio degli Augustali (collège des Augustales) Fresques d'Hercule en plein combat.

Casa dell'Atrio a mosaico (maison de l'Atrium aux mosaïques) Une villa au sol entièrement recouvert de mosaïques aux motifs floraux et géométriques.

Sacello di Venere (*sacellum* de Vénus) Dans ce petit temple dédié à Vénus, vestiges de fresques représentant des jardins.

Casa del Gran Portale (maison du Grand Portail) Fascinantes décorations murales : oiseaux et motifs géométriques.

OÙ PRENDRE UN VERRE DANS LA BAIE DE NAPLES

Sofi' (Pompéi)
Adresse chic servant cocktails, *aperitivo* et pizza, et qui se transforme en bar avec DJ le soir.

La Vineria – Ambulatorio Alcolico (Herculanum)
Cuisine et vins délicieux ; bon *aperitivo* composé d'excellents *salumi*.

The Roof/Habita79 (Pompéi)
Bar en terrasse sur le toit d'un hôtel, avec une ambiance animée.

LA VIE DE QUARTIER

Visiter Pompéi et Herculanum permet d'imaginer facilement à quoi y ressemblait la vie il y a 2 000 ans. On distingue les quartiers et les rues. On découvre des boutiques de vins aux prix griffonnés sur la devanture, des boulangeries avec four et moulin, des *palestre* (gymnases) élégamment décorées et le fameux *lupanare* (maison close) de Pompéi, dont les fresques érotiques en feront rougir plus d'un.

Il était courant de manger à l'extérieur, et des *thermopolii* (restauration rapide) ont été retrouvés dans les deux villes. Le comptoir de celui du Regio V de Pompéi, arbore une peinture d'une Néréide sur un hippocampe. Et des graffitis cyniques décorent l'arrière-salle du grand *thermopolium* d'Herculanum...

Teatro (théâtre), Herculanum

THÉÂTRE SOUTERRAIN

Comme le reste de la ville, l'hémicycle de 2 500 places fut enseveli sous des boues volcaniques qui formèrent autour de lui une capsule de tuf. Il fut découvert au XVIIIe siècle, sous les Bourbons, lors du creusement d'un tunnel, et n'est toujours accessible aujourd'hui que par un réseau de galeries et d'escaliers. Des visites guidées permettent d'explorer certaines parties de l'édifice – dont l'orchestre pavé de marbre –, muni d'un casque, d'une cape et d'une torche.

Decumano Massimo, Herculanum

GRAND-RUE

L'ancienne rue principale d'Herculanum est bordée d'échoppes et de fragments de publicités ; essayez de repérer la fresque faisant la promotion de vins, avec codes couleur et prix au poids. Remarquez celle à droite de la Casa del Salone Nero (maison du Salon noir). Plus loin à l'est dans la rue, un crucifix trouvé à l'étage de la Casa del Bicentenario (maison du Bicentenaire) tend à prouver une présence chrétienne à Herculanum avant 79.

Mercato di Resina

MARCHÉ DE RUE D'OCCASION

Avant de visiter les vestiges d'Herculanum, faites une halte matinale au Mercato di Resina. Ce marché de rue date de la Seconde Guerre mondiale, lorsque les habitants vendaient les vêtements trouvés dans les paquets abandonnés par les soldats américains. On y trouve aujourd'hui des habits d'occasion – fourrures, trenchs, chemises à motifs des années 1980...

Museo Archeologico Virtuale (MAV)

MUSÉE VIRTUEL DE POMPÉI ET HERCULANUM

Ce fascinant musée situé à 300 m des ruines d'Herculanum propose plus de 70 reconstitutions virtuelles des différents édifices de la ville ainsi qu'un film relatant le jour funeste de l'éruption. Les enfants en particulier apprécieront les reconstitutions, les interfaces visuelles et les hologrammes parlants.

OÙ PRENDRE UN PETIT-DÉJEUNER DANS LA BAIE DE NAPLES

Campana (Pompéi)
Bar très populaire servant un beau choix de cafés et de thés, ainsi que des *aperitivi* et en-cas. **€**

Umami Bakery Bistrot (Herculanum)
À deux pas des ruines, petits-déjeuners et une pléthore de desserts à l'américaine. **€€**

Civico 33 (Herculanum)
En plus de proposer des cafés et pâtisseries originales, ce bistrot est aussi un restaurant avec une belle carte des vins. **€€**

CHAMPS PHLÉGRÉENS

RUINES ROMAINES SOUS-MARINES ET CRATÈRES

Pour les infos pratiques, voir le Carnet d'adresses p. 118

À SAVOIR

Profitez du billet combiné Circuito Flegreo, très avantageux : il inclut l'Anfiteatro Flavio, le Parco Archeologico di Baia, le Castello di Baia et le Parco Archeologico di Cuma pour 10 € seulement. Les villes de la zone sont reliées à Naples par la ligne 2 du métro (www.trenitalia.com), les trains Ferrovia Cumana et les bus EAV (www.eavsrl.it), mais circuler de l'une à l'autre est plus facile avec son propre véhicule.

À l'ouest du Posilippo s'étendent les Champs Phlégréens (Campi Flegrei), idyllique pays de collines et de lacs qui cache aussi un supervolcan sous-marin actif extrêmement dangereux.

C'est une terre d'histoire : Cumes (Cuma) fut le premier établissement grec en Italie continentale. La région devint plus tard un terrain de jeu pour les Romains, qui basèrent leur flotte royale à Misène (Miseno), construisirent des villas à Lucrino, des bains à Baïes (Baia) et un réservoir d'eau à Bacoli. Les Champs Phlégréens étaient même une étape du Grand Tour, dont Goethe dira : "C'est bien là le pays le plus singulier du monde : sous un ciel pur, un sol incertain et jonché de ruines d'une ancienne magnificence détruite."

La ville principale en est Pouzzoles (Pozzuoli), où se trouve encore aujourd'hui l'amphithéâtre Flavius (Anfiteatro Flavio, Ier siècle). Ce superbe édifice elliptique, situé à 500 m de la station de métro Pozzuoli Solfatara, est un excellent point de départ pour la visite.

INCONTOURNABLES
1 Parco Archeologicco di Cuma
2 Parco Sommerso di Baia
3 Piscina Mirabilis

VOIR
4 Anfiteatro Flavio (Pouzzoles)
5 Casina Vanvitelliana
voir 10 Castello di Baia
6 Lago d'Averno
7 Lago di Fusaro
8 Lago di Lucrino
9 Lago di Miseno
10 Museo Archieologico dei Campi Flegrei et Castello di Baia
11 Parco Archeologico e Terme di Baia
12 Rione Terra (Pouzzoles)
voir 10 Spiaggia del Castello
13 Macellum (Tempio di Serapide, Pouzzoles)

ACTIVITÉS ET CIRCUITS ORGANISÉS
14 Terme Stufe di Nerone (Pouzzoles)

Parco Sommerso di Baia

VESTIGES ROMAINS ENGLOUTIS

En 1538, le bradyséisme (voir l'encadré p. 107) a provoqué l'engloutissement des rives de Baïes, Pouzzoles et Lucrino, et par la même occasion de leurs vestiges romains. Le résultat ? Un univers sous-marin magique, à 10 m de profondeur, visible dans le Parco Sommerso di Baia. Rendez-vous au centre de plongée du parc à Lucrino pour organiser une sortie en bateau associée à une plongée (ou une excursion snorkeling) dans ce monde antique submergé, baigné de reflets turquoise et peuplé de poissons.

Piscina Mirabilis

CITERNE ROMAINE

Le mot "citerne" évoque rarement une merveille architecturale. C'est pourtant bien ce qu'est la Piscina Mirabilis de Bacoli : un réservoir d'eau souterrain antique si grandiose qu'on le qualifia de *mirabilis* (merveilleux). Bâtie pour ravitailler en eau les flottes romaines et reliée à un aqueduc, cette citerne augustéenne quadrangulaire comporte cinq nefs, quatre rangées de 12 piliers cruciformes et 48 piliers soutenant une voûte en berceau. On compare parfois son architecture à celle d'une cathédrale. C'est la plus grande citerne romaine qui existe – 12 600 m³. Réservation impérative.

Tempio di Giove (temple de Jupiter), Parco Archeologico di Cuma

Parco Archeologico di Cuma

PREMIÈRE COLONIE GRECQUE EN ITALIE

Après avoir fondé la colonie de Pithecusae (l'actuelle Ischia), les Grecs arrivèrent sur la péninsule italienne vers 750 av. J.-C. Leur nouvelle colonie, nommée Cuma, devint l'un des grands bastions de la Magna Graecia (Grande Grèce). Ses ruines se trouvent aujourd'hui dans le Parco Archeologico di Cuma, qui comprend l'acropole et deux temples : le Tempio di Giove (temple de Jupiter) et le Tempio di Apollo (temple d'Apollon). Cumes est aussi nimbée de mythologie grecque. C'est là que la sibylle de Cumes, prophétesse qui occupait une des grottes, transmettait les messages d'Apollon (la grotte, un long couloir de tuf, serait plus prosaïquement un élément du système défensif de Cumes). Quant au temple d'Apollon, il occupe le site où serait arrivé Dédale après s'être échappé par la voie des airs du labyrinthe, palais-prison du Minotaure.

AVANT CUMES, ISCHIA

Si Cumes fut le premier établissement grec d'Italie continentale, l'île d'Ischia fut colonisée plus tôt. Voir p. 133.

Anfiteatro Flavio, Pouzzoles

VIGNES ET VOLCANS

Giulio Gambardella, *(@gambardellagiulio)* responsable touristique de Campi Flegrei Active, nous parle des Champs Phlégréens :

"Faire du snorkeling dans le Parco Sommerso di Baia est une expérience inoubliable, mais ce qui me rend vraiment heureux de vivre ici, c'est de monter à pied jusqu'au cratère du Monte Nuovo [voir p. 108] et de contempler le paysage alentour, puis de redescendre jusqu'au lac d'Averne pour boire un verre de Piedirosso [ancien cépage local] au soleil couchant, parmi les vignes qui surplombent le lac."

À VOIR AUSSI DANS LES CHAMPS PHLÉGRÉENS

Anfiteatro Flavio, Pouzzoles

AMPHITHÉÂTRE DU Ier SIÈCLE

La ville de Pouzzoles (Pozzuoli) devint une colonie romaine au IIe siècle av. J.-C. Souhaité par Néron et construit par Vespasien entre 69 et 79, l'amphithéâtre Flavius de Pouzzoles est le troisième plus grand d'Italie. Capable d'accueillir plus de 20 000 spectateurs, il était parfois inondé pour reproduire des batailles navales. Ce bel édifice associant brique rouge et roche volcanique possédait 16 sorties, pour fluidifier les mouvements de foule. L'arène n'est pas accessible, mais vous pourrez explorer le reste de l'édifice et les passages souterrains. Remarquez les mécanismes complexes permettant de hisser les cages des fauves par des trappes lors des combats de gladiateurs.

OÙ SE LOGER DANS LES CHAMPS PHLÉGRÉENS

Cala Moresca (Bacoli)
Hôtel de luxe, moderne et élégant, avec piscine et spa pour deux sur le toit. **€€**

Hotel La Tripergola (Pouzzoles)
Établissement à l'ancienne, rénové, avec restaurant et jolie vue sur la mer. **€**

Dimora Flegrea (Pouzzoles)
B&B calme et joliment décoré, à 500 m de la ville. Bon petit-déjeuner. **€**

Rione Terra, Pouzzoles

VESTIGES SOUTERRAINS

Aujourd'hui enterré, Rione Terra est le plus vieux quartier de Pouzzoles et son antique acropole. Un temple capitolin du IIe siècle av. J.-C. fut remplacé au siècle suivant par un sanctuaire dédié à Auguste : ses colonnes en marbre font désormais partie du *duomo* du XVIIe siècle.

Ces vestiges gréco-romains ont été mis au jour dans les années 1970 après qu'une crise de bradyséisme eut obligé l'évacuation du quartier – c'est justement de tels phénomènes qui les avaient engloutis à l'origine. La moitié du site est fermé pour maintenance, mais des visites guidées permettent de découvrir l'acropole antique, les temples et les rues bordées de tavernes et de magasins.

SOLFATARA

Vous sentez comme une odeur de soufre ? Ce sont les émanations de la Solfatara, un volcan endormi depuis 1198 situé près de Pouzzoles. Son cratère peu profond émet des jets de vapeur et des fumerolles de soufre. Les Romains l'appelaient le Forum Vulcani (demeure de Vulcain, le dieu du Feu) et c'est là qu'en 305 San Gennaro fut décapité pour sa foi ; son sang fut recueilli, et il devint le martyr le plus vénéré de Naples.

Le site est fermé au public depuis un accident tragique qui coûta la vie à trois touristes en 2017, mais on peut encore le longer en voiture et voir les fumerolles.

Macellum (Tempio di Serapide), Pouzzoles

VESTIGES D'UN MARCHÉ ALIMENTAIRE

Lorsque ces ruines furent mises au jour en 1750 dans le port de Pouzzoles, la découverte d'une statue du dieu égyptien Sérapis fit penser, par erreur, qu'il s'agissait d'un temple. Le nom de "temple de Sérapis" est resté, mais on sait désormais que ces vestiges correspondaient à un *macellum* – un grand marché alimentaire dont on voit encore les étals, les latrines très sophistiquées et la plateforme centrale. Des traces laissées par des coquillages sur les trois colonnes encore debout témoignent de l'activité sismique lente (bradyséisme, voir l'encadré page ci-contre). Le *macellum* est fermé au public mais on peut l'admirer de l'extérieur ou participer à l'une des visites pédagogiques de l'Associazione Temporanea d'Imprese Macellum. Des concerts sont organisés dans ce lieu magique, dont le Pozzuoli Jazz Festival, en été, qui accueille des artistes et des spectateurs du monde entier.

Terme Stufe di Nerone, Pouzzoles

THERMES

Parfait antidote à l'effervescence napolitaine, ce verdoyant complexe thermal est construit sur le site de thermes romains. Ce spa met à profit la nature volcanique des Champs Phlégréens pour une expérience délicieuse. Il comprend plusieurs bassins, des bains minéraux, des grottes, et propose bien sûr des soins et des massages. Réservez au moins deux jours à l'avance.

OÙ SE RESTAURER DANS LES CHAMPS PHLÉGRÉENS

Abbascio ù Mare (Pouzzoles)
Restaurant élégant à thème marin situé près de la *darsena* (bassin portuaire) ; cuisine originale, sans prétention. **€€**

Angelina (Pouzzoles)
Une *tavola calda* (cafétéria) moderne proposant une cuisine de rue traditionnelle de grande qualité. **€**

Caracol (Bacoli)
Un étoilé Michelin avec terrasse donnant sur la mer ; spécialités de la mer italiennes revisitées dans un style fusion. **€€€**

Parco Archeologico di Baia

Parco Archeologico di Baia, Terme di Baia

THERMES ROMAINS ET POINT DE VUE

Ce parc archéologique de Baïes correspond en fait aux vestiges d'immenses thermes romains antiques surplombant la mer. Le complexe, richement décoré, fut bâti sur commande de l'empereur Auguste, au Ier siècle, afin de tirer parti des vertus thérapeutiques des sources chaudes et des fumerolles de la région. Les empereurs et leurs hôtes se détendaient dans une série de bains somptueux, qui descendaient jusqu'à la mer. En raison de phénomènes bradysismiques – un classique dans les Champs Phlégréens –, les eaux bienfaitrices ont presque disparu, mais on peut encore admirer les grandes cours à colonnades, les bassins, un imposant temple de Mercure coiffé d'un dôme à oculus, et les panoramas éblouissants sur la côte. Notez le figuier de la cour principale qui pousse à l'envers depuis le haut d'une arche.

LE BRADYSÉISME, QU'EST-CE QUE C'EST ?

Outre leurs vestiges gréco-romains et leur beauté naturelle, les Champs Phlégréens sont remarquables pour leur activité sismique particulière.

Le phénomène du bradyséisme (du grec "brady", lent) se produit lorsque des chambres magmatiques souterraines se remplissent ou se vident, provoquant un soulèvement ou un abaissement lent de la surface du sol. Les Champs Phlégréens sont soumis à ces modifications, d'où leur littoral toujours changeant. Les trois colonnes de marbre du Macellum de Pouzzoles présentent des traces creusées par des coquillages jusqu'à 7 m de haut : la terre s'est affaissée sous le niveau de la mer avant de remonter à la surface.

À Pouzzoles, le quartier antique Rione Terra, qui a disparu puis reparu, fut aussi victime de ces phénomènes. Les vestiges submergés du Parco Sommerso di Baia referont peut-être un jour surface...

Caevo (Bacoli)
Petit restaurant donnant sur la baie et servant des plats de poissons et fruits de mer originaux. **€€€**

Il Gabbiano (Bacoli)
Magnifique hôtel-restaurant avec vue sur la baie et le château aragonais. **€€€**

La Locanda del Testardo (Bacoli)
Murs en pierre et déco surprenante ; poisson et fruits de mer, cuisine créative. **€€€**

LE MONTE NUOVO

Le Monte Nuovo, volcan actif, est le plus jeune des monts des Champs Phlégréens.

Son histoire commence avec l'éruption catastrophique de 1538. Des débris volcaniques projetés par une toute nouvelle fissure ouverte dans le sol donnent naissance à une petite montagne en moins d'une semaine. La silhouette du Monte Nuovo, qui culmine à seulement 134 m, est reconnaissable entre toutes.

Une réserve naturelle y a été aménagée. On peut y randonner dans les forêts de pins idylliques des versants du Monte Nuovo. Depuis le sommet, la vue s'étend de la péninsule du Posillipo à Nisida à l'est, du quartier antique de Pouzzoles au cap Misène à l'ouest.

Museo Archeologico dei Campi Flegrei et Castello di Baia

PLAGE ET CHÂTEAU ARAGONAIS

Le Castello di Baia domine le promontoire qui ferme au sud la baie de Baïes. Construit entre 1490 et 1493 par les Aragonais pour se protéger d'éventuelles incursions françaises, et agrandi entre les XVIe et XVIIIe siècles sous la vice-royauté espagnole, il est bâti sur les fondations d'une villa romaine. Il abrite aujourd'hui le musée archéologique des Champs Phlégréens et son intéressante collection d'objets découverts dans les environs, notamment sur le site de la première colonie grecque de Cumes et du Rione Terra de Pouzzoles. Après la visite, rejoignez la superbe **Spiaggia del Castello**, plage animée en contrebas du château, bordée par les flots de deux côtés. On y accède par bateau uniquement ; la jetée se trouve au niveau de l'entreprise FIART, juste au sud de Baïes.

Lacs des Champs Phlégréens

LACS MYTHOLOGIQUES

Les quatre lacs qui ponctuent le beau paysage des Champs Phlégréens sont bordés de ruines romaines et tirent une aura particulière de leurs liens avec la mythologie grecque. Le **Lago di Miseno** (lac de Misène), central pour les opérations de la flotte impériale romaine, s'étend sur 46 hectares et serait le lieu où se serait noyé Misène, l'ami d'Ulysse. Le **Lago di Fusaro** (lac de Fusaro), le plus grand des quatre (98 ha), serait le marais infernal de l'Achéron. C'est là que se dresse depuis 1782 la célèbre Casina Vanvitelliana, une étrange maison à deux niveaux couleur pêche semblant flotter sur l'eau, seulement rattachée au rivage par un pont en bois. Ce pavillon de chasse voulu par les Bourbons est dû à l'architecte Carlo Vanvitelli, fils de Luigi Vanvitelli. Le **Lago di Lucrino** (lac de Lucrino) devint un port primordial pour la flotte de l'empereur Auguste ; il aurait été créé par Hercule quand le héros conduisit en Grèce les bœufs volés au géant Géryon. L'activité sismique ayant réduit sa surface, c'est aujourd'hui le plus petit des quatre lacs. Enfin, le **Lago d'Averno** (lac d'Averne) cache bien son jeu : cette étendue d'eau idyllique qui crache parfois un peu de fumée serait l'entrée des Enfers d'Hadès.

On peut facilement voir les lacs en voiture, mais terminez par le lac d'Averne afin d'en faire le tour par le chemin de randonnée de 3 km récemment ouvert, et de vous arrêter pour déjeuner dans une exploitation viticole ou l'un des excellents *agriturismi* (hébergements à la ferme) parsemant la côte. Plutôt un paradis qu'un enfer !

OÙ PRENDRE UN APERITIVO DANS LES CHAMPS PHLÉGRÉENS

Beach Brothers (Misène)
Resto-bar de plage proposant un excellent *aperitivo*. Des musiciens des environs s'y produisent.

Il Gozzetto (Pouzzoles)
Bar à cocktails chic et décontracté sur le quai de Pouzzoles, idéal pour profiter d'un *aperitivo* face à la mer.

Royal Capo Miseno (Bacoli)
Club de plage élégant avec DJ et longue carte de cocktails, vins et bières.

Lago di Miseno

Carnet d'adresses

CENTRE HISTORIQUE

Cappella Sansevero
Voir p. 53 (081 551 84 70 ; www.museosansevero.it ; Via Francesco de Sanctis 19 ; tarif plein/réduit 10/7 € ; 9h-19h mer-lun ; M Dante)

Chiesa del Gesù Nuovo
Voir p. 60 (081 557 81 11 ; Piazza del Gesù Nuovo ; 8h-13h et 16h-19h30 lun-sam, 8h-13h45 et 16h-20h dim ; M Dante)

Chiesa di San Domenico Maggiore
Voir p. 62 (333 863 89 97 ; www.museosandomenicomaggiore.it ; Piazza San Domenico Maggiore 8a ; visite guidée tarif plein/réduit à partir de 5/4 € ; 10h-18h ; M Dante)

Chiesa e Chiostro San Gregorio Armeno
Voir p. 61 (081 420 63 85 ; Via San Gregorio Armeno 44 ; 9h30-13h et 16h-18h lun-ven, 10h-13h et 15h-19h sam-dim ; entrée 4 € ; Dante)

Chiesa San Giovanni a Carbonara
Voir p. 61 (081 29 58 73 ; Via Carbonara 4 ; 9h-13h lun-sam ; 147, 182, 184 jusqu'à Via Foria, M Piazza Cavour)

Complesso Monumentale di Santa Chiara
Voir p. 60 (081 551 66 73 ; www.monasterodisantachiara.it ; Via Santa Chiara 49c ; église entrée libre, monastère tarif plein/réduit 6/4,50 € ; église 8h-12h45 et 16h30-20h lun-sam, à partir de 9h dim, monastère 9h30-17h30 lun-sam, 10h-14h30 dim ; M Dante)

Complesso Museale di Santa Maria delle Anime del Purgatorio ad Arco
Voir p. 60 (081 44 04 38 ; www.purgatorioadarco.it ; Via dei Tribunali 39 ; visite guidée tarif plein/réduit/enfant 7/6/3 € ; 10h-14h lun-sam, visite guidée en anglais sam à 11h ; M Dante)

Complesso Monumentale Donna Regina Museo Diocesano di Napoli
Voir p. 59 (081 557 1365 ; www.museodiocesanonapoli.com ; Largo Donnaregina ; tarif plein/réduit 7/5 € ; 9h-16h30 mer-lun ; M Piazza Cavour)

Duomo
Voir p. 53 (081 44 90 97 ; Via Duomo 149 ; cathédrale/baptistère entrée libre/2,50 € ; 8h-12h30 et 16h30-18h30 lun-sam, 8h30-13h dim ; 147, 182, 184 jusqu'à Via Foria, M Piazza Cavour)

Madre (Museo d'Arte Contemporanea Donnaregina)
Voir p. 59 (081 1952 8498 ; www.madrenapoli.it ; Via Settembrini 79 ; tarif plein/réduit 8/4 € ; 10h-19h30 lun et mer-sam, 10h-20h dim ; M Piazza Cavour)

MANN (Museo Archeologico Nazionale di Napoli)
Voir p. 56 (081 442 21 11 ; www.mannapoli.it ; Piazza Museo Nazionale 19 ; tarif plein/réduit 18/2 € ; 9h-19h30 mer-lun ; M Museo, Piazza Cavour)

Mercato di Porta Nolana
Voir p. 63 (Porta Nolana ; 8h-18h lun-sam, 8h-14h dim ; R2 jusqu'au Corso Umberto I, M Garibaldi)

Museo Civico Gaetano Filangieri
Voir p. 59 (081 203 175 ; filangierimuseo.it ; Via Duomo 288 ; 5 € ; 9h30-19h tlj ; M Duomo)

Museo del Tesoro di San Gennaro
Voir p. 53 (081 29 49 80 ; www.museosangennaro.it ; Via Duomo 149 ; 10 € ; 9h30-18h tlj ; 147, 182, 184 jusqu'à Via Foria)

Napolis Sotterrata
Voir p. 58 (081 211 08 60 ; www.laneapolissotterrata.it ; Via dei Tribunali 316 ; église entrée libre, visite guidée fouilles et musée tarif plein/réduit 9/6 € ; église 9h30-17h30, fouilles et musée 10h30-17h30 ; M Dante)

Napoli Sotterranea
Voir p. 58 (081 29 69 44 ; www.napolisotterranea.org ; Piazza San Gaetano 68 ; tarif plein/réduit 15/10 € ; visites en anglais 10h, 12h, 14h, 16h et 18h ; M Dante)

Ospedale delle Bambole
Voir p. 61 (081 1863 9797 ; www.ospedaledellebambole.com ; Via San Biagio Dei Librai 39 ; 3,50 € ; 10h30-13h30 et 14h30-17h sam, 10h30-13h30 dim)

Pio Monte della Misericordia
Voir p. 63 (081 44 69 44 ; www.piomontedellamisericordia.it ; Via dei Tribunali 253 ; tarif plein/réduit 10/8 € ; 10h-18h lun-sam, 9h-14h30 dim ; M Piazza Cavour)

Hostel of the Sun
Voir p. 59 (081 420 63 93 ; www.hostelnapoli.com ; Via G Melisurgo 15 ; M Municipio)

Hotel Piazza Bellini
Voir p. 59 (081 45 17 32 ; www.hotelpiazzabellini.com ; Via Santa Maria di Costantinopoli 101 ; M Dante)

Schiara
Voir p. 59 (338 926 44 53, 081 033 09 77 ; www.maisonsdecharme.it ; Vico Volpicelli 20 ; M Dante)

Da Michele
Voir p. 60 (081 29 13 71 ; www.micheleintheworld.com ; Via Cesare Sersale 1 ; pizzas à partir de 4 € ; 10h30-23h30 lun-sam ; R2 jusqu'à Corso Umberto I)

Donna Romita
Voir p. 61 (081 1851 5074 ; donna-romita-alcolici-e-cucina.business.site ; Vico Donnaromita 14 ; 18h-30-2h mar-jeu, 18h30-3h ven, 11h30-15h30 et 18h30-3h sam, 11h30-15h30 et 18h30-2h dim ; M Dante)

La Campagnola
Voir p. 60 (081 551 4930 ; facebook.com/fattorialacampagnolanapoli ; Piazzetta Nilo 22 ; 12h45-1h jeu-sam, 12h45-17h30 dim)

'O Sfizio
Voir p. 61 (081 218 99 11 ; Via Santa Maria la Nova 50 ; 9h-16h30 et 19h30-1h lun-mar et jeu-sam, 9h-16h30 mer ; R4 jusqu'à Via Monteoliveto, M Università, Toledo)

Pasticceria Scaturchio
Voir p. 60 (081 551 69 44 ; scaturchio.it ; Piazza San Domenico Maggiore 19 ; 8h-21h tlj)

Salumeria
Voir p. 61 (081 1936 4649 ; www.salumeriaupnea.it ; Via San Giovanni Maggiore Pignatelli 34/35 ; 12h15-16h15 et 19h15-23h45 jeu-mar ; M Dante)

Capella di San Gennaro

Tandem
Voir p. 60 (081 1900 2468 ; Via G Paladino 51 ; repas 12 € ; 12h-23h30 mer-lun ; M Dante)

Jamón
Voir p. 63 (081 420 24 58 ; menu.jamontapasbar.com ; Piazza San Domenico Maggiore 9 ; sandwichs 10 €, assiette dégustation fromage et charcuterie 16 € ; 11h-minuit ; M Dante)

La Fesseria
Voir p. 62 (081 1882 3409 ; lafesseria.it ; Via Giovanni Paladino 17 ; 18h-2h dim-ven, 12h-2h sam)

Libreria Berisio
Voir p. 62 (081 549 90 90 ; www.facebook.com/Berisio ; Via Port'Alba 28-29 ; 10h-1h30 lun-jeu, 10h-13h30 et 17h-2h30 ven, 10h-13h30 et 17h-3h sam, 17h30-1h30 dim ; M Dante)

Palazzo Venezia Napoli
Voir p. 64 (081 552 87 39 ; www.palazzovenezianapoli.com ; Via Benedetto Croce 19 ; 10h30-13h30, 15h30-19h lun-mar, 15h30-minuit mer-dim ; M Dante)

Salumeria Upnea
Voir p. 63 (081 1936 4649 ; www.salumeriaupnea.it ; Via S. Giovanni Maggiore Pignatelli 35 ; 12h15-16h15 et 19h15-23h45 jeu-mar)

Shanti Art Musik Bar
Voir p. 62 (081 551 4979 ; www.facebook.com/ShantiSPACCANapoli ; Via Giovanni Paladino 56 ; 10h30-2h30 lun-mer, 11h-3h jeu-sam ; M Dante)

Spazio Nea
Voir p. 63 (081 45 13 58 ; www.spazionea.it ; Via Constantinopoli 53 ; 9h-2h lun-ven, 9h-2h30 sam-dim ; M Dante)

Lanificio 25
Voir p. 70 (081 658 2915 ; www.lanificio25.it ; Piazza Enrico de Nicola 46 ; 15h-19h mar-jeu, 19h30-minuit jeu-sam)

Bottega 21
Voir p. 64 (081 033 55 42 ; www.bottegaventuno.it ; Vico San Domenico Maggiore 21 ; 10h-14h et 16h-20h lun-sam)

Bottega Michele Buonincontro
Voir p. 63 (081 1927 5901 ;

michelebuonincontro.it ; Via S. Giovanni Armeno 1 ; 10h-20h)

Gay Odin
Voir p. 64 (081 551 34 91 ; www.gay-odin.it ; Via Toledo 427 ; 9h30-20h lun-ven, 10h-20h sam ; M Dante)

MAC Ceramica
Voir p. 64 (333 603 1376 ; www.facebook.com/bottegadiceramica ; Via Nilo 12 ; 10h30-19h lun-sam, 10h-14h ven ; M Dante)

TOLEDO ET QUARTIERS ESPAGNOLS

Basilica Reale Pontifica San Francesco di Paola
Voir p. 67 (081 1948 4893 ; Piazza del Plebiscito ; 8h30-12h et 16h-19h)

Bibliothèque nationale de Naples
Voir p. 67 (081 781 91 11 ; www.bnnonline.it ; Piazza del Plebiscito 1 ; 8h30-19h lun-ven, collection de papyrus sur rdv uniquement, Sezione Lucchesi Palli 8h30-15h lun-ven)

Casa e Chiesa di Santa Maria Francesca delle Cinque Piaghe
Voir p. 72 (081 42 50 11 ; Vico Tre Re a Toledo 13 ; église 7h-12h, 15h-18h mar-dim, app 9h30-12h mar-dim et 15h30-18h ven-dim, plus 15h30-18h le 6 de chaque mois ; M Toledo)

Castel Nuovo
Voir p. 70 (081 795 77 22 ; Piazza Municipio ; tarif plein/réduit 6 €/gratuit ; 8h30-17h lun-sam ; M Municipio)

Chiesa di Sant'Anna dei Lombardi
Voir p. 71 (081 442 00 39 ; Piazza Monteoliveto ; tarif plein/réduit 6/4 € ; 8h30-18h lun-sam ; M Toledo)

Galleria Umberto I
Voir p. 69 (Via San Carlo ; R2 jusqu'à Via San Carlo, M Municipio)

Gallerie d'Italia
Voir p. 70 (800.45 42 29 ; www.gallerieditalia.com/it/napoli ; Via Toledo 185 ; tarif plein/réduit 7/4 € ; 10h-19h mar-ven, 10h-20h sam-dim ; M Municipio)

MeMus
Voir p. 67 (www.teatrosancarlo.it ; 3 € ; 10h-13h30 et 14h-17h30 mar et jeu-sam, 9h-13h dim)

Palazzo Reale
Voir p. 67 (081 40 05 47 ; palazzorealedinapoli.org ; Piazza del Plebiscito 1 ; tarif plein/réduit 10/2 € ; 9h-20h jeu-mar ; R2 jusqu'à Via San Carlo, M Municipio)

Teatro San Carlo
Voir p. 66 (081 797 24 12, billetterie 081 797 23 31 ; www.teatrosancarlo.it ; Via San Carlo 98 ; visite guidée tarif plein/réduit 9/7 € ; visites guidées 10h30, 11h30, 12h30, 14h30, 15h30 et 16h30 tlj, billetterie 10h-18h ; R2 jusqu'à Via San Carlo, M Municipio)

Art Resort Galleria Umberto
Voir p. 70 (081 497 6224 ; www.artresortgalleriaumberto.com ; Galleria Umberto I 83 ; M Municipio)

Dante Maison de Charme
Voir p. 71 (081 1849 57 32 ; houseinnaples.it/the-dante-house ; Piazza Dante 22 ; M Dante)

Hotel Il Convento
Voir p. 70 (081 40 39 77 ; www.hotelilconvento.com ; Via Speranzella 137a ; M Municipio)

La Gemma
Voir p. 71 (081 549 7042 ; www.lagemmabnb.it ; Piazza Dante 22 ; M Dante)

Real Toledo
Voir p. 70 (331 651 3061 ; real-toledo.hotel-naples.com ; Via Toledo 156 ; M Toledo)

Teatro San Carlo

GIANNIS PAPANIKOS/SHUTTERSTOCK ©

Toledo Relax
Voir p. 71 (351 088 8643 ; toledo-relax.hotel-naples.com ; Vico Campanile al Consiglio 22 ; M Toledo)

Antica Pizzeria e Trattoria al 22
Voir p. 71 (081 552 27 26 ; www.al22pizzeria.it ; Via Pignasecca 22 ; pizzas à partir de 6 € ; 12h-16h et 19h-23h lun-jeu, 12h-16h et 19h-minuit ven-sam ; M Toledo)

Friggitoria Fiorenzano
Voir p. 71 (081 552 3663 ; Via Pignasecca 48 ; 9h-21h lun-sam ; M Toledo)

La Pignasecca
Voir p. 71 (Via Pignasecca ; 8h-20h ; M Toledo)

Osteria della Mattonella
Voir p. 72 (081 41 65 41 ; Via Giovanni Nicotera 13 ; repas 15-25 € ; 12h45-15h et 19h30-23h lun-mar jeu-sam, 13h-15h30 dim ; E6 jusqu'à Via Giovanni Nicotera)

Panificio Boccia
Voir p. 73 (081 213 4906 ; boccialievitatidautore.it ; Piazza Carità 4 ; 8h-20h30 lun-sam, 9h-13h45 dim)

Panificio Coppola Vincenzo
Voir p. 73 (081 552 0299 ; Via Pignasecca 35 ; 6h45-20h15 lun-mer et ven-sam, 6h45-15h15 jeu)

Passione di Sofì
Voir p. 71 (081 405141 ; www.passionedisofi.us ; Via Toledo 206 ; 10h30-22h lun-ven, 10h30-minuit sam-dim)

Pescheria Azzurra
Voir p. 71 (081 1925 0592 ; Via Portamedina 3/4 5 ; 8h-23h mar-sam, 8h-16h dim)

Pintauro
Voir p. 73 (348 778 1645 ; Via Toledo 275 ; 9h30-20h mer-lun)

Ristorante e Pizzeria Al Cucciolo Bohemien dal 1963
Voir p. 72 (081 407902 ; ristorante-al-cucciolo-bohemien-napoli.business.site ; Vico Berio 5/8 ; 10h-23h lun-sam, 9h-17h dim)

Sfogliatella Mary
Voir p. 69 (081 402218 ; Via Toledo 66 ; sfogliatelle 1,80 € ; 8h-20h30 ; R2 jusqu'à Via San Carlo, M Municipio)

Trattoria Da Nennella
Voir p. 69 (081 414338 ; www.trattorianennella.it ; Vico Lungo Teatro Nuovo 103/104/105 ; 12h-15h et 18h-23h lun-sam)

Caffè Gambrinus
Voir p. 70 (081 41 75 82 ; www.grancaffegambrinus.com ; Via Chiaia 1-2 ; 7h-minuit dim-ven, 7h-1h sam ; R2 jusqu'à Via San Carlo, M Municipio)

Cammarota Spritz
Voir p. 69 (320 277 5687 ; www.facebook.com/cammarotaspritz ; Vico Lungo Teatro Nuovo 31 ; 16h30-1h lun-sam ; M Toledo)

Il Birraiuolo
Voir p. 69 (081 549 27 03 ; www.facebook.com/birraiuolo ; Via Bellini 48 ; 18h-minuit lun-jeu, 18h-2h ven-sam, 19h-minuit dim ; M Dante)

Spuzzulè Winebar
Voir p. 69 (393 432 1139 ; www.facebook.com/Spuzzule ; Via Sergente Maggiore 54 ; 17h-00h30 mer-sam)

Punk Tank
Voir p. 70 (392 768 5507 ; www.facebook.com/punktankcafe ; Piazza Dante 40 ; 10h-3h dim-mer, 10h-5h jeu, 10h-6h ven, 10h-7h sam ; M Dante)

Antonio Barbaro
Voir p. 69 (081 401341 ; barbaro.eu/it ; Galleria Umberto I 84 ; 10h-14h et 16h-20h30 lun-ven, 10h-20h30 sam, 10h-14h et 16h30-20h30 dim)

SANTA LUCIA ET CHIAIA

Castel dell'Ovo
Voir p. 74 (081 795 61 80 ; Borgo Marinaro ; 9h-19h lun-sam 9h-13h dim avr-oct, horaires réduits le reste de l'année ; E6, 128 jusqu'à Via Santa Lucia)

DaDoM (Museo Darwin Dohrn)
Voir p. 77 (081 5833 642 ; fondazionedohrn.it ; Villa comunale ; tarif plein/réduit 7/5 € ; 9h-17h mar-dim ; M Piazza Amedeo)

Galleria Borbonica
Voir p. 75 (366 248 4151, 081 764 58 08 ; www.galleriaborbonica.com ; Vico del Grottone 4 ; circuit standard 1 heure tarif plein/réduit 10/5 € ; circuit standard 10h, 12h, 15h et 17h ven-dim ; R2 jusqu'à Via San Carlo)

Museo delle Carrozze
Voir p. 76 (081 669675 ; Riviera du Chiaia 200 ; 5 € ; 8h30-17h mer-lun ; 128 jusqu'à Riviera di Chiaia)

Museo Pignatelli
Voir p. 76 (081 761 23 56 ; Riviera di Chiaia 200 ; musées et parc/parc 5/2 € ; 9h30-16h mer-lun ; 128 jusqu'à Riviera di Chiaia)

Palazzo Mannajuolo
Voir p. 74 (Via Gaetano Filangieri 36 ; 8h-18h lun-sam ; E6 jusqu'à Piazza dei Martiri, M Piazza Amedeo)

Stazione Zoologica Anton Dohrn
Voir p. 77 (081 5833 442 ; www.szn.it ; Villa comunale ; tarif plein/réduit 8/6 € ; 9h-17h mar-dim)

Villa Comunale
Voir p. 77 (Piazza Vittoria ; 7h-22h ; C25 jusqu'à Piazza Vittoria, 128, 140 jusqu'à Riviera di Chiaia)

Bourbon House
Voir p. 76 (081 248 1179 ;

www.bourbonhouse.it ; Via Chiatamone 6)

Grand Hotel Vesuvio
Voir p. 76 (081 764 00 44 ; www.vesuvio.it ; Via Partenope 45 ; 128, E6 jusqu'à Via Santa Lucia)

Relais Bijoux Napoli
Voir p. 76 (081 2353221 ; www.relaisbijouxnapoli.it ; Riviera di Chiaia 270)

L'Ebbrezza di Noè
Voir p. 77 (081 40 01 04 ; www.lebbrezzadinoe.com ; Vico Vetriera 9 ; repas 35-40 €, plateaux de fromages et charcuteries 10 € ; 9h30-13h30 et 16h-1h mar-sam, 10h30-15h dim ; M Piazza Ame-deo)

La Scialuppa
Voir p. 77 (081 764 5333 ; www.lascialuppa.net ; Piazetta Marinari 5 ; 12h30-15h30 et 19h-minuit mar-dim)

Muu Muuzzarella Lounge
Voir p. 77 (081 40 53 70 ; www.facebook.com/muumuuzzarellalounge ; Vico II Alabardieri 7 ; plats 6-16 € ; 10h-minuit mar-jeu, 10h-1h ven-sam, 18h-minuit dim ; E6 jusqu'à Piazza dei Martiri)

Pescheria Matiucci
Voir p. 77 (081 251 2215 ; www.pescheriamattiucci.com ; Vico Belledonne a Chiaia 27 ; plats crus 25 €, plats cuits 15-20 € ; 9h-15h et 19h-22h30 mar-sam, 12h30-15h dim ; E6 jusqu'à Piazza dei Martiri, M Piazza Amedeo)

Al Barcadero
Voir p. 76 (081 764 5431 ; www.facebook.com/wattazzell ; Banchina Santa Lucia 2 ; 10h30-1h mar, 7h-1h mer-dim mai-oct, jusqu'à 20h mar-dim nov-avril ; 128, E6 jusqu'à Via Santa Lucia)

Cantine Sociali
Voir p. 76 (338 351 1375 ; www.facebook.com/CantineSocialiNapoli ; Piazza Giulio Rodinò 28 ; 18h-1h lun-mer, 18h-2h jeu, 18h-3h ven-sam, 18h30-2h dim ; E6 jusqu'à Piazza dei Martiri)

EDDY GALEOTTI/SHUTTERSTOCK ©

Vue du Passagio Castel dell'Ovo

Enoteca Belledone
Voir p. 76 (081 40 31 62 ; www.enotecabelledonne.eu ; Vico Belledonne a Chiaia 18 ; 9h30-13h30 lun-sam, 16h30-minuit lun-mer, 16h30-1h jeu, 16h30-2h ven-sam, 18h30-1h dim ; E6 jusqu'à Piazza dei Martiri)

L'Antiquario
Voir p. 76 (081 764 53 90 ; www.facebook.com/AntiquarioNapoli ; Via Vannella Gaetani 2 ; 19h30-2h30 ; 151, 154 jusqu'à Piazza Vittoria)

Bowinkel
Voir p. 77 (081 764 4344 ; www.bowinkel.it ; Piazza dei Martiri 24 ; 10h-13h30 et 16h-19h30 lun-ven, 10h-13h30 sam)

Gennaro Regina
Voir p. 77 (081 5621361 ; www.gennaroregina.com ; Via Vittoria Colonna 15 ; 10h-13h30 et 16h30-20h lun-sam)

Tramontano
Voir p. 77 (081 41 48 37 ; www.tramontano.it ; Via Chiaia 143-144 ; 10h-14h et 16h-20h lun-sam ; E6 jusqu'à Piazza dei Martiri)

VOMERO

Castel Sant'Elmo
Voir p. 79 (081 558 77 08 ; www.beniculturali.it/luogo/castel-sant-elmo-e-museo-del-novecento-a-napoli ; Via Tito Angelini 20 ; tarif plein/réduit 5/2 € ; château 8h30-19h30 tlj, musée 8h30-17h mer-lun, horaires réduits en hiver ; M Vanvitelli, Montesanto jusqu'à Morghen)

Certosa e Museo di San Martino
Voir p. 80 (081 229 45 03 ; www.coopculture.it/en/products/ticket-for-certosa-e-museo-

di-san-martino ; Largo San Martino 8 ; tarif plein/réduit 6/2 € ; 8h30-17h jeu-mar ; M Vanvitelli, Montesanto jusqu'à Morghen)

Museo della Ceramica Duca di Martina
Voir p. 81 (081 578 84 18 ; www.coopculture.it/it/poi/museo-duca-di-martina ; Via Domenico Cimarosa 77 ; tarif plein/réduit 4/2 € ; musée 9h30-17h mer-lun, dernière entrée 16h15, jardins 8h30-19h30 mer-lun dernière entrée 18h30 ; M Vanvitelli, Chiaia jusqu'à Cimarosa, Centrale jusqu'à Piazza Fuga)

Reggia di Caserta
Voir p. 83 (0823 448084 ; www.reggiadicaserta.cultura.gov.it ; Piazza Carlo di Borbone ; tarif plein/réduit palais et jardins 14 €, palais seul 10 €, jardins seul 9 € ; palais 8h30-19h30 mer-lun, jardin 8h30 18h avr-sept, horaires réduits en hiver)

La Chambre
Voir p. 81 (351 933 8268 ; www.lachambrenapoli.it ; Via Alessandro Scarlatti 67)

Le Petit Palais Naples
Voir p. 81 (335 105 1108, 329 114 8016 ; lepetitpalaisnaples.com ; Pedamentina San Martino 38)

Vanvitelli Domus
Voir p. 81 (331 1453 252 ; vanvitellidomus.com ; Via Torrione San Martino 21)

Godot Restaurant
Voir p. 81 (081 1870 9735 ; www.facebook.com/godotrestaurant ; Via Morghen 67 ; 19h-minuit lun-ven, 12h-15h30 et 19h-minuit sam-dim)

Golocious
Voir p. 82 (081 587 2195 ; www.golocious.com ; Via Domenico Cimarosa 26 ; 12h30-16h, 19h-minuit lun-jeu, 19h-1h ven-dim)

Gorizia 1916
Voir p. 81 (081 578 2248 ; www.gorizia1916.com ; Via Gian Lorenzo Bernini 29 ; 12h30-16h et 19h30-minuit)

Osteria Donna Teresa
Voir p. 81 (081 556 7070 ; Via Michele Kerbaker 58 ; 12h30-15h et 19h30-22h lun-sam)

Trattoria Vanvitelli
Voir p. 81 (081 556 3015 ; www.facebook.com/trattoria.vanvitelli1 ; Piazza Vanvitelli 9 ; menu 12 € ; 12h-16h et 19h-minuit)

Archivio Storico
Voir p. 82 (375 608 9682 ; Via Alessandro Scarlatti 30 ; 19h-2h30)

Barittico
Voir p. 83 (081 1921 4976 ; www.facebook.com/baritticoofficial ; Via Merliani 51 ; 18h-1h dim-jeu, 18h-2h ven-sam, 11h-16h sam-dim)

Barrio Botanico
Voir p. 83 (081 424 6186 ; www.facebook.com/barriobotanico ; Via Medina 24 ; 9h30-1h lun-jeu, 9h30-2h ven-sam, 9h30-1h30 dim)

Fonoteca
Voir p. 82 (081 556 03 38 ; www.fonoteca.net ; Via Raffaele Morghen 31, C/F ; 12h-1h lun-jeu, 12h-2h ven-sam, 18h30-1h30 dim ; M Vanvitelli, Centrale jusqu'à Piazza Fuga)

Guyot Winebar
Voir p. 83 (081 049 1795 ; www.facebook.com/GuyotWinebar ; Via Raffaele Morghen 57 ; 18h30-1h30 dim-lun et mer-jeu, 18h30-3h ven-sam)

Toffee Coffee Shop
Voir p. 82 (081 213 5569 ; toffeecoffeeshop.business.site ; Via Alessandro Scarlatti 13 ; 8h30-22h mar-dim)

Ventimetriquadri
Voir p. 82 (345 532 8421 ; www.facebook.com/ventimetriquadri.specialtycoffee ; Via Bernini 64A ; 10h-21h lun-ven, 10h-23h sam, 10h-18h dim ; M Vanvitelli)

MERGELLINA ET POSILLIPO

Parco Archeologico del Pausilypon
Voir p. 86 (328 594 7790 ; www.gaiola.org/pausilypon ; Discesa Coroglio 36 ; tarif plein/réduit 7/4 € ; visite guidée 11h mar-ven, 10h30 et 12h15 sam-dim)

Parco Vergiliano a Piedigrotta
Voir p. 87 (081 66 93 90 ; Salita della Grotta 20 ; 9h-14h mer-lun ; M Mergellina)

Parco Virgiliano
Voir p. 86 (081 1970 6082 ; Viale Virgilio ; 7h-1h fin juin-sept, 7h-minuit mai à mi-juin, 7h-22h reste de l'année ; 140 jusqu'à Via Posillipo)

Area Marina Protetta Parco Sommerso di Gaiola
Voir p. 87 (081 240 32 35 ; www.areamarinaprotettagaiola.it ; Discesa Gaiola ; 10h-16h avr-sept, jusqu'à 14h oct-mars ; 140 jusqu'à Discesa Coroglio)

Bagno Elena
Voir p. 84 (081 575 5058 ; www.bagnoelena.it ; Via Posilipo 14 ; plage avec chaise longue 15 € ; 8h-17h30)

Bagno Ideal
Voir p. 84 (081 248 3087 ; www.bagnoideal.com ; Via Posilipo 18 ; chaise longue 12 €, parasol 8 € ; 8h30-17h)

Bagno Sirena
Voir p. 84 (349 383 6344 ; www.facebook.com/bagnosirenanapoli ; Via Posilipo 357 ; chaise longue 10 € ; 9h-17h)

Spiaggia delle Monache
Voir p. 84 (Via Posilipo 357 ; accès libre ; 8h15-17h)

50 Kalò
Voir p. 86 (081 1920 4667 ; www.50kalo.it ; Piazza Sannazzaro 201b ; pizzas à

partir de 5 € ; 12h-16h30 et 18h-00h30 ; M Mergellina)

Chalet Chiquitos
Voir p. 87 (081 414 4082 ; www.facebook.com/ChiquitosNapoli ; Via Mergellina ; 7h-3h lun-ven, 7h-4h30 sam-dim)

Chalet Ciro 1952
Voir p. 87 (081 669928 ; www.chaletciro1952.com ; Via Caracciolo ; 6h45-3h dim-ven, 6h45-4h sam

Chalet Primavera
Voir p. 87 (081 587 4411 ; www.facebook.com/profile.php?id=100063481753399 ; Via Nazareth ai Guantai 78 ; 6h30-14h et 16h30-23h mar-ven, 7h-14h et 16h30-minuit sam, 6h30-14h et 17h-23h dim)

Da Cicciotto
Voir p. 87 (081 575 1165 ; Calata Ponticello a Marechiaro 32 ; 12h30-16h et 19h30-minuit)

Leopoldo Infante
Voir p. 87 (081 1823 5322 ; leopoldoinfante.com ; Via Francesco Caracciolo 1 ; 6h-3h)

Nonna Tittina
Voir p. 86 (081 3503552 ; nonnatittina.eu/caracciolo ; Via Francesco Carcciolo 13 ; 12h-15h et 19h30-22h30)

Palazzo Petrucci
Voir p. 86 (081 575 75 38 ; www.palazzopetrucciristorante.it ; Via Posillipo 16C ; repas 75 €, menus dégustation 90-150 € ; 12h-15h mar, 19h-22h30 lun-dim ; 140 jusqu'à Via Posillipo)

Ristorante Calasole
Voir p. 86 (329 181 7610 ; www.calasole.com ; Discesa Coroglio 39 ; 12h30-15h30 et 19h30-23h mar-sam, 12h30-15h dim)

Barril
Voir p. 86 (393 981 4362 ; www.barril.it ; Via Giuseppe Fiorelli 11 ; 19h-2h)

Pacù
Voir p. 86 (081 665776 ; www.facebook.com/PacuBar ; Via Orazio 82 ; 17h30-00h30 lun-jeu, 17h30-1h ven, 11h30-14h30 et 18h-2h sam, 11h30-14h30 et 17h30-1h dim)

LA SANITÀ ET CAPODIMONTE

Basilica di San Gennaro fuori le mura
Voir p. 92 (081 744 3714 ; catacombedinapoli.it/en/luoghi/basilica-of-san-gennaro-naples ; Vico San Gennaro dei Poveri ; 10h-17h)

Basilica di Santa Maria della Sanità
Voir p. 89 (081 744 37 14 ; catacombedinapoli.it/en/luoghi/basilica-of-santa-maria-sanita-naples ; Piazza Sanità 14 ; 10h-13h ; C51 jusqu'à Piazza Sanità, M Piazza Cavour, Museo)

Catacombe di San Gaudioso
Voir p. 89 (081 744 37 14 ; catacombedinapoli.it/en/luoghi/catacombs-of-san-gaudioso-naples ; Piazza Sanità 14 ; tarif plein/réduit 11/7 € ; 10-13h ; C51 jusqu'à Piazza Sanità, M Piazza Cavour, Museo)

Catacombe di San Gennaro
Voir p. 92 (081 744 37 14 ; catacombedinapoli.it/en/luoghi/catacombs-of-san-gennaro-naples ; Via Capodimonte 13 ; tarif plein/réduit 11/7 € ; 10h-17h)

Cimitero delle Fontanelle
Voir p. 89 (Via Fontanelle 80 ; fermé temporairement en 2023 ; C51 jusqu'à Via Fontanelle, M Materdei)

Ipogeo dei Cristallini
Voir p. 92 (344 072 5752 ; ipogeodeicristallini.org ; Via dei Cristallini 133 ; tarif plein/réduit 18/14 € ; 10h-14h mar-dim, 18h et 19h ven)

Laboratorio Oste
Voir p. 91 (349 4433422 ; www.facebook.com/VincenzoOsteGioielli ; Via dei Cristallini 138 ; 9h-18h lun-ven, horaires à vérifier par tél ou par e-mail : vincenzooste@gmail.com ; C51, C52 jusqu'à Via dei Vergini, M Piazza Cavour, Museo)

Museo e Real Bosco di Capodimonte
Voir p. 90 (081 7499111, 081 7499130 ; Via Miano 2 ; 15 € ; musée 8h30-19h30 jeu-mar, Real Bosco 7h-18h oct, fév et mars, 7h-17h nov-jan, 7h-19h30 avr-sept)

Orto Botanico di Napoli
Voir p. 91 (081 253 3937 ; www.ortobotanico.unina.it ; Via Foria 223 ; 9h-14h lun, mer et ven, 9h-16h mar et jeu)

Palazzo dello Spagnuolo
Voir p. 92 (Via dei Vergini 19 ; C51, C52 jusqu'à Via dei Vergini, M Piazza Cavour)

Palazzo Sanfelice
Voir p. 92 (333 619 3780 ; www.palazzosanfelice-sanita.com ; Via Sanità 2-6 ; 9h-12h30 et 16h-19h30 lun-ven ; C51, C52 jusqu'à Via Arena della Sanità, M Piazza Cavour)

Concettina ai Tre Santi
Voir p. 92 (081 29 00 37 ; www.pizzeriaoliva.it ; Via Arena della Sanità 7 ; pizzas à partir de 5 € ; 12h-minuit lun-sam ; M Piazza Cavour, Museo)

Da Luciana
Voir p. 92 (081 544 6313 ; Via Santa Teresa degli Scalzi 143 ; 12h-15h et 19h-23h30 mer-lun)

La Campagnola
Voir p. 92 (081 457663 ; www.facebook.com/lacampagnolapizzeria ; Via Fuori Porta San Gennaro 13 ; 12h-15h30 et 19h-23h mar-dim)

Pasticceria Poppella
Voir p. 92 (081 45 53 09 ; www.pasticceriapoppella.com ; Via Arena della Sanità 29 ; 6h-minuit ; M Piazza Cavour, Museo)

Antica Cantina Sepe
Voir p. 91 (081 45 46 09 ; www.facebook.com/profile.php?id=100057442210246 ; Via dei Vergini 55 ; 10h-21h mar-sam, 9h30-15h dim ; M Piazza Cavour, Museo)

La Bottega del Vino
Voir p. 91 (081 458098 ; www.facebook.com/viaVergini61 ; Via Vergini 61 ; 9h30-21h mar-sam, 17h-21h lun, 9h30-15h dim)

Sciò
Voir p. 91 (081 1881 3767 ; www.facebook.com/sciodrinkandfood ; Vico Buongiorno 1 ; 8h-minuit lun-sam, 8h-15h dim)

BAIE DE NAPLES

Herculanum
Voir p. 100 (081 857 53 47 ; https://ercolano.beniculturali.it ; Corso Resina 187, Ercolano ; tarif plein/réduit 13/3,50 € ; 8h30-19h30, dernière entrée 18h mi-mars à mi-oct, 8h30-17h, dernière entrée 15h30 mi-oct à mi-mars ; P ; Circumvesuviana jusqu'à Ercolano-Scavi)

Museo Archeologico Virtuale (MAV)
Voir p. 102 (081 777 68 43 ; www.museomav.com ; Via IV Novembre 44, Ercolano ; tarif plein/réduit 10/8 € ; 10h-16h mer-dim ; ; Circumvesuviana jusqu'à Ercolano-Scavi)

Pompéi
Voir p. 96 (081 857 53 47 ; www.pompeiisites.org ; accès Porta Marina et Piazza Anfiteatro ; tarif plein/réduit 18/2 € ; 9h-19h, dernière entrée 17h30 avr-oct, 9h-17h, dernière entrée 15h30 nov-mars ; Circumvesuviana jusqu'à Pompei Scavi-Villa dei Misteri)

Vésuve
Voir p. 93 (cratère tarif plein/réduit 14,30/11,70 € ; cratère 9h-18h juil-août, 9h-17h avr-juin et sept, 9h-16h mars et oct, 9h-15h nov-fév ; réservation obligatoire)

ALESSANDRO/STOCK.ADOBE.COM ©

Vue sur la baie de Naples et le Vésuve depuis le Posilippo

Cantina del Vesuvio
Voir p. 100 (081 536 9041 ; www.cantinadelvesuvio.it ; Via Panoramica 15, Trecase ; dégustations à partir de 38 € ; 9h-18h)

Vesuvius Horseback Riding
Voir p. 93 (345 8560306 ; www.horseridingnaples.com ; circuit guidé 70 €).

YellowSudMarine Food Art & Tours
Voir p. 97 (329 101 0328 ; www.yellowsudmarine.com/naples ; Viale Capomazza 6C, Pouzzoles ; 7h-22h)

Campana
Voir p. 102 (081 1966 4530 ; www.campanacaffe.com ; Via Sacra 44, Pompéi ; 8h-13h30 et 15h30-20h mar-dim ; FS jusqu'à Pompéi, Circumvesuviana jusqu'à Pompei Scavi-Villa dei Misteri)

Civico 33
Voir p. 102 (081 235 3715 ; www.facebook.com/civico33bar ; Corso Italia 33, Herculanum ; 6h-1h lun-jeu, 6h-3h ven-sam, 6h-15h et 17h-1h dim)

La Bettola del Gusto
Voir p. 100 (081 863 78 11 ; www.labettoladelgusto.it ; Via Sacra 48, Pompéi ; repas 25-30 €, menu dégustation 40 € ; 12h30-15h et 19h30-minuit mar-dim ; FS jusqu'à Pompéi, Circumvesuviana jusqu'à Pompei Scavi-Villa dei Misteri)

Melius
Voir p. 100 (081 850 25 98 ; www.facebook.com/MeliusRestaurant ; Via Lepanto 156-160, Pompéi ; plateaux de fromage/charcuterie 12 €, repas 25 € env ; 10h-14h30 lun-sam, 10h-14h dim, 19h30-21h30 ven, 19h30-22h30 sam ; FS jusqu'à Pompéi, Circumvesuviana jusqu'à Pompei Scavi-Villa dei Misteri)

Pizzeria Ro.Vi
Voir p. 100 (081 461 7690 ; www.pizzeriarovi.it ; Corso Resina 187, Herculanum ; 19h-23h30 mar-mer, 12h-15h15 et 18h30-minuit jeu-sam, 18h45-minuit dim)

Umami
Voir p. 102 (081 376 8984 ; www.facebook.com/umamibakerybistrot ; Via IV Novembre 19, Herculanum ; 8h-20h lun-mar et jeu-sam, 8h-17h30 dim)

La Vineria – Ambulatorio Alcolico
Voir p. 101 (081 1921 2417 ; www.facebook.com/lavineriaambulatorioalcolico ; Via Aldo Moro 3, Herculanum ; 18h-minuit mar-jeu et dim, 18h-1h ven-sam)

Sofi'
Voir p. 101 (081 863 2636 ; www.facebook.com/sofipompei ; Via Sacra 32, Pompéi ; 17h-2h)

The Roof/ Habita79
Voir p. 101 (333 189 9395 ; www.habita79.it/fr/restaurants-et-bars/ristorante-e-lounge-the-roof ; Via Roma 10, Pompéi ; 19h-minuit mar-dim)

Mercato di Resina
Voir p. 102 (Via Pugliano, Herculanum ; 8h-13h30)

CHAMPS PHLÉGRÉENS

Anfiteatro Flavio
Voir p. 105 (081 526 6007 ; Corso Nicola Terracciano 75, Pouzzoles ; billet combiné tarif plein/réduit 4/2 € ; 9h jusqu'à 1 heure avant le crépuscule mer-lun ; Pozzuoli, Cumana jusqu'à Pozzuoli)

Duomo
Voir p. 106 (Via Duomo, Pouzzoles ; 9h30-17h30 mer-jeu et dim-lun, 9h30-21h ven-sam)

Casina Vanvitelliana
Voir p. 108 (353 371 6876 ; www.prolococittadibacoli.it/casina-vanvitelliana ; Piazza Gioacchino Rossini 1, Bacoli ; 5 € ; 17h-21h ven, 17h-22h sam, 10h-13h et 17h-22h dim)

Castello di Baia
Voir p. 108 (081 523 3797 ; Via Castello 39, Bacoli ; 9h-18h mar-dim)

Macellum (Tempio di Serapide)
Voir p. 106 (342 950 5775 ; macellumpozzuoli.it ; Via Serapide 13, Pouzzoles ; 24h/24 ; Pozzuoli, Cumana jusqu'à Pozzuoli)

Museo Archeologico dei Campi Flegrei
Voir p. 108 (081 523 37 97 ; www.pafleg.it/it/4388/localita/55/museo-archeologico-dei-campi-flegrei-nel-castello-di-baia ; Via Castello 39, Bacoli ; billet combiné tarif plein/réduit 5/2 € ; 9h-20h mar-dim, dernière entrée 19h ; EAV jusqu'à Baia)

Parco Archeologico di Baia, Terme di Baia
Voir p. 107 (081 868 75 92 ; www.pafleg.it/it/4388/localita/51/parco-archeologico-delle-terme-di-baia ; Via Sella di Baia, Baia ; billet combiné tarif plein/réduit 5/2 € ; 9h-19h mar-dim mai-août, horaires réduits reste de l'année ; EAV jusqu'à Baia, Cumana jusqu'à Fusaro)

Parco Sommerso di Baia
Voir p. 104 (349 4974183 ; www.baiasommersa.it ; Via Lucullo 94, Bacoli ; 9h-19h)

Parco Archeologico di Cuma
Voir p. 104 (081 854 30 60 ; www.pafleg.it/it/4388/localita/57/parco-archeologico-di-cuma ; Via Montecuma, Pouzzoles ; billet combiné tarif plein/réduit 5/2 € ; 9h-19h mer-lun ; Cumana jusqu'à Fusaro, puis bus EAV jusqu'à Cuma)

Vestiges de Pompéi

ZM_PHOTO/STOCK.ADOBE.COM ©

Piscina Mirabilis de Bacoli
Voir p. 104 (081 014 0916 ; piscinamirabilisbacoli.it ; Via Piscina Mirabilis 27, Bacoli ; tarif entrée plein/réduit 5/3 €, visite guidée 8/6 € ; entrée 11h, 11h30, 13h, 15h30, 16h, visite guidée 10h, 12h, 14h, 15h ; Cumana jusqu'à Fusaro, puis bus EAV jusqu'à Bacoli)

Rione Terra
Voir p. 106 (081 1993 6286 ; www.rioneterrapozzuoli.com ; Largo Sedile di Porto, Pouzzoles ; tarif plein/réduit 5/2,50 € ; 9h-17h sam-dim ; M Pozzuoli, Cumana jusqu'à Pozzuoli)

Spiaggia del Castello
Voir p. 108 (333 2629253 ; www.spiaggiacastellodibaia.it ; Bacoli ; EAV jusqu'à Baia)

Centro Sub Campi Flegrei
Voir p. 105 (329 215 5239 ; www.centrosubcampiflegrei.it ; Via Miliscola 165, Pouzzoles ; 9h-17h lun-ven, 9h-18h sam-dim)

Stufe di Nerone
Voir p. 106 (081 868 80 06 ; www.termestufedinerone.it ; Via Stufe di Nerone 37, Bacoli ; entrée 30 €/jour, massage 50 min à partir de 40 € ; 8h-20h tlj juin-août, 8h-20h lun, mer et sam, 8h-23h mar, jeu et ven, 8h-18h dim reste de l'année ; Cumana jusqu'à Lucrino)

Cala Moresca
Voir p. 105 (081 523 55 95 ; www.calamoresca.it ; Via Faro 44, Bacoli)

Dimora Flegrea
Voir p. 105 (349 2310096, 329 748 7953 ; dimoraflegrea.it ; Via Solfarata 4, Pouzzoles)

Hotel La Tripergola
Voir p. 105 (081 8042120 ; www.latripergola.it ; Via Miliscola 165, Arco Felice)

Abbascio ù Mare
Voir p. 106 (081 1918 9127 ; www.abbascioumare.it ; Via San Paolo 12, Pouzzoles ; 12h-3h lun-sam, 12h-2h dim)

Angelina
Voir p. 106 (348 351 5471, 081 048 8095 ; www.facebook.com/Angelina-100891855638551 ; Via Cesare Augusto 23, Pouzzoles)

Caracol
Voir p. 106 (081 523 3052 ; www.caracolgourmet.it ; Via Faro 44, Bacoli ; 15h-19h)

Coevo
Voir p. 107 (081 804 0255 ; www.dimoradeilari.it/ristorante-coevo ; Via Cicerone 23, Bacoli ; 18h30-23h mar-ven, 12h30-15h30 et 18h30-23h30 sam, 12h30-16h dim)

Il Gabbiano
Voir p. 107 (081 854 5020 ; ristorante.ilgabbianobacoli.it ; Via Cicerone 21, Bacoli ; 19h-23h30 lun et mer-jeu, 12h-23h30 ven-sam, 12h-16h dim)

La Locanda del Testardo
Voir p. 107 (081 868 7701 ; www.iltestardo.it/la-locanda ; Via Lucullo 100, Bacoli ; 19h30-23h mar-sam, 12h30-15h sam-dim)

Beach Brothers
Voir p. 108 (081 523 31 83 ; www.facebook.com/beachbrothersfanpage ; Via Dragonara 22, Bacoli ; 7h30-2h lun-jeu, 7h30-3h ven-dim ; Cumana jusqu'à Torregavata, puis bus EAV jusqu'à Miseno)

Il Gozzetto
Voir p. 108 (329 3505052 ; www.ilgozzetto.com ; Largo San Paolo 16/17, Pouzzoles ; 9h-1h)

Royal Capo Miseno
Voir p. 108 (331 232 5080 ; www.facebook.com/royalcapomiseno ; Via Dragonara 52, Bacoli ; 7h30-2h lun, 7h-2h mar-ven, 7h-2h30 sam, 7h30-00h30 dim)

Duel Club
Voir p. 70 (duelbeat.com ; Via Antiniana 2A, Pouzzoles ; 23h-3h ven, 23h-3h30 sam)

Nabilah
Voir p. 70 (339 6931169 ; www.nabilah.it ; Via Spiaggia Romana 15, Bacoli ; réception 10h-19h tlj, plage 10h-18h sam-dim, Sunset party 18h-minuit sam-dim)

IACOMINO FRIMAGES/SHUTTERSTOCK ©

Marina Corricella, Procida

LES ÎLES

VUE À 360° SUR LA GRANDE BLEUE

Apportez vos talons hauts et vos chaussures de randonnée : la destination réserve des surprises.

Il y a cent ans encore, Capri, Ischia et la petite Procida n'attiraient guère les visiteurs. Puis des cinéastes, des écrivains et des musiciens sont tombés amoureux de leur beauté sauvage et en ont fait des lieux cultes du tourisme en Italie.

L'attrait de ces anciennes îles de pêcheurs de la baie de Naples ne se limite pas à la mer et au soleil. Grecs et Romains y ont laissé des traces de leur civilisation sous forme de légendes et de monuments, et on y trouve aussi un bourg médiéval fortifié, un centre historique d'un blanc immaculé et des falaises à pic offrant l'occasion de randonnées inoubliables. Capri, capitale de la jet-set, abrite de luxueuses demeures couvertes de glycines et de bougainvillées. Situées dans la caldera des Champs Phlégréens, Ischia et Procida doivent leur topographie spectaculaire à l'activité volcanique incessante qui se manifeste sous la mer. Les sources thermales de la première, dont les vertus thérapeutiques étaient déjà connues des Grecs, enchantent les touristes d'aujourd'hui.

À vous de découvrir toutes les facettes de ces îles, dont chacune a son caractère propre : écumez les boutiques à la mode de Capri, glamour et sportive, barbotez dans les thermes bienfaisants d'Ischia, décontractée et propice à l'aventure, ou écoutez un concert en plein air sur le port au pied des maisons colorées de Procida, authentique et créative. Et quel que soit votre point de chute, il faut absolument goûter les plats typiques, à commencer par le civet de lapin et les nombreuses gourmandises confectionnées avec les juteux citrons du cru.

SITES PRINCIPAUX

PROCIDA
Vrai village de pêcheurs tourné vers l'art.
p. 126

ISCHIA
Sources thermales curatives.
p. 133

CAPRI
Luxe et randonnée.
p. 143

Procida, p. 126
Échappez-vous du quotidien dans un authentique village de pêcheurs italien dont la splendeur inspire depuis longtemps les artistes.

Ischia, p. 133
Thermalisme, randonnée, visite de châteaux médiévaux ou de ruines romaines : tout cela est possible à Ischia.

S'orienter

Les îles de la baie de Naples ne sauraient être plus différentes les unes des autres en termes de relief et d'atmosphère : il y en a pour tous les goûts.

À PIED

S'il existe dans les îles de formidables sentiers de randonnée, les points d'intérêt peuvent être assez dispersés. Mieux vaut donc ne pas compter uniquement sur ses jambes pour se déplacer, en particulier à Ischia.

VOITURE ET SCOOTER

En raison de l'étroitesse des rues, de la circulation et du manque de places de stationnement, la voiture n'est pas un moyen de locomotion recommandé sur les îles. En outre, à certaines périodes de l'année, seuls les résidents ont le droit de circuler en voiture. Le scooter reste le véhicule le mieux adapté, à condition toutefois d'être un conducteur aguerri et intrépide.

TRANSPORTS EN COMMUN ET AUTOPARTAGE

Les trois îles possèdent des réseaux de bus denses, mais pas toujours fiables, surtout en haute saison. À Capri, le funiculaire est le moyen de locomotion le plus populaire pour rejoindre le centre-ville. À Procida, un système d'autopartage fonctionne depuis peu. On trouve des taxis partout, mais les tarifs sont élevés.

Mer Tyrrhénienne

Capri, p. 143

Ne laissez pas les boutiques de mode haut de gamme et le beau monde vous distraire de la beauté naturelle et des vues somptueuses de Capri.

Planifier son séjour

Grottes cachées de Capri, bains thermaux d'Ischia ou concerts sur la plage de Procida : les îles regorgent de possibilités et les faibles distances entre elles permettent de varier les plaisirs.

TAKASHI IMAGES/SHUTTERSTOCK ©

Grotta Azzurra

Si vous avez peu de temps

- Cap sur **Ischia** (p. 133) et ses sources volcaniques. En voiture ou en bus, rendez-vous à Lacco Ameno, la plus petite localité de l'île, pour décompresser au **Parco Negombo** (p. 139). Ce havre de verdure holistique, où les plantes ornementales et médicinales se mêlent aux sculptures, regroupe treize bassins thermaux, un hammam, un "labyrinthe japonais", une plage privée et un spa qui propose massages et soins de beauté.

- Après les bains, accordez-vous un dîner de fruits de mer à l'élégant restaurant **O' Pignattello** (p. 139) sur la place du village. Concluez la soirée par une promenade romantique le long du front de mer.

AU FIL DES SAISONS

La fraîcheur de l'automne et du printemps est parfaite pour randonner dans les îles de la baie de Naples. Évitez la haute saison (juin-août), synonyme de foule et de chaleur étouffante.

FÉVRIER

Le **carnaval** et la **Saint-Antoine**, riches de festivités et de gourmandises, font oublier le temps humide et pluvieux.

MARS

Une série de célébrations, dont la **Processione dei Misteri** de Procida, marquent le coup d'envoi de la Semaine sainte.

MAI

Le temps se réchauffe et les *lidi* (établissements balnéaires) ouvrent, mais les prix restent raisonnables et l'atmosphère agréable.

DE GAUCHE À DROITE: LUCAMATO/SHUTTERSTOCK ©, MAX-B/GETTY IMAGES ©, MADA_CRIS/SHUTTERSTOCK ©,

Si vous avez trois jours

- Après une journée passée à Lacco Ameno, direction **Sant'Angelo** (p. 140) pour rallier la plage des Fumarole dei Maronti en bateau-taxi. Gagnez ensuite Ischia Ponte, au nord, dont le **Castello Aragonese** (p. 136) dévoile des perspectives grandioses sur les îles et la baie, puis dînez face à la **Baia di Cartaromana** (p. 135).

- Le lendemain matin, prenez le ferry pour **Capri** (p. 143). Sur place, faites une excursion en bateau à la **Grotta Azzurra** (p. 152), à Anacapri, et une ascension en télésiège jusqu'au **Monte Solaro** (p. 152) pour jouir d'un panorama grisant.

- Rejoignez en bus la **ville de Capri** (p. 143) pour déjeuner à la **Pescheria Le Botteghe** (p. 147) et observer les passants sur la **Piazza Umberto I** (p. 143). Visitez les **Giardini di Augusto** (p. 147) et admirez la vue romantique qu'ils offrent sur les **Faraglioni** (p. 146).

Si vous avez plus de temps

- Embarquez pour **Procida** (p. 126) et grimpez jusqu'à la cité médiévale de **Terra Murata** (p. 128), renfermant l'**Abbazia di San Michele Arcangelo** (p. 128). Faites une pause sur la **Spiaggia Chiaiolella** (p. 132), puis marchez au coucher du soleil le long de la **Marina Corricella** (p. 130), le port de pêche aux maisons pastel.

- Le lendemain, cap sur **Ischia** (p. 133) pour une journée entre soins thermaux et plage. Gravissez le **Monte Epomeo** (p. 140), profitez de l'animation de **Forio** (p. 141) et des eaux de **Baia di Sorgeto** (p. 139).

- Débarquez le matin à **Capri** (p. 143), visitez la capitale de l'île, la **Villa Jovis** et la **Villa Lysis** (p. 146). Consacrez ensuite une journée à **Anacapri** (p. 150) en effectuant la randonnée du **Sentiero dei Fortini** (p. 151), entre la **Grotta Azzurra** et le **Faro di Punta Carena**.

JUILLET

La **Festa di Sant'Anna** (26 juillet) célébrée à Ischia est marquée par un défilé de bateaux et l'incendie symbolique du château aragonais.

AOÛT

La chaleur, l'affluence et les prix atteignent leur comble. C'est aussi le mois où nombre de commerces et de monuments ferment.

NOVEMBRE

Les vendanges se prêtent à la visite des domaines viticoles. Le 11 novembre, la **Saint-Martin** rend hommage au patron des vignerons.

DÉCEMBRE

Noël correspond à la basse saison. Les prix chutent, et beaucoup de restaurants, d'hôtels et de boutiques baissent le rideau.

PROCIDA

La petite Procida a longtemps été éclipsée par Ischia et Capri, ses voisines plus étendues et plus tape-à-l'œil. Les beautés naturelles et l'architecture colorée du lieu ont inspiré des générations d'écrivains, et servi de décor à des films, parmi lesquels *Le Talentueux M. Ripley* (1999) et *Le Facteur* (1994).

Procida continue de prendre son temps, ses rues tranquilles et ses baies retirées offrant une vision authentique de la vie insulaire. Lors d'une visite, les plages accidentées et les points de vue à couper le souffle font partie des incontournables. Sans oublier un festin de *spaghetti alle vongole* (spaghettis aux palourdes) le soir sur la Marina Corricella, le port de pêche aux couleurs de l'arc-en-ciel. Le *limone pane* ("citron pain"), appelé ainsi pour la consistance de son épaisse peau blanche sous l'écorce, agrémente presque tous les plats, à commencer par la fameuse *lingua di bue*, une pâtisserie à base de pâte feuilletée fourrée de crème au citron.

Pour les infos pratiques, voir le Carnet d'adresses p. 154

À SAVOIR

Les bus (voir p. 123) étant parfois peu fiables, mieux vaut explorer Procida à scooter ou à vélo, d'autant que les sites sont assez distants les uns des autres. Sinon, le système d'autopartage BiròShare, accessible via une application, met à disposition des voitures électriques 2 places (2,00€ + 0,50€ par minute).

Destination culture

L'ÎLE CRÉATIVE

Derrière son air assoupi, Procida dissimule une scène culturelle dynamique (qui lui a valu, en 2022, d'être la première île nommée Capitale italienne de la culture !). Parmi les manifestations récurrentes, on compte **Corricella Jazz** et le **Procida Film Festival**, renommé, qui se déroule chaque été depuis 2015. S'y ajoutent, entre autres, des installations d'art contemporain et des lectures littéraires telles que **Procida Racconta**, en collaboration avec d'éminents auteurs italiens.

Autre grand événement sur l'île, durant la période pascale : la **Processione dei Misteri** (procession des Mystères) du vendredi saint. Sont portés en procession à travers Procida une statue en bois du Christ après sa déposition de croix et de la Madonna Addolorata, ainsi que diverses représentations avec architectures et personnages en plâtre et en papier mâché, tel un chemin de croix grandeur nature. Les hommes sont vêtus d'une tunique bleu clair (couleur mariale) et d'une cagoule blanche, tandis que les jeunes filles s'habillent comme la Madone.

En 2022, l'île a pris très à cœur son rôle de Capitale italienne de la culture en lançant 44 projets et 150 événements, répartis sur 300 jours et portés par 350 artistes de 45 pays.

Consultez le calendrier culturel afin de faire coïncider votre séjour avec les événements phares, organisés dans des endroits aussi évocateurs que la **Spiaggia della Silurenza** ou les ruines du **Palazzo d'Avalos** (XVIIe siècle).

OÙ SE LOGER À PROCIDA

DC House
Un B&B joliment rénové et aménagé près de Marina Grande, juste en face d'un arrêt de bus. **€€**

Albergo La Vigna
Une emblématique villa du XVIIIe siècle à flanc de falaise, avec jardins, piscine et vue sur le front de mer. **€€€**

La Casa sul Faro
À côté d'un vieux phare, cette adresse séduisante regarde la mer et possède à l'arrière un jardin planté de citronniers. **€€€**

INCONTOURNABLES
1 Abbazia di San Michele Arcangelo
2 Marina Corricella
3 Palazzo d'Avalos
4 Terra Murata

VOIR
5 Casale Vascello
6 Chiaiolella
7 Palazzo della Cultura
8 Piazza dei Martiri
9 Punta di Pioppeto
10 Punta Pizzaco
11 Punta Serra
12 Scoglio del Cannone
13 Spiaggia Cala del Pozzo Vecchio
14 Spiaggia della Lingua
15 Spiaggia della Silurenza
16 Spiaggia di Ciraccio
17 Isola di Vivara

SE LOGER
18 Albergo La Vigna

ARTURO, GRAZIELLA ET LE FACTEUR

Des restaurants aux B&B, deux prénoms figurent partout à Procida. Mais qui sont donc Graziella et Arturo ? Cette île paisible a inspiré bien des écrivains, en particulier Alphonse de Lamartine et, plus récemment, Elsa Morante. Dans *Graziella* (1852), Lamartine s'inspire de son histoire d'amour tragique avec une beauté locale. Quant à Elsa Morante, la romancière italienne a écrit en 1957 *l'Île d'Arturo*, qui raconte le passage à l'âge adulte d'un jeune insulaire.

Côté cinéma, des scènes du *Facteur* (1994) ont été tournées sur la Spiaggia Cala del Pozzo Vecchio. Ce film est peut-être celui qui a le mieux contribué à immortaliser Procida. L'acteur napolitain Massimo Troisi y joue le rôle de Mario, un facteur timide quasi illettré qui se lie d'amitié avec le poète chilien Pablo Neruda en exil et découvre à travers lui la magie des mots.

Prenez de la hauteur

PANORAMAS ÉTOURDISSANTS

Depuis les hauteurs, la vision de Procida est un enchantement. Pour jouir de perspectives éblouissantes, commencez par longer les remparts du bourg de **Terra Murata** (voir notice ci-dessous) puis accédez au belvédère Elsa Morante du **Palazzo della Cultura**, d'où le regard embrasse la baie de Naples, Capri, Ischia et la péninsule de Sorrente.

Au sud de l'île, le village de **Chiaiolella**, aux charmantes ruelles bordées de boutiques et de restaurants, offre des vues sur la plage, les rochers et les bateaux amarrés dans la marina.

Punta Serra, sur la côte ouest, est un autre lieu prisé pour contempler la baie et un coucher de soleil grandiose. De même le phare de **Punta di Pioppeto**. Une expérience encore plus authentique vous attend si vous gravissez les marches de pierre partant de la **Spiaggia della Lingua** pour rejoindre le hameau perché viticole de **La Vigna**. Ce dernier abrite des vignobles, mais aussi des vergers de citronniers et jardins potagers cultivés par un habitant, Vincenzo Barbiero, qui permet qu'on y déambule librement. C'est également là que se trouve l'hôtel historique **Albergo La Vigna**, une villa crénelée du XVIIIe siècle discrètement nichée à flanc de falaise et agrémentée d'un grand jardin, de vignes et d'une piscine.

Le patrimoine architectural

DE LA COLLINE AU RIVAGE

Procida ne possède pas les ruines gréco-romaines dont peuvent se targuer Ischia et Capri. Elle conserve en revanche un bourg médiéval, **Terra Murata**, dont l'enceinte fortifiée sur les hauteurs servit de refuge contre les raids sarrasins. Une fois franchie la porte voûtée des remparts, vous tomberez sur l'**Abbazia di San Michele Arcangelo** (XIe siècle), dédiée au saint patron de Procida. Fondée en 1026, cette abbaye bénédictine fut remaniée de nombreuses fois au fil des siècles. Dans l'église, on notera le plafond à caissons doré du XVIIe siècle et le *Saint-Michel vainqueur des anges rebelles* (1699) du peintre romain Luigi Garzi. Un dédale de souterrains renferme un ossuaire-nécropole et une crèche napolitaine du XVIIIe siècle en bois et terre cuite.

Juste à l'extérieur des murailles s'élève le **Palazzo d'Avalos**, construit au XVIe siècle par la noble famille du même nom, et qui fit office de prison de 1830 à 1988. Les détenus y apprenaient le travail du lin, tradition artisanale de Procida. Des visites guidées incluant les cellules sont organisées, de même que des événements culturels et des expositions d'art contemporain

OÙ DÉGUSTER DE LA CUISINE DE RUE À PROCIDA

Assafà
Recettes inventives de pâtes aux fruits de mer et fritures napolitaines revisitées, sur la Piazza dei Martiri. **€**

Hook No Flag Food
Des en-cas frits et des sandwichs sortant de l'ordinaire pour les fringales de minuit, près de Marina Grande. **€**

Il Casotto
Un stand de *cuzzetielli* (sandwichs aux boulettes de viande) tenu par une mère et sa fille sur la plage de Chiaiolella. **€**

DIEGO FIORE/SHUTTERSTOCK ©

Palazzo d'Avalos

telles que *Sprigionarti* (2022). Du palais, descendez vers la **Piazza dei Martiri** pour atteindre les maisons aux tons pastel, dotées d'escaliers extérieurs *a collo di giraffa* ("en cou de girafe") du **Casale Vascello**, le plus vieux quartier de l'île, qui débouche sur le front de mer.

Les plages

SABLE ET FALAISES

Procida compte plusieurs plages sablonneuses relativement tranquilles qui tranchent avec les rivages rocailleux et bondés d'Ischia et de Capri. Citons par exemple la **Spiaggia Cala del Pozzo Vecchio**, une étendue de sable noir volcanique adossée à des falaises, ou l'ample **Spiaggia di Ciraccio**. Proche de Marina Grande, la **Spiaggia della Silurenza** a la faveur des familles et des excursionnistes. La batterie antiaérienne de la Seconde Guerre mondiale immergée au pied du **Scoglio del Cannone**, un gros rocher à 50 m du bord, attire les plongeurs.

La culture balnéaire à la mode italienne n'est pas très développée à Procida, où les plages publiques l'emportent sur les quelques installations payantes. Celle de Chiaiolella est sans doute la plus animée du fait de sa proximité avec le port ; quelques jolies boutiques, plusieurs *lidi* et certains des restaurants les plus courus de l'île.

LE TOP DES RESTAURANTS

La Gorgonia
Régalez-vous de *spaghetti ai ricci di mare* (spaghettis aux oursins) en regardant le soleil se coucher sur Marina Corricella. **€€**

Crescenzo Hotel
Cet hôtel-restaurant face aux quais de Chiaiolella sert un délicieux *coniglio alla procidana* (lapin à la mode de Procida). **€€**

Vivara
Une élégante adresse prisée des habitants, sur la plage de Chiaiolella, où savourer des plats de la mer d'hier et d'aujourd'hui. **€€€**

La Conchiglia
Un restaurant de poisson sur la Spiaggia di Chiaia, accessible en descendant l'escalier qui part de la Via Pizzaco ou en bateau. **€€**

OÙ DÉGUSTER UNE *LINGUA DI BUE* À PROCIDA

Bar Dal Cavaliere
Une institution de Marina Grande, également réputée pour sa *frollicella* (sablé fourré de crème au citron). **€**

Bar Roma
L'un des bars les plus anciens de Procida, qui sert une *lingua di bue* croustillante et goûteuse. **€**

Il Grottino
Une *lingua di bue* 100% maison et une excellente *granita al limone*, à deux pas du débarcadère. **€**

MON COUP DE CŒUR

Nico Muro, propriétaire et gérant de Visit Procida *(@visitprocida)*, nous dévoile ses lieux de prédilection.

"Difficile de choisir ! Mais j'aime particulièrement Marina Corricella, le port de pêche. Il dégage une atmosphère magique : j'ai chaque fois l'impression d'être propulsé à une autre époque. La Piazza Olmo, où je suis né, fait aussi partie de mes endroits favoris. C'est pour moi un des lieux où appréhender la vie insulaire de la façon plus authentique."

CI-CONTRE : AWP76/SHUTTERSTOCK ©; EN BAS : JAVEN/STOCK.ADOBE.COM ©

Spiaggia di Ciraccio

Le vieux village de pêcheurs

UNE EXPLOSION DE COULEURS

Les maisons aux tons acidulés de **Marina Corricella** (photo à gauche) composent l'image emblématique de Procida. On raconte qu'elles étaient peintes ainsi afin que les hommes partis pêcher puissent reconnaître leur habitation depuis le large. En été, le port sans ombre, écrasé de chaleur, grouille de monde. Mieux vaut attendre le coucher du soleil pour emprunter la rue pavée en pente qui va de la **Piazza dei Martiri** jusqu'au port, bordé de restaurants de poisson. Naviguer le temps d'une excursion ou en louant une embarcation donne l'occasion d'admirer de loin ce tableau idyllique.

COMMENT CIRCULER

Les 4 lignes de bus, toutes au départ de Marina Grande, desservent les destinations les plus fréquentées. Consultez leurs horaires ainsi que ceux des ferrys sur l'application Procida Island. Le ticket coûte 1,60 € chez les marchands de journaux ou 2,10 € à bord.

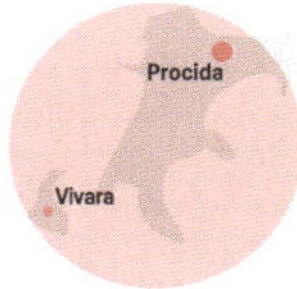

Ailleurs sur Procida

Un îlot proche de la côte et une gamme d'activités nautiques complètent l'attrait de Procida.

Le port pittoresque et les concerts en plein air ne sont guère représentatifs du reste de l'île, sauvage et volcanique.

À l'instar d'Ischia, Procida se tient à l'extrémité occidentale des Champs Phlégréens, dont l'activité sismique sous-marine a façonné ses plages de sable noir et ses falaises imposantes. Les forces telluriques ont aussi créé l'Isola di Vivara, à 4 km de la pointe sud-ouest de l'île. Relié au promontoire de Santa Margherita par une étroite passerelle, cet îlot en forme de poisson a le statut de réserve naturelle depuis 1974.

Au pied des parois rocheuses à pic, la mer bleu encre dissimule une faune et une flore luxuriantes. Après l'avoir admirée depuis le rivage ou les hauteurs, il sera grand temps d'y plonger.

À SAVOIR

Avant de vous aventurer dans les eaux littorales de Procida, assurez-vous d'être en dehors de la zone marine protégée du Regno di Nettuno, à moins d'être en compagnie d'un guide agréé.

Vue sur la baie de Chiaiolella en direction de l'Isola di Vivara

ACTIVITÉS NAUTIQUES

Procida se prête idéalement aux activités nautiques – dans les zones autorisées, cela va sans dire.

Au cours des sorties de pêche "A pesca con Andrea" de Pesca Turismo, Andrea Iannuzzi raconte le mode de vie et les traditions des pêcheurs de l'île.

Il existe également des sorties originales à vélo aquatique (sorte de pédalo individuel équipé d'une selle et d'un guidon) au départ de Marina Corricella. Voir notamment l'onglet Experiences du site www.visitprocida.com.

Passerelle menant à l'Isola di Vivara

Isola di Vivara

UN HAVRE DE NATURE PRÉSERVÉE

Vous cherchez une destination encore plus tranquille et épargnée par l'activité humaine que la petite Procida ? L'Isola di Vivara comblera vos attentes.

Malgré la présence de maigres vestiges d'un comptoir mycénien, de quelques édifices datant du règne des Bourbons et d'une maison tournante conçue par l'architecte britannique Lamont Young, cet îlot de 32 ha a presque toujours été inhabité. C'est pourquoi les plantes et les animaux endémiques abondent. On y trouve notamment le goéland d'Audouin, qui ne se montre qu'à midi. Des sentiers paradisiaques sillonnent la forêt, parsemée de ruines envahies par la végétation.

Théoriquement accessible aux touristes, l'Isola di Vivara a toutefois connu des périodes de fermeture de plusieurs années pour des questions d'entretien, de protection de l'environnement... ou de financements insuffisants. Interdite d'accès durant la pandémie de Covid-19, elle devait en principe rouvrir au public en 2023. De nouvelles fouilles destinées à explorer son passé mycénien sont également prévues. En temps normal, Vivara se visite sur rendez-vous dans le cadre de circuits en groupe conduits par un guide officiel et n'accueille que 30 à 40 personnes simultanément. On s'y rend par la passerelle ou en bateau depuis la **Spiaggia Chiaiolella**, muni de chaussures fermées, d'une paire de jumelles et d'un produit insectifuge. Prévoyez aussi de quoi déjeuner sur le pouce en vous arrêtant par exemple au stand de *cuzzetielli* du port (p. 128). Un air d'une rare pureté vous attend sur place.

COMMENT CIRCULER

Il n'y a que deux façons d'atteindre l'îlot de Vivara : par la mer ou à pied. Une passerelle de 362 m de long mène de la Marina di Chiaiolella à l'Isola di Vivara, offrant de superbes vues sur le port et la baie.

ISCHIA

Quelle que soit leur beauté, toutes les îles n'ont pas comme Ischia l'insigne honneur d'avoir accueilli la première colonie grecque de la péninsule italienne, à savoir Pithécusses, fondée par les Eubéens entre 770 et 750 av. J.-C. Si les Grecs furent les premiers à exploiter les sources volcaniques de l'île, beaucoup ont profité depuis de leurs bienfaits.

Avec ses forêts profondes, ses vastes plages et sa mer bleu sombre, Ischia est devenue une destination touristique phare en Italie, assez éblouissante pour séduire les célébrités mais suffisamment décontractée pour les vacances en famille du commun des mortels. Contiguës, Ischia Porto et Ischia Ponte, les deux localités principales, regroupent les sites historiques majeurs, tandis que les villages du reste de l'île offrent l'occasion de vivre diverses expériences. Découvrez les ruines sous-marines qui ont inspiré l'écrivaine Elena Ferrante et des eaux thermales brûlantes dans lesquelles les habitants cuisent littéralement des œufs.

Commencez en douceur : parcourez Ischia Ponte jusqu'au Castello Aragonese en passant devant les boutiques et les plongeurs qui s'élancent des falaises ; faites une pause pour l'apéritif le long du front de mer et contemplez la silhouette du château qui se détache sur l'horizon, embrasée au soleil couchant. Cela n'est qu'un avant-goût...

Pour les infos pratiques, voir le Carnet d'adresses p. 154

À SAVOIR

Bien qu'une excursion d'une journée à Ischia soit techniquement possible, il serait frustrant de ne rester que quelques heures sur ce riche territoire de 17 km² au relief très varié, des montagnes aux plages volcaniques.

Ischia Porto

LE PORT

Les passagers du ferry débarquent à **Ischia Porto**. Cet ancien lac de cratère fut ouvert sur la mer en 1854 à la demande du roi Ferdinand II, un événement commémoré chaque 17 septembre par les reconstitutions en costumes d'époque et les feux d'artifice de la Festa del Porto.

Du port, prenez à gauche en direction de la ville et arrêtez-vous au réputé **Bar Calise** pour grignoter le typique *cornetto* (croissant) bicolore et croustillant de l'île. Tournez ensuite à gauche dans la Via Roma et poussez jusqu'au **Corso Vittoria Colonna**, l'artère principale aux bâtiments blancs. Parmi les commerces, des stands de cuisine de rue vendent des en-cas locaux comme

OÙ SE LOGER À ISCHIA PORTO ET ISCHIA PONTE

Albergo Il Monastero
Chambres sobres rehaussées de touches méditerranéennes, dans un ancien couvent du XVIe siècle jouxtant le château. **€€€**

Hotel Mare Blu Terme
Un vaste hôtel au décor marin rafraîchissant, avec piscine, spa et vue sur le Castello Aragonese. **€€€**

B&B Marcantonio
Une maison de campagne rénovée donnant sur les collines ; terrasse et grandes chambres ensoleillées. **€€**

INCONTOURNABLES
1 Castello Aragonese

VOIR
2 Aenaria
3 Basilica di Santa Restituta
voir 1 Chiesa dell'Immacolata
4 Chiesa di Santa Maria del Soccorso
5 Giardini La Mortella
6 Giardini Ravino
7 Ischia Porto
8 Ischia Ponte
9 Le Fumarole dei Maronti
10 Madonna di Zaro
11 Museo Archeologico di Pithecusae
12 Parco Negombo
13 Spiaggia dei Maronti
14 Spiaggia dei Pescatori
15 Spiaggia di Cartaromana
16 Spiaggia di Citara
17 Terme Comunali
18 Torre di Guevara
19 Villa Arbusto

ACTIVITÉS
20 Baia di Sorgeto
21 Bosco di Zaro
22 Giardini Poseidon Terme
23 Giardino Eden
24 Pizzi Bianchi

SE RESTAURER
25 Auras
26 Bar Calise
27 Pazziella

LUCAMATO/SHUTTERSTOCK ©

Ischia Ponte

la *zingara ischitana* (sandwich grillé). Au bout du *corso*, l'ample **Spiaggia dei Pescatori** invite à la baignade avant de retourner sur vos pas pour un déjeuner au **Pazziella**, un restaurant de poisson chic en bord de mer alliant vue romantique et cuisine imaginative.

Si les établissements thermaux les plus luxueux se situent hors d'Ischia Porte et d'Ischia Ponte, Ischia Porto abrite néanmoins les **Terme Comunali**, un complexe médical où l'on soigne différentes pathologies, des rhumatismes à l'infertilité.

Ischia Ponte

SHOPPING ET VUE SUR LE CHÂTEAU ARAGONAIS

Au sud du port, **Ischia Ponte** tire son nom du pont étroit qui le relie au Castello Aragonese (p. 136). Ce coin charmant, jalonné de boutiques chics, de galeries d'art et de tables de fruits de mer, descend jusqu'à la jetée, d'où la perspective englobe le château et la superbe **Baia di Cartaromana**. Vers le sud, on accède à pied ou en bateau à la petite **Spiaggia di Cartaromana**, entourée de falaises et occupée par l'établissement balnéaire **Giardino Eden**. Au-dessus de la plage trône la **Torre di Guevara** (XVe siècle), baptisée d'après le noble espagnol qui l'édifia. Rarement ouverte au public, cette robuste tour carrée à vocation résidentielle et défensive renferme

MES PLAGES PRÉFÉRÉES

Ischia ne manque pas de plages magnifiques. **Lucia La Monica**, sommelier au Pignattello *(@ristoranteopignattello)*, nous délivre ses conseils.

Spiaggia dei Maronti
La plus longue plage de l'île, avec de bons restaurants et de la musique live.

Spiaggia di San Montano
L'une des plus jolies baies d'Ischia, peu connue des touristes.

Baia di Sorgeto
Une petite crique très attachante, comprenant une source brûlante.

Spiaggia di Cartaromana
Splendide, avec vue sur le château aragonais.

SOURCES THERMALES

Ischia Ponte et Ischia Porto possèdent d'agréables sites thermaux, mais c'est dans les villages de l'île que vous trouverez les meilleurs établissements en la matière (voir p. 139).

OÙ FAIRE DU SHOPPING À ISCHIA PONTE

Galleria Mario Mazzella (Di Luca Mazzella)
Peintures de Mario Mazzella (1923-2008) évoquant Ischia ; la galerie est tenue par son fils.

Vestopazzo
Bijoux fantaisie et accessoires en aluminium 100% recyclé, conçus et fabriqués en Italie.

Libreria Imagænaria
Dans cette librairie de qualité, les piles de livres côtoient les gravures anciennes.

MUSIQUE LIVE

Pasquale Raicaldo, journaliste, auteur et rédacteur *(@a_qualcuno_piace_raicaldo)*, nous révèle ses repaires musicaux favoris.

Taverna Antonio
L'une des plus vieilles adresses de l'élégante "Rive Droite", qui programme des concerts. Côté cuisine, impossible de résister au calmar farci aux amandes et à l'orange, arrosé d'un Forastera.

Rena
DJ sets tout l'été et ambiance garantie. Si vous aimez les sushis, vous serez comblé.

Giardini Ravino
Ce jardin de plantes grasses du monde entier compose un cadre magique pour des soirées de jazz et autres musiques.

KAREL FUNDA/SHUTTERSTOCK ©

Castello Aragonese

des appartements ornés de fresques. Du haut des falaises, le panorama sur le Castello Aragonese et Ischia Ponte s'étend au sud jusqu'à Sant'Angelo.

Concluez la journée par un apéritif et un dîner dans l'un des restaurants du rivage d'Ischia Ponte. **Auras**, un nouveau venu, excelle dans les plats de la mer imaginatifs et sert aussi des mets plus "terriens", comme la *parmigiana di melanzane* (aubergines à la parmesane). Dès la tombée de la nuit, Ischia Ponte s'anime et devient piétonnière.

Château aragonais

HISTOIRE ET PANORAMAS

Surgissant des flots tel un monstre marin, l'imposant **Castello Aragonese** se tient sur un îlot desservi par un pont à l'extrémité d'Ischia Ponte. L'occupation du site remonte à 474 av. J.-C., lorsque Hiéron Ier, tyran de Syracuse, y fit construire un premier fort. Véritable citadelle, l'édifice actuel résulte du réaménagement complet de l'ancienne forteresse angevine à la demande d'Alphonse d'Aragon au XVe siècle et d'autres ajouts ultérieurs.

En partant de la **Chiesa dell'Immacolata** (XVIIIe siècle), l'histoire du château se déroule au fil de la visite : jardins médiévaux, crypte du XIe siècle décorée de fresques inspirées de Giotto (XIVe siècle), putridarium (pièce où étaient installés, assis sur une chaise, les corps jusqu'à leur transformation en squelette) des clarisses (XVIe siècle) et Carcere Borbonico où croupissaient au XIXe siècle les criminels de droit commun et les opposants politiques. De la Terrazza dell'Immacolata

OÙ PRENDRE UN *APERITIVO* À ISCHIA PONTE

Ischia Salumi
Une charcuterie artisanale proposant des sandwichs gourmets et des planches à déguster sur le bord de mer.

Garden Fruit Ischia
Dans une petite rue près du château, ce marchand de fruits et légumes se transforme le soir en haut lieu de l'apéritif.

Caffetteria Del Monastero
Le café sélect de l'Albergo Il Monastero concocte de délicieux cocktails.

Concezione, le panorama somptueux couvre Ischia Ponte, la Spiaggia dei Pescatori et le Monte Epomeo.

Ouvert au public 365 jours par an, le Castello Aragonese accueille également des expositions d'art et des événements culturels, dont l'Ischia Film Festival. Ses églises désacralisées servent de galeries et une boutique vend des œuvres d'artistes locaux. En sortant du château, vous verrez des baigneurs lézarder sur les rochers, indifférents aux passants qui prennent des photos et sirotent les citronnades du stand installé au bout du pont.

Aenaria

RUINES ROMAINES IMMERGÉES

Au niveau de la **Spiaggia di Cartaromana**, par 9 m de fond, gisent les ruines d'**Aenaria**. Cette cité romaine supplanta la colonie grecque de Pithécusses à partir du IVe siècle av. J.-C, avant d'être engloutie à la suite d'un séisme ou de l'éruption du volcan Montagnone-Maschiatta en 150 av. J.-C.

Le site fascine les spécialistes depuis que des plongeurs italiens y découvrirent, en 1972, des restes de remparts et deux lingots de plomb. Chaque année, les fouilles mettent au jour de nouveaux objets et structures architecturales : monnaies portant le nom de la colonie, fondations d'une villa, coque en bois d'un navire parfaitement préservée par les eaux volcaniques... La présence de nombreux lingots métalliques ainsi que le nom de la ville, dérivé du latin *aenum* (métal), suggèrent qu'Aenaria était une fonderie.

Des circuits en bateau à fond transparent, amusants pour les enfants, et des sorties de plongée ou de snorkeling avec des guides agréés permettent d'observer de près les vestiges.

FÊTES ET FESTIVALS

La Festa del Porto
Défilé en costumes du XIXe siècle, spectacle musical et feux d'artifice commémorent l'inauguration du port par Ferdinand II. (17 septembre).

Ischia Film Festival
Projections, ateliers, compétitions et événements liés au cinéma attirent des talents du monde entier. (fin juin-début juillet)

La Festa di Sant'Anna
Le 26 juillet, procession de bateaux et incendie symbolique du château aragonais.

Natale ad Ischia : Il Bosco Incantato
À Noël, concerts et événements divers, dont une tombola et les illuminations du "bois enchanté".

RUINES IMMERGÉES

On trouve d'autres sites archéologiques sous-marins dans les Champs Phlégréens, au Parco Sommerso di Baia : ruines de villas romaines et remarquables mosaïques ont été submergées à cause du phénomène de bradyséisme. Voir p. 104.

COMMENT CIRCULER

Ischia Porto et Ischia Ponte se visitent aisément à pied. Pour explorer le reste de l'île, utilisez le réseau de bus (voir l'encadré p. 142) en achetant vos tickets aux billetteries, dans les tabacs, auprès des marchands de journaux ou des bars. Les arrêts affichent des QR codes qui permettent de télécharger les horaires. Plutôt onéreux, les taxis facturent à partir de 10 € la course.

Ailleurs sur Ischia

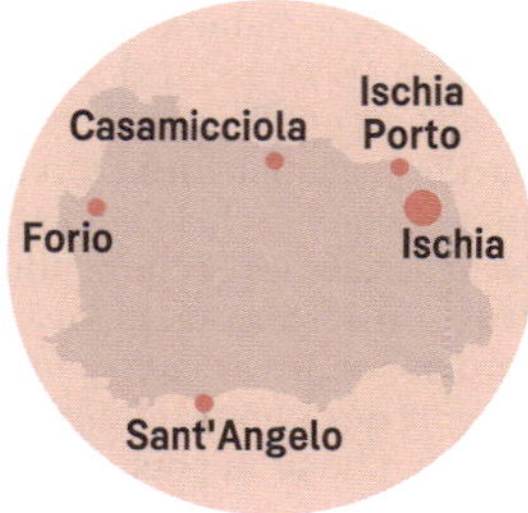

Si vous souhaitez varier les expériences après les visites culturelles et les plages, des sources chaudes régénérantes et des sentiers de randonnée en terrain escarpé émaillent l'île.

Après la mise en bouche, il est temps de passer aux choses sérieuses. Les expériences qui font la notoriété d'Ischia vous attendent au-delà du port et du pont, dans les villages merveilleusement différents de Forio, Lacco Ameno, Casamicciola, Barano et Serrara Fontana. Les trois premiers abritent les établissements thermaux les plus courus, les deux autres s'inscrivent dans des paysages au relief accidenté. Des restaurants et boutiques chics ponctuent le tout, sans oublier la Spiaggia dei Maronti, plage vedette d'Ischia, où la romancière Elena Ferrante situe des événements clés du premier volume de *L'Amie prodigieuse* (2011).

Pour les infos pratiques, voir le Carnet d'adresses p. 155

À SAVOIR

Se rendre dans un établissement thermal demande une certaine anticipation. Le Parco Negombo, par exemple, n'accepte les clients que sur réservation. Quel que soit l'établissement, les soins doivent généralement être réservés à l'avance et nécessitent parfois un examen médical préalable. Le port du bonnet de bain est d'ordinaire exigé.

Forio

Thermalisme

SOURCES BIENFAISANTES

Les vertus curatives des eaux de source alcalines d'Ischia proviennent de la présence de soufre, d'iode, de chlore, de fer, de potassium et de traces d'autres substances actives aux propriétés anti-inflammatoires. Toutefois, la clientèle des établissements thermaux recherche souvent avant tout la détente et le bien-être.

De nombreux hôtels disposent d'installations thermales, mais si vous voulez le grand jeu, rien ne vaut les **Giardini Poseidon Terme**, à Forio. Avec leurs allures de country club, ils comprennent diverses piscines en plein air et donnent accès à la **Spiaggia di Citara**, plage sablonneuse ombragée par des parasols en paille. Pour une expérience plus holistique, direction le **Parco Negombo**, à Lacco Ameno, qui compte 13 piscines thermales, un hammam, un bassin-labyrinthe japonais et une plage privée, le tout dans un cadre luxuriant émaillé de sculptures contemporaines. Le jardin botanique compte plus de 500 espèces botaniques.

Accessible en voiture depuis le village de Panza (et après avoir descendu quelque 300 marches), ou en bateau depuis Sant'Angelo, la **Baia di Sorgeto** abrite une source brûlante (respectez les panneaux d'avertissement). Les eaux se déversent dans des bassins de pierre, à la lisière d'une baie isolée, où la température est adoucie par l'eau fraîche de la mer. Les baigneurs s'enduisent le corps de boue ramassée au fond de la crique. Venez tôt le matin pour un petit-déjeuner à base d'œufs, de pommes de terre et d'épis de maïs cuits dans des trous d'eau ou, comme les insulaires, tard le soir.

Escapades au vert

RANDONNÉES AU CŒUR DE L'ÎLE

Un monde entièrement différent s'ouvre à quelques kilomètres des plages. Au cœur de l'île s'étend un paysage de châtaigneraies, de vignobles et de roche volcanique dominés par le Monte Epomeo, le plus haut sommet d'Ischia.

En parcourant à pied le **Bosco di Zaro**, une zone boisée entre Forio et Lacco Ameno, vous tomberez sur le sanctuaire de la **Madonna di Zaro**, site où serait apparue la Vierge en 1994.

Autrement, l'itinéraire de randonnée des **Pizzi Bianchi** (photo à droite), à Serrara Fontana, monte à travers un incroyable paysage formé de pitons de tuf blanc. Un panorama sur Sant'Angelo, la baie de Naples et la Spiaggia dei Maronti récompense les

MEILLEURES TABLES

Michele Scotto D'Abusco, gérant du Pignattello *(@ristoranteopignattello)*, nous parle de ses restaurants favoris.

"Pour manger du lapin à la mode d'Ischia *(coniglio all'Ischitana)*, j'aime beaucoup Bracconiere (€€€), à Serrara Fontana, ou La Grotta da Fiore (€€€), au sommet du Monte Epomeo.

Avec son poisson "de la mer à la table", le Bar Ristorante Da Cocò (€€€) est aussi une bonne adresse, d'autant qu'il se situe au début du pont d'Ischia et regarde le château aragonais.

Autre excellent choix, le Scannella Club (€€€) de Forio, un havre de paix au milieu des rochers."

OÙ SE RESTAURER À FORIO ET LACCO AMENO

Sarace'
Une table de Forio au cadre accueillant et raffiné, où déguster une cuisine de la mer inventive. **€€€**

La Bella Napoli
Délicieuses pizzas et spécialités gastronomiques dans un décor traditionnel cosy, à Forio. **€€€**

O' Pignattello
Ce restaurant étoilé au Michelin de Lacco Ameno a pour spécialité le poisson et les fruits de mer. **€€€**

MA RANDONNÉE PRÉFÉRÉE

Eduardo Buono *(@eduardo.buono)*, data scientist, partage avec nous ses recommandations.

"J'aime gravir le Monte Epomeo, pour m'immerger dans la nature. Dans ce silence absolu, le paysage à couper le souffle m'étreint presque littéralement ; au lever ou au coucher du soleil, c'est inoubliable !

L'ascension démarre à Fontana. C'est une randonnée de difficulté moyenne, mais le panorama à 360° depuis le sommet embrasse Capri, Procida, et toute la côte. Et puis il y a au sommet le restaurant La Grotta da Fiore, qui sert le fameux civet de lapin à la mode d'Ischia..."

courageux qui s'attaquent à ce sentier étroit et périlleux au bord de parois à pic (prudence !).

Gravir le **Monte Epomeo** (789 m), pic volcanique d'Ischia, est aussi un classique. Les chemins, les grottes, la Cappella di San Nicola di Bari (XVe siècle) située près du sommet et pavée de majolique, enfin la vue inégalée sur la baie de Naples justifient amplement l'effort (d'autant que la difficulté est modérée). L'itinéraire le plus rapide part du village de Fontana, sur le versant sud du Monte Epomeo. Comptez 2,5 km de marche à partir du virage où le bus vous déposera. Le trajet, fléché, suit une route bitumée sinueuse, puis un chemin de gravier, pour finir par un sentier un peu raide.

Giardini La Mortella

SYMPHONIE DE PLANTES

Signés d'un des grands noms de l'époque, Russell Page, les jardins de La Mortella ("les Myrtes"), à Forio, enserrent la résidence du compositeur britannique William Walton (1902-1983) et de son épouse argentine, Susana. Inspiré des jardins de l'Alhambra à Grenade, le domaine est considéré comme l'un des plus beaux jardins botaniques d'Italie. On y flâne au milieu des terrasses, des bassins, des palmiers, des fontaines et de plus d'un millier de plantes rares et exotiques du monde entier.

La partie inférieure du jardin (La Valle, dessinée par Russell Page) est humide et tropicale, tandis que le niveau supérieur (La Colline, qui fut l'objet des attentions de Susana) accueille des plantes méditerranéennes et offre de magnifiques vues sur Forio et la côte.

Les Walton s'installèrent ici en 1949, et y reçurent et divertirent des invités de choix, comme Laurence Olivier, Maria Callas ou Charlie Chaplin. Les lieux accueillent des récitals et concerts de musique classique (renseignement sur le site www.lamortella.org).

Fumarole dei Maronti

UNE PLAGE EN ÉBULLITION

Sant'Angelo, un ancien village de pêcheurs de la commune de **Serrara Fontana**, occupe un îlot rattaché à la côte sud d'Ischia par une mince langue de terre. Il n'a pas de centre à proprement parler mais abrite une série de magasins pittoresques où faire du lèche-vitrine avant de descendre jusqu'à la jetée. De là, un bateau-taxi conduit aux **Fumarole dei Maronti**, une plage de sable brun volcanique chaud à 100°C d'où s'élèvent des émanations de vapeur

OÙ SE LOGER HORS D'ISCHIA PORTO ET ISCHIA PONTE

Umberto a Mare
Un superbe établissement d'inspiration méditerranéenne au bord de la plage de Chiaia, à Forio. €€

Terme Manzi
Intérieur d'inspiration ottomane, spa de qualité et piscine, à Casamicciola. €€€

Hotel Terme Principe
Spa, jolie piscine et accès à des bains thermaux, juste en retrait de la plage de Lacco Ameno. €€

Villa Arbusto

et de gaz sur fond de mer turquoise. On peut également rejoindre le site en 10 minutes de marche par la route qui relie Sant'Angelo à la Spiaggia dei Maronti.

Forio

LA PLUS IMPORTANTE COMMUNE D'ISCHIA

Forio inclut plusieurs localités, dont **Panza**, siège des sources naturelles de la Baia di Sorgeto (photo en page de gauche ; voir p. 139). On y trouve également le parc thermal **Giardini Poseidon Terme** (p. 139) et deux magnifiques jardins : les **Giardini La Mortella** (page ci-contre) et les **Giardini Ravino**, 6 000 m² de plantes grasses rapportées des quatre coins du globe par le capitaine de marine Giuseppe d'Ambra. La plus belle surprise est toutefois sans doute le centre-ville, autour de la blanche **Chiesa di Santa Maria del Soccorso** (XIVe siècle), perchée au-dessus des flots et desservie par un double escalier décoré de carreaux du XVIIIe siècle. D'excellents restaurants et boutiques contribuent à l'animation, en particulier le jeudi, jour du "Foriano" (tournée des pubs du front de mer).

Lacco Ameno

LES RACINES GRECQUES DE L'ÎLE

Les titres gloires de Lacco Ameno dépassent de loin sa charmante Piazza Santa Restituta et ses boutiques haut de gamme. Il s'agit en effet très probablement du site de Pithécusses, la première colonie grecque fondée dans la péninsule italienne.

À flanc de colline juste avant la place, le **Museo Archeologico di Pithecusae** occupe la **Villa Arbusto** (XVIIIe siècle), acquise

CUISINE GÉOTHERMIQUE

Depuis des siècles, les gens soignent leurs maux sur le sable fumant des Fumarole (p. 140), mais ce n'est pas tout : ils tirent aussi profit de cette chaleur venue des entrailles de la terre pour cuire des aliments !

Une portion de la Spiaggia dei Maronti, barrée, porte des panneaux d'avertissement en trois langues signalant la présence de sable à 100°C. Selon une méthode de cuisson déjà employée à l'époque grecque et perpétuée par certains restaurants d'Ischia, des poulets rôtissent littéralement dessous. Enveloppée dans du papier d'aluminium, la volaille, préalablement assaisonnée, est simplement enfouie dans le sable, le temps de sa cuisson.

OÙ SE BAIGNER SUR ISCHIA

Spiaggia dei Maronti
La plage la plus courue d'Ischia, vaste étendue de sable blond bordée de restaurants et de boutiques, sur la côte sud.

Spiaggia di San Montano
Petite plage connue des initiés, entre les îlots verdoyants de Monte Vico et Zaro.

Spiaggia di San Francesco
Longue plage festive de Forio, riche en restaurants, boutiques et hôtels vintage.

FONTE DELLE NINFE NITRODI

Si les parcs thermaux Negombo et Poseidon (p. 139) sont idéaux pour se faire dorloter, d'autres, moins luxueux, se concentrent vraiment sur les bienfaits de l'eau.

L'eau de la source **Fonte delle Ninfe Nitrodi**, à Barano, est réputée depuis l'époque grecque, au point que les gens en rapportent chez eux. Sur place, les installations se résument à une série de douches rafraîchissantes, dans un environnement paysager dominant la vallée de plusieurs centaines de mètres.

Le droit d'entrée inclut une boisson au bar bio et un masque facial utilisant la ligne de produits de beauté à base d'eau de Nitrodi.

Amphore, Basilica di Santa Restituta

CI-CONTRE : ATLANTIDE PHOTOTRAVEL/GETTY IMAGES © ; PAGE DE DROITE : ROMAN BABAKIN/SHUTTERSTCOK ©

par la municipalité pour y exposer les céramiques à figures rouges, la fameuse coupe de Nestor (cette céramique importée, datant du VIIe siècle av. J.-C., porte l'une des inscriptions grecques les plus anciennes où est célébré le vin d'Ischia) et autres artefacts grecs découverts au cours de plusieurs décennies de fouilles. La villa appartenait auparavant au producteur de cinéma Angelo Rizzoli, qui a fait du jardin l'un des plus beaux de l'île.

Lacco Ameno abrite aussi le complexe thermal **Parco Negombo** (p. 139) ainsi que la **Basilica di Santa Restituta**. Consacrée à une martyre africaine toujours vénérée à Ischia, cette église s'élève au-dessus d'une crypte paléochrétienne et de sépultures phéniciennes, puniques et gréco-romaines.

Le dilemme consiste ensuite à choisir entre Negombo et la plage immaculée de Lacco Ameno, face au rocher volcanique surnommé **Il Fungo** ("le Champignon"), émergeant de la mer après avoir été craché par le mont Epomeo il y a plusieurs milliers d'années. Les parasols orange se détachant sur les eaux bleu sombre et les falaises en toile de fond composent un tableau irrésistible.

COMMENT CIRCULER

Les lignes de bus circulaires CD et CS (la CD circule dans le sens des aiguilles d'une montre, la CS dans le sens opposé) relient les différentes localités de l'île, et passent près des hôtels et campings (billet à l'unité 1,50 €, à la journée 4,50 € ; horaires sur le site www.eavsrl.it). Toutefois pour se déplacer de l'une à l'autre de ces localités, louer un véhicule est bien plus pratique. Ne vous lancez à scooter que si vous êtez un conducteur aguerri... et intrépide.

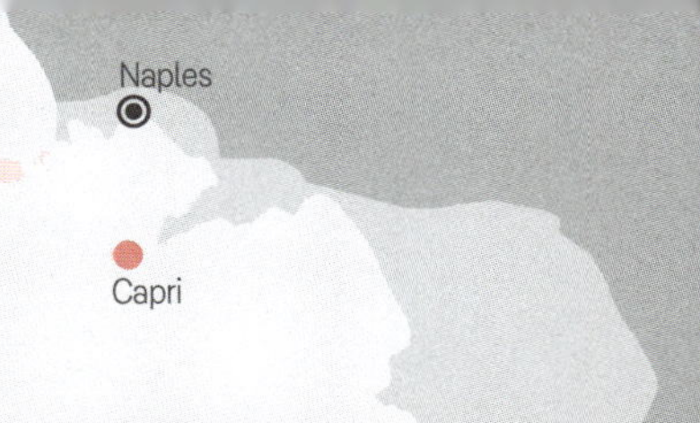

CAPRI

À peine descendu du funiculaire sur la terrasse panoramique de la Piazza Umberto I, on comprend pourquoi Capri est considérée comme l'une des plus belles îles de la planète. Le nom de ce joyau, qui avait déjà la faveur de la haute société et des artistes de la Rome antique, rime aujourd'hui avec luxe et glamour. Avant de partir à sa découverte, arrêtez-vous pour siroter un Spritz sur la place, repaire traditionnel des VIP. Non loin du centre-ville, les randonnées à travers bois et les vues marines sur les iconiques Faraglioni, trois formations rocheuses au large, ne manqueront pas de vous éblouir.

Tout cela a hélas un coût, celui, exorbitant, des repas et de l'hébergement. En haute saison, il faut par ailleurs jouer des coudes parmi les cohortes de touristes et les chariots à bagages qui prennent possession des ruelles étroites. Et pourtant, Capri exerce toujours sa magie.

Pour les infos pratiques, voir le Carnet d'adresses p. 156

À SAVOIR

Les infrastructures touristiques de Capri ferment de fin octobre à avril. Les prix et l'affluence baissent alors, tandis que la fraîcheur est propice à l'exploration de la ville et des beautés naturelles de l'île. Les B&B restent en activité, et l'office du tourisme publie la liste des restaurants et des musées ouverts.

Ville de Capri

JET-SET ET SHOPPING DE LUXE

Comme pour les autres îles de la baie de Naples, le tourisme s'est développé à Capri il y a une centaine d'années, en particulier dans la moitié est, occupée par la superbe ville éponyme. Avec son dédale de rues aux noms indiqués par des plaques en céramique, ses maisons blanchies à la chaux et ses cours débordant de bougainvillées, la capitale de l'île représente le paysage italien de rêve par excellence.

Première étape obligée, la **Piazza Umberto I**, que les habitants surnomment la *piazzetta* (photo à droite), forme le cœur battant de Capri. C'est l'endroit où s'installer pour voir passer les célébrités – si l'on est prêt à débourser 7 € pour un espresso. La **Via le Botteghe** et les petites rues du centre abritent des magasins dans le vent, des restaurants et, çà et là, un marchand de fruits et légumes. Des effluves sucrés guident jusqu'à la Via Vittorio Emanuele, où une longue file d'attente serpente devant la **Gelateria Buonocore**, un glacier réputé pour ses cornets faits maison.

Une jolie balade mène, via des villas du début du XXe siècle et des palaces, jusqu'au belvédère de la **Punta Tragara**, qui offre une vue

OÙ SE LOGER DANS LA VILLE DE CAPRI

Hotel Gatto Bianco
Le plus vieil hôtel de l'île, en activité depuis les années 1950, possède jolis sols en céramique et un spa. **€€€**

Villa Marina Capri Hotel & Spa
Un établissement ultra luxueux, avec de vastes jardins, des bains thermaux et une piscine sur le front de mer. **€€€**

La Minerva
Tout le charme de Capri : murs blanchis à la chaux, sols carrelés de bleu et profusion de plantes fleuries. **€€€**

CAPRI

INCONTOURNABLES
1 Faraglioni
2 Grotta Azzurra
3 Piazza Umberto I
4 Villa Jovis
5 Villa Lysis

VOIR
6 Arco Naturale
7 Parco Astarita
8 Certosa di San Giacomo
9 Chiesa di San Michele
10 Faro di Punta Carena
11 Giardini di Augusto
12 Grotta di Matermania
13 La Casa Rossa
14 La Fontelina

15 Punta Tragara
16 Salto di Tiberio
17 Villa San Michele
18 Villa Malaparte

ACTIVITÉS
19 Télésiège du Monte Solaro
20 Passeggiata del Pizzolungo
21 Sentiero dei Fortini

SE RESTAURER
22 Da Luigi
23 Gelateria Buonacore
24 Le Grottelle
25 Piazza Diaz

SHOPPING
26 Carthusia

LES FARAGLIONI

Les emblématiques Faraglioni de Capri sont trois éperons rocheux créés par l'érosion, émergeant des flots près de la côte : Saetta, haut de 109 m ; Stella, percé d'une galerie de 60 m de long ; et Scopolo, où vit un lézard bleu (*Podarcis siculus coeruleus*) endémique.

Les instagrammeurs mitraillent, les baigneurs se délectent et les amoureux s'embrassent pour se porter chance en traversant Stella en bateau.

À l'instar de nombreux sites naturels de Campanie, les Faraglioni renvoient à la mythologie gréco-romaine. Pour Virgile, ces formations géologiques étaient le repaire des sirènes, créatures maléfiques dont le chant envoûtant provoquait des naufrages. Plissez les yeux et vous aurez peut-être l'impression d'apercevoir un monstre marin...

ROMAN PLESKY/SHUTTERSTOCK ©

Villa Lysis

romantique sur les **Faraglioni** (voir l'encadré). Le chemin du retour vers la *piazzetta* et ses apéritifs non-stop passe par la Via Camerelle, jalonnée d'enseignes de mode haut de gamme.

La **Via del Castiglione**, tranquille et fleurie, est l'un des rares coins de Capri qui ne soit pas submergé de touristes. Elle est accessible depuis la piazzetta par la Via Roma.

Villas de rêve

LE CAPRI DES EMPEREURS ET DES DANDYS

Sur les hauteurs de la ville trônent deux demeures emblématiques de l'île, que séparent 19 siècles, mais qui témoignent d'un même désir : réaliser un lieu unique au monde. Ainsi, à la célèbre villa de l'empereur romain Tibère (Ier siècle) répond l'ermitage merveilleux d'un certain Fersen, né à Paris et "exilé" à Capri à l'aube du XXe siècle.

La **Villa Jovis**, aujourd'hui en ruine et investie par des chèvres, était la plus grande et la plus somptueuse des douze villas édifiées à Capri pour Tibère, un empereur décrit par Suétone comme un pervers aux goûts sadiques. Elle comprenait des appartements et de vastes bains installés dans des jardins et des bois. Un savant système de canaux et de citernes permettait de collecter l'eau de pluie, d'alimenter les bains et d'entretenir ces immenses jardins. À côté se trouve le **Salto di Tiberio** (saut de Tibère), une falaise abrupte d'où, selon

OÙ PRENDRE UN *APERITIVO* DANS LA VILLE DE CAPRI

Taverna Anema e Core
Une institution de Capri, sans code vestimentaire, où siroter un large choix de cocktails sur fond de concert ou de DJ set.

Capri Rooftop
Un cadre de rêve – jardin, piscine, rooftop et vue parfaite sur les Faraglioni – pour d'excellents apéritifs.

Pulalli
Commandez un verre et un en-cas sur la terrasse accolée à la tour de l'horloge qui surplombe la *piazzetta*.

la légende, l'empereur faisait précipiter les sujets qui avaient cessé de lui plaire.

La **Villa Lysis** fut, en 1904, le refuge du poète et romancier français Jacques d'Adelswärd-Fersen, contraint de fuir Paris à la suite d'une affaire de mœurs homosexuelles. Cette demeure de style Liberty (équivalent italien de l'Art nouveau) sur trois niveaux renferme des salons grandioses et, au sous-sol, la “chambre chinoise”, un fumoir à opium. Ses jardins dévoilent un panorama exceptionnel sur la côte de Capri.

Accessibles uniquement à pied, par une route goudronnée qui monte (40 minutes), les villas peuvent se visiter dans la foulée en une matinée.

Situé juste avant la Villa Jovis, le **Parco Astarita** paraît banal et mal entretenu mais il dissimule une vue spectaculaire sur la baie de Naples.

Promenade à pied

VERDURE ET VIEILLES PIERRES

Entre deux séances de shopping tendance, une agréable promenade à pied permet de rejoindre les paisibles **Giardini di Augusto** et la **Certosa di San Giacomo**, au sud de la ville, par la Via Vittorio Emanuele puis la Via Federico Serena.

En chemin, on passe devant **Carthusia**, l'un des plus anciens parfumeurs d'Italie. On raconte que son fameux parfum floral Fiori di Capri fut inventé en 1380 par le prieur de la Certosa di San Giacomo. Pris au dépourvu par une visite de la reine, il composa un bouquet des plus belles fleurs de l'île. En voulant changer l'eau du vase, il découvrit qu'elle avait acquis une odeur florale. Ce bouquet devint la base du parfum classique fabriqué par Carthusia et vendu dans cette élégante boutique.

Les **Giardini di Augusto** (jardins d'Auguste) furent créés au début du XXe siècle par l'industriel allemand Friedrich Alfred Krupp et baptisés ainsi en l'honneur du premier empereur romain. Se déployant en une série de terrasses émaillées de parterres de fleurs, de bustes et d'allées en brique rouge, ils débouchent sur un point de vue d'où l'on peut contempler Marina Piccola et les Faraglioni. L'idéal est de visiter le lieu au printemps, tôt le matin ou en fin d'après-midi afin d'éviter la foule.

Quant à la **Certosa di San Giacomo**, chartreuse fondée en 1371 par le comte Giacomo Arcucci sur un terrain reçu de la reine Jeanne Ire de Naples, elle constitue le plus bel exemple subsistant de l'architecture traditionnelle de Capri. Outre les cloîtres des XIVe et XVIe siècles, l'église ornée de fresques du XVIIe siècle et les œuvres du peintre allemand Karl Wilhelm Diefenbach (1851-1913) exposées dans le réfectoire retiennent l'attention. Le monastère héberge actuellement un lycée.

LE TOP DU SHOPPING

Camilla Formisano, qui travaille pour Capri.com, nous donne ses recommandations de boutiques dans la ville de Capri.

Yam Capri
Des vêtements en fibres naturelles produits de façon artisanale et éthique. J'aime en particulier leurs T-shirts souvenirs.

Carthusia
Des parfums floraux et printaniers.

La Capannina Più
Vin, chocolat, conserves et autres délices à offrir ou s'offrir !

Marconi Outlet
La plupart des invendus des boutiques de Capri échouent dans ce magasin situé juste derrière la *piazzetta*. Avec un peu de patience et de chance, vous y dénicherez de bonnes affaires.

OÙ SE RESTAURER DANS LA VILLE DE CAPRI

Pescheria Le Botteghe
Poissonnerie le jour, le soir formidable bar à fruits de mer, onéreux mais très abordable pour Capri. **€€€**

Gelateria Buonocore
Un glacier historique, qui prépare lui-même ses cornets, pressés à chaud sous vos yeux. **€**

Donna Rachele
Une trattoria aux murs tapissés de bouteilles et de carreaux décoratifs. Options végétariennes. **€€€**

PLAGES

Bagni di Tiberio (Palazzo a Mare)
Rejoignez en *gozzetto* (barque) cette plage chic de galets, où subsistent les ruines d'une des villas de l'empereur Tibère.

Marina Grande
Une grande plage de galets bruyante et familiale, populaire auprès des excursionnistes, car proche du port.

Marina Piccola
Cette longue plage abritée du vent se distingue par sa vue sur les Faraglioni et des eaux toujours chaudes et calmes.

I Faraglioni
Cette plage rocheuse, également un spot de plongée, est accessible à pied ou par la mer. Elle compte deux établissements balnéaires (sur réservation) mais aucun espace public.

IGORZH/SHUTTERSTOCK ©

Arco Naturale

Randonnée au sud-est de l'île

SENTIERS, GROTTES ET ROCHERS

Au départ de la *piazzetta*, des sentiers à travers bois permettent de rejoindre des panoramas mémorables sur la baie de Naples.

La **Passeggiata del Pizzolungo**, qui conduit à l'Arco Naturale et aux Faraglioni en passant par des belvédères et des grottes, est sans conteste le circuit le plus spectaculaire. Il s'agit d'une randonnée sans grande difficulté, d'environ une heure, essentiellement sur route asphaltée. Suivez la Via Longano ou la Via Le Botteghe depuis le centre, puis la Via Matermania jusqu'à l'**Arco Naturale**, curieuse arche calcaire creusée par les flots il y a des milliers d'années. Revenez sur vos pas dans la Via Matermania et prenez l'escalier près du restaurant **Le Grottelle** jusqu'à la **Grotta di Matermania**, une vaste cavité naturelle dédiée par les Romains à la déesse Cybèle et qui conserve les restes d'un nymphée romain.

Longez ensuite la côte, ponctuée de quelques demeures solitaires en bord de mer, dont l'étonnante **Villa Malaparte** au rouge pompéien, avec son un grand escalier menant au toit terrasse, qui surmonte le promontoire rocheux du Capo Masullo. La villa, construite entre 1938 et 1943 par l'écrivain Curzio Malaparte, est devenue mythique après le tournage du film *Le Mépris* (1963), de Jean-Luc Godard, avec Michel Piccoli et Brigitte Bardot. L'itinéraire s'achève à la **Punta Tragara**, où vous pourrez descendre le chemin qui mène aux **Faraglioni** et profiter d'une petite "plage" payante et d'un spot de plongée au pied des falaises, accessibles à pied ou par la mer. Les deux établissements balnéaires, **Da Luigi** et **La Fontelina**, n'accueillent les baigneurs que sur réservation et ferment de novembre à mai.

COMMENT CIRCULER

Les bateaux débarquent à Marina Grande, d'où l'on peut rejoindre la ville de Capri à pied (2,3 km), en bus (2,20 €), à scooter, en taxi (à partir de 17 €) ou avec l'emblématique funiculaire (avr-déc ; 2 €), dont la billetterie se situe dans la rue à droite de l'embarcadère du ferry – la file d'attente peut être longue en haute saison. Oubliez la voiture : les routes sont étroites et les places de stationnement rares, de plus la ville de Capri est une zone piétonnière.

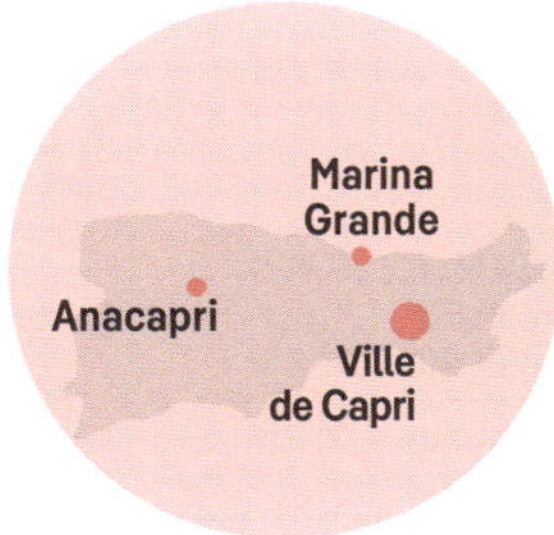

Ailleurs sur Capri

Troquez vos sandales élégantes contre des chaussures de marche, remplacez le Spritz par une bouteille d'eau et faites l'expérience de Capri par-delà les clichés.

L'image traditionnelle des rues aux maisons blanches, des somptueuses villas fleuries face à la mer et des marinas où mouillent les yachts de gens riches et célèbres ne représente que la moitié est de l'île, occupée par la commune de Capri. À l'ouest, dans l'intérieur des terres, la commune d'Anacapri offre un aspect beaucoup moins sophistiqué.

Largement ignorée par les touristes, hormis pour visiter la Grotta Azzurra d'un bleu phosphorescent, la destination recèle pourtant son lot de trésors naturels et culturels. Vous pourrez effectuer l'ascension du Monte Solaro (589 m), découvrir à pied une série de fortins du XIXe siècle et admirer une superbe église baroque. Adieu l'*aperitivo*, vive la rando !

Pour les infos pratiques, voir le Carnet d'adresses p. 157

À SAVOIR

Malgré sa splendeur, Anacapri s'avère bien moins fréquentée que Capri. Si vous prévoyez de loger sur l'île, vous avez de bonnes chances d'y dénicher un charmant B&B rural pour un prix (légèrement…) inférieur.

Grotta Azzurra

LES MEILLEURES TABLES D'ANACAPRI

L'Angolo del Gusto
Un délicieux restaurant à l'ancienne qui sert des classiques de Capri préparés avec raffinement. Beau décor intérieur et terrasse animée sur la Piazza Diaz. €€€

Capri Cakes
Une pâtisserie-bar de la Piazza Diaz où se régaler tôt le matin de *cornetti* (croissants) tout juste sortis du four. €

A'Curtiglia
Cet établissement surplombant la mer propose une cuisine italienne à base de poisson, à l'ombre d'une tonnelle végétalisée pleine de cachet. €€€

Anacapri

Anacapri

VIE LOCALE ET TRÉSORS CULTURELS

Bien que située à un court trajet en bus seulement de la ville de Capri, le charmant centre d'**Anacapri** semble pourtant à des années-lumière du bling-bling de la Piazza Umberto I. Ici, dans le lacis de rues tranquilles et de jolies places flanquées d'églises et de restaurants, pas de foule ni de prix fous mais des monuments dignes d'intérêt.

Parmi eux figure la **Casa Rossa**, une maison d'un rouge pompéien et de style composite, construite à la fin du XIXe siècle par un ancien colonel américain de l'armée confédérée, autour d'une tour défensive du XVIe siècle. On y trouve une collection de peintures du XIXe siècle ayant pour thème Capri, ainsi qu'une colossale statue romaine du Ier siècle découverte au cours des fouilles menées au XIXe siècle dans la Grotta Azzurra (p. 151).

Si vous êtes prêt à braver en chemin les groupes organisés et les restaurants attrape-touristes, la **Villa San Michele** s'avère incontournable. Ancienne résidence de l'écrivain et médecin suédois Axel Munthe (1857-1949) édifiée au début

OÙ SE RESTAURER À ANACAPRI

Trattoria Il Solitario
Un vaste restaurant familial doublé d'un jardin tranquille où déguster des spécialités locales de premier ordre. €€€

Le Arcate
Pizzas et pâtes simples constituent la carte de cette adresse résolument rétro. €€

La Rondinella
Une table traditionnelle servant *ravioli alla Caprese* (à la ricotta et à la sauce tomate), calmars frits, *spaghetti alle vongole*... €€

du XXe siècle sur des ruines romaines, elle renferme dans ses majestueux salons et ses jardins panoramiques de nombreuses œuvres d'art antiques.

Le fleuron du secteur reste cependant la **Chiesa di San Michele**, un petit joyau baroque décoré d'un remarquable pavement en majolique de 1761 représentant le Paradis terrestre et le Péché originel. Ce pavement couvre le chœur, mais aussi la nef animée de tout un bestiaire : chèvres, éléphant et même licorne. Pour permettre au visiteur d'apprécier la fraîcheur des couleurs et la précision des détails, une étroite passerelle de bois en épouse le contour. Pour voir l'ensemble de haut, prenez l'escalier en colimaçon.

Anacapri compte aussi des boutiques de mode locale décontractée et d'artisanat. Après avoir dîné sur la **Piazza Diaz**, on vous proposera peut-être une partie de football improvisée.

Sentiero dei Fortini

RANDONNÉE NATURE ET PATRIMOINE MILITAIRE

"Apportez de l'eau, car il n'y a vraiment rien dans le coin", tel est le premier conseil que les insulaires donnent aux marcheurs qui souhaitent emprunter le **Sentiero dei Fortini** (photo ci-dessous).

Cet itinéraire de 6 km (3 à 5 heures de marche) à la découverte des trois fortins érigés par les Anglais en 1806 pour défendre l'île se déroule en terrain sauvage, via des forêts et des marches abruptes à flanc de falaises tombant dans la mer. Le sentier traverse la partie occidentale d'Anacapri, de la **Grotta Azzurra** à l'extrémité nord au **phare *(faro)* de Punta Carena** à la pointe sud. Des panneaux en céramique peints à la main y décrivent la flore et les animaux, parmi lesquels des phoques et des poulpes.

Le parcours présente une difficulté moyenne, avec un relief escarpé entre le Fortino di Pino et le Fortino di Mesola. Prévoyez suffisamment d'eau : hormis une fontaine près du Fortino di Mesola, il n'y a aucun moyen de remplir ses bouteilles et aucun magasin. De plus, on croise peu de randonneurs.

L'ombre étant rare, mieux vaut se mettre en route tôt le matin. Rien n'empêche de partir de Punta Carena, mais la plupart des marcheurs effectuent le trajet dans l'autre sens afin de terminer par une baignade sur la **Spiaggia del Faro**, une plage rocheuse particulièrement enchanteresse au coucher du soleil. Notez toutefois que le tronçon en direction du phare est le plus rude. Surtout, portez des chaussures adaptées ! Le retour peut se faire en bus ou en taxi.

PANORAMAS SUR LES FARAGLIONI

Punta Tragara
On accède à cette pointe rocheuse depuis la ville de Capri, par la Via Tragara.

Giardini di Augusto
Ces beaux jardins offrent une perspective qui englobe aussi la plage de Marina Piccola.

Belvedere della Migliera
Un point de vue parfait, accessible par un sentier très agréable depuis Anacapri (rejoindre la Via Migliera).

Depuis la mer
Passez sous l'arche de Stella (p. 146) lors d'une excursion en bateau.

OÙ SE LOGER À ANACAPRI

B&B Il Sogno
Jardin, piscine et grandes chambres carrelées en bord de mer. **€€€**

Giardino dell'Arte
Ce ravissant B&B en lisière du centre d'Anacapri possède de jolies chambres et un vaste jardin surplombant l'île. **€€**

Boutique B&B Bettola Del Re
Décor de bon goût, ample terrasse, excellents repas et apéritifs. **€€**

LE TOP DES ACTIVITÉS NAUTIQUES

Baignade sur la Spiaggia del Faro (Anacapri)
La superbe plage rocheuse (voir p. 151) donnant sur le vieux phare est réputée pour ses merveilleux couchers de soleil.

Plongée au large du Salto di Tiberio (Capri)
Si le "saut de Tibère" (voir p. 146) a un sombre passé, les fonds marins alentour recèlent d'étonnants coraux mous rouges et jaunes.

Excursion en *gozzo* aux Faraglioni (Capri)
Des barques partent de Marina Grande à destination des célèbres éperons rocheux (voir p. 146).

Monte Solaro

ASCENSION PANORAMIQUE

De la Piazza Vittoria, près du centre d'Anacapri, un **télésiège** (*seggiovia*) mène au sommet du **Monte Solaro** (589 m), point culminant de l'île. Le trajet de 13 minutes survole un merveilleux paysage de vignes en terrasses, de vergers de citronniers et de maisons blanches, avec au loin la baie de Naples et la Côte amalfitaine. Au sommet, la vue, encadrée de statues classiques façon Vénus de Milo, est splendide (photo ci-contre).

Si vous avez le vertige, il est également possible de monter à pied en suivant la Via Axel Munthe jusqu'à la Via Monte Solaro. Suivez le chemin rocailleux escarpé jusqu'au col de la Crocetta, marqué par une croix en fer : l'embranchement de gauche descend vers l'ermitage de Santa Maria a Cetrella (XVIe-XVIIe siècle), qui surplombe Marina Piccola, celui de droite continue vers le sommet. Comptez environ une heure de marche dans chaque sens. Vous croiserez peut-être des chèvres de montagne.

Grotta Azzurra

FÉERIE BLEUE

Si la fameuse **Grotta Azzurra** est un site naturel vraiment magnifique, l'affluence touristique a tendance à refroidir quelque peu l'enthousiasme. Le site ouvre à 9h, mais essayez d'arriver le plus tôt possible afin de limiter (légèrement) votre temps d'attente. Le billet coûte 14 € pour une visite de 5 minutes incluant la sérénade des bateliers qui entonnent des chansons napolitaines. Baissez la tête lorsque le canot franchit l'entrée de la grotte, haute de 1,30 m, et laissez-vous éblouir par la lumière bleutée fantasmagorique à laquelle la grotte doit son nom. Les rayons du soleil qui pénètrent par une ouverture sous-marine et se réfractent à travers l'eau, combinés au reflet de la lumière sur le sable blanc du fond, expliquent cet effet.

Le plus simple pour accéder au site est de participer à une excursion maritime au départ de Marina Grande. L'aller-retour en bateau jusqu'à la grotte est ainsi assuré, il vous restera à régler sur place droit d'entrée et tour en barque pour visiter la splendide cavité. La grotte est également accessible en combinant deux bus, l'un de Marina Grande jusqu'à Anacapri, l'autre jusqu'à l'extrémité de la route, à Grotta Azzurra. De là, un escalier descend jusqu'à une petite crique où des barques attendent les passagers pour les conduire dans la grotte voisine.

La grotte est fermée lorsque la mer est agitée et il est interdit de s'y baigner, mais vous pouvez le faire devant l'entrée.

COMMENT CIRCULER

En dehors du centre-ville d'Anacapri, la dispersion des sites ne favorise guère les déplacements à pied. La compagnie ATC (www.atc-capri.it ; billet 2,20 €) assure des services réguliers depuis/vers Marina Grande et la ville de Capri. Depuis la gare routière d'Anacapri, des minibus Staiano (2,20 €) conduisent à la Grotta Azzura et au phare (*faro*).

Vue depuis le Monte Solaro

Carnet d'adresses

PROCIDA

Abbazia di San Michele Arcangelo
Voir p. 128 (www.abbaziasanmicheleprocida.it ; Via Terra Murata 89, Terra Murata ; 10h-12h45 lun-sam, 10h30-12h45 dim, plus 15h-17h mar-ven)

Palazzo d'Avalos
Voir p. 128 (081 896 7253 ; www.visitprocida.com/luoghi/luoghi-di-interesse/palazzo-davalos ; Via Terra Murata 33 ; 13 € ; 10h-13h et 16h-19h)

Pesca Turismo's A pesca con Andrea
Voir p. 132 (339 302 5460 ; pescaturismoaprocida.wordpress.com ; Via Marina di Corricella 29 ; pêche tarif plein/réduit 50/25 €, tour de l'île 20 € ; pêche départ à 8h)

Albergo La Vigna
Voir p. 126 (081 896 04 69 ; www.albergolavigna.it ; Via Principessa Margherita 46, Terra Murata)

DC House
Voir p. 126 (366 438 2489 ; Via Nicola Vavaria di Lubrano)

La Casa sul Faro
Voir p. 126 (081 896 0166 ; www.lacasasulfaro.it ; Via del Faro 40)

Assafà
Voir p. 128 (081 314 2893 ; www.assafafood.it ; Piazza dei Martiri 2 ; burger 7/12 € ; 11h-23h mar-dim)

Crescenzo Hotel
Voir p. 129 (081 896 7255 ; www.hotelcrescenzo.it ; Via Marina Chiaiolella 33 ; 11h-16h et 19h-23h)

Hook No Flag
Voir p. 128 (081 399 4224 ; www.hook.menu ; Via Vittorio Emanuele 9/11 ; 12h-14h30 et 18h-23h ven-mer)

Il Casotto
Voir p. 128 (081 1972 9170 ; www.facebook.com/takeawayprocida ; Via Lungomare Cristoforo Colombo 18 ; 12h-22h lun-sam)

La Conchiglia
Voir p. 129 (081 896 76 02 ; www.laconchigliaristorante.com ; Via Pizzaco 10, Solchiaro ; repas 25 € ; 12h-16h et 19h-23h l'été)

La Gorgonia
Voir p. 129 (081 810 1060 ; Via Marina di Corricella 50 ; 12h30-15h et 19h-22h mar-dim)

Vivara
Voir p. 129 (081 896 0594 ; www.lidovivara.com ; Via Lungomare Cristoforo Colombo 4 ; 12h30-16h et 19h30-23h)

Bar Dal Cavaliere
Voir p. 129 (081 810 10 74 ; Via Roma 42, Marina Grande ; pâtisseries à partir de 2 € ; 6h-2h)

Bar Roma
Voir p. 129 (081 896 7460 ; www.facebook.com/profile.php?id=100063523961790 ; Via Roma 164 ; 6h30-minuit mer-lun)

Il Grottino
Voir p. 129 (081 896 7787 ; www.facebook.com/bargrottinoprocida ; Via Roma 125 ; 5h30-2h jeu-mar, 9h-2h mer)

ISCHIA

Castello Aragonese
Voir p. 136 (081 992834 ; castelloaragoneseischia.com ; Castello Aragonese ; tarif plein/réduit 12/10 € ; 9h-coucher du soleil)

Giardino Eden
Voir p. 135 (081 985015 ; www.giardinoedenischia.it ; Via Nuova Cartaromana 62 ; journée/demi-journée 25/18 € avr-mai, 40 € juin-sept ; 9h-19h avr-sept)

Terme Comunali
Voir p. 135 (081 3334526 ; www.termeischia.eu ; Via delle Terme 15 ; 8h-13h lun-sam)

Albergo Il Monastero
Voir p. 133 (081 992435 ; www.albergoilmonastero.it ; Ponte Aragonese)

B&B Marcantonio
Voir p. 133 (335 709 3068 ; Via Antonio de Luca 10)

Hotel Mare Blu Terme
Voir p. 133 (081 982555 ; marebluterme.alysandyischia.com ; Via Pontano 36)

Auras
Voir p. 136 (347 680 9473 ; www.facebook.com/Auras.restaurant.loungebar ; Via Lungomare Aragonese 26 ; été 12h-minuit)

Bar Ristorante Da Cocò
Voir p. 139 (081 981 823 ; Ponte Aragonese 1 ; 12h30-15h et 19h-minuit lun-mar et jeu-dim, 19h-minuit mer)

Pazziella
Voir p. 135 (389 464 7722 ; www.facebook.com/pazziellabeachbarerestaurant ; IIIª Traversa De Rivaz 25)

Bar Calise
Voir p. 133 (081 99 12 70 ; www.facebook.com/profile.php?id=100064801657842 ; Piazza degli Eroi 69, Ischia Porto ; 7h30-0h30 mer-lun, 17h-0h30 mar)

Caffetteria del Monastero
Voir p. 136 (081 992435 ; www.albergoilmonastero.it/la-caffetteria ; Via Pontile, Lungomare Aragonese ; 9h30-coucher du soleil)

Garden Fruit Ischia
Voir p. 136 (081 906388 ; www.facebook.com/people/Garden-fruit-ischia/100059998670683 ; Via San Giovan Giuseppe della Croce 5 ; 12h-15h et 18h30-22h30 mer-lun)

Ischia Salumi
Voir p. 136 (331 2723 295 ; www.ischiasalumi.com/it ; Via Luigi Mazzella 100 ; 9h-minuit)

Taverna Antonio
Voir p. 136 (081 984264 ; www.facebook.com/tavernaantonio.ischia ; Via Porto 62 ; 12h-15h, 19h-23h lun-sam, 18h30-23h dim)

Rena
Voir p. 136 (081 1851 9200 ; www.facebook.com/renaischia ; Via Maronti 95 ; 11h-minuit)

Giardini Ravino
Voir p. 136 (081 997783, 329 4983920 ; www.ravino.it/it/ischia-cactus-lounge-bar ; Via Provinciale Panza 140b ; Cactus Lounge Café 12h-21h mer et ven-lun mai à mi-nov)

Galleria Mario Mazzella (di Mazzella Luca)
Voir p. 135 (081 993244 ; www.facebook.com/GalleriaMarioMazzella ; Via Luigi Mazzella 94 ; 9h-13h lun-sam, 10h-13h dim)

Libreria Imagænaria
Voir p. 135 (081 98 56 32 ; www.imagaenaria.com ; Via Luigi Mazzella 46-50, Ischia Ponte ; 9h-14h et 16h-21h)

Castello Aragonese, Ischia

Vestopazzo
Voir p. 135 (081 213 4796 ; shop.vestopazzo.it ; Via Leonardo Mazzella 71 ; 9h30-13h30 et 16h30-20h30)

AILLEURS SUR ISCHIA

Giardini La Mortella
Voir p. 140 (081 990118 ; www.lamortella.org ; Via Francesco Calise Operaio Foriano 45, Forio ; avr-nov tarif plein/réduit/enfant 12/10/7 €, nov-mars visite sur réservation 15 € ; avr-nov 9h-19h mar, jeu et sam-dim, nov-mars 14h30 jeu)

Giardini Ravino
Voir p. 141 (329 4983920 ; www.ravino.it ; Via Provinciale Panza 140b, Forio ; tarif plein/réduit 10/5 € ; 9h-19h mer et ven-lun mai à mi-nov)

Museo Archeologico di Pithecusae
Voir p. 141 (081 996103 ; www.pithecusae.it ; Corso Rizzoli 210, Lacco Ameno ; tarif plein/réduit 8/6 € ; 9h-13h lun, mer, ven et dim, 9h-17h mar, jeu et sam)

Fonte delle Ninfe Nitrodi
Voir p. 142 (081 990528 ; www.fonteninfenitrodi.com ; Via Pendio Nitrodi 14-18, Barano d'Ischia ; journée/demi-journée zone 1 25/15 €, zone 2 30/20 €, zone 3 45/30 € ; avr et nov 10h30-17h30, mai et oct 10h-18h, juin-sept 9h-19h)

Giardini Poseidon Terme
Voir p. 139 (081 908 71 11 ; www.giardiniposeidonterme.com ; Via Mazzella, Spiaggia di Citara, Forio ; journée/demi-journée 38/33 € avr-mai et oct, 40/35 € juin-juil et sept, 45/40 € août ; 9h-19h avr-oct)

Parco Negombo
Voir p. 139 (081 98 61 52 ; www.negombo.it ; Baia di San Montano, Lacco Ameno ; 35-65 € la journée, 32-50 € à partir de 14h, 30/40 € à partir de 15h30 ; 8h30-19h mi-avr à oct)

Hotel Terme Principe
Voir p. 140 (081 994466 ; www.hoteltermeprincipe.it ; Via Roma 116, Lacco Ameno)

Terme Manzi
Voir p. 140 (081 090 1256 ; www.hoteltermemanzi.it ; Piazza Bagni di Gurgitello 4, Casamicciola Terme)

Umberto a Mare
Voir p. 140 (081 99 71 71 ; www.umbertoamare.it ; Via del

Soccorso 2, Forio ; restaurant 12h-15h et 19h-23h mars-déc)

Bella Napoli
Voir p. 139 (081 986392 ; www.bellanapoliischia.it ; Via Marina 18, Forio ; 12h-14h30 et 19h-minuit mar-mer et sam-dim, 12h-23h30 lun)

Bracconiere
Voir p. 139 (081 999436 ; www.ristorantebracconiere.it ; Via Falanga 42, Serrara Fontana ; été 12h-15h et 19h-23h45 mer-ven et dim, 13h-15h et 20h-minuit lun, 11h45-15h et 19h-23h45 sam)

La Grotta da Fiore
Voir p. 139 (338 214 6346 ; www.epomeolagrotta.com ; Via Epomeo 21, Serrara Fontana ; 8h30-18h)

O' Pignattello
Voir p. 139 (081 507 2457 ; www.ristorantepignattello.com ; Corso Angelo Rizzoli 154, Lacco Ameno ; été 19h-23h)

Sarace
Voir p. 139 (081 320 6213 ; www.facebook.com/ristorante.sarace ; Via Cesare Calise 8, Forio ; été 19h-1h mar-dim)

Scannella Beach Club
Voir p. 139 (081 907181 ; www.clubscannella.it ; Via Scanella 1, Forio)

CAPRI

Bagni di Tiberio
Voir p. 148 (081 837 0703 ; www.bagnitiberio.com ; Via Palazzo a Mare 41 ; entrée 15 € ; 9h-crépuscule avr-sept)

Certosa di San Giacomo
Voir p. 147 (081 837 62 18 ; Viale Certosa 10 ; tarif plein/réduit 6/4 € ; 10h-14h mar-dim jan-mars, 10h-19h avr-août, 10h-16h sept-déc)

Giardini di Augusto
Voir p. 147 (081 838 6214 ; www.capriculturaeturismo.it ; Via Mtteotti 2 ; 1,50 € ; 9h-19h30 été, 9h-16h30 hiver)

Villa Jovis
Voir p. 146 (06 6723 5338 ; Via Tiberio ; tarif plein/réduit 6/4 € ; 10h-19h juin-sept, 10h-17h oct, 10h-16h nov-déc)

Villa Lysis
Voir p. 147 (081 838 6111 ; Via Lo Capo 12 ; 2 € ; 10h-18h mai et sept-oct, 10h-19h juin-août, 10h-16h nov-déc)

Hotel Gatto Bianco
Voir p. 143 (081 837 02 03 ; www.gattobiancocapri.com ; Via Vittoria Emanuele III 32 ; avr à mi-déc)

La Minerva
Voir p. 143 (081 837 70 67 ; www.laminervacapri.com ; Via Occhio Marino 8)

Villa Marina Capri Hotel & Spa
Voir p. 143 (081 837 6630 ; www.villamarinacapri.com ; Via Marina Grande 191)

La Fontelina
Voir p. 148 (081 837 0845 ; Via dei Faraglioni 2 ; entrée 40 € ; 9h-19h avr-oct)

Da Luigi
Voir p. 148 (081 837 0591 ; www.luigiaifaraglioni.com ; Via Faraglioni 5 ; 12h-18h avr-sept)

Donna Rachele
Voir p. 147 (081 837 53 87 ; www.donnarachele.com ; Via Padre Serafino Cimmino 2bis ; pizzas à partir de 6 €, repas 30-35 € ; 12h-15h30 et 19h-minuit tlj sauf jeu)

Gelateria Buonocore
Voir p. 147 (081 837 78 26 ; buonocorecapri.it ; Via Vittorio Emanuele 35 ; en-cas 2-10 €, glaces à partir de 2,50 € ; 8h-1h mar-mer et ven-dim, 8h-22h lun et jeu, fermé nov-fév)

Le Grottelle
Voir p. 148 (081 837 5719 ; www.instagram.com/ristorantelegrottelle ; Via Arco

Vendeur de *granita*, Capri

ANTONIO GRAVANTE/STOCK.ADOBE.COM ©

Naturale 13 ; fermé mar et en hiver)

Pescheria Le Botteghe
Voir p. 147 (081 837 6942 ; www.pescherialebotteghe.it ; Via le Botteghe 19 ; 8h-15h mar-dim, fermé en hiver)

Capri Rooftop
Voir p. 146 (081 837 8147 ; www.caprirooftop.com ; Via Matteotti 7 ; 23h-1h avr-nov)

Pulalli
Voir p. 146 (081 837 4108 ; www.instagram.com/pulallicapri ; Piazza Umberto I 4 ; 12h-14h45 et 19h-minuit mer-lun)

Taverna Anema e Core
Voir p. 146 (349 333 5935, 081 837 6461 ; www.anemaecore.com ; Vico Sella Orta 1 ; 23h-4h avr-sept)

Carthusia
Voir p. 147 (081 837 53 93 ; www.carthusia.it ; Via Matteotti 2d ; 9h-20h avr-sept, 9h-17h oct-mars)

La Capannina Più
Voir p. 147 (081 837 8899 ; www.capanninacapri.it/enoteca ; Via le Botteghe 39 ; 9h30-20h lun-sam, 10h-13h30 et 17h-20h dim)

Yam Capri
Voir p. 147 (081 837 5510; yamcapri.it/it ; Via Madonna delle Grazie 7)

AILLEURS SUR CAPRI

Casa Rossa
Voir p. 150 (081 838 2193 ; www.comunedianacapri.it/pagina89_casa-rossa.html ; Via Giuseppe Orlandi 78, Anacapri ; tarif plein/réduit 3,50/2 € ; mar-dim 10h-16h mars-mai et oct-déc, 10h-13h30 et 16h30-20h juin-sept)

Chiesa di San Michele
Voir p. 151 (081 837 2396 ; Piazza San Nicola, Anacapri ; 2 € ; 9h-19h avr-sept, 10h-15h oct-mars)

Grotta Azzurra
Voir p. 151 (Anacapri ; excursions en bateau 14 € ; à partir de 9h)

Villa San Michele
Voir p. 150 (081 837 14 01 ; www.villasanmichele.eu ; Viale Axel Munthe 34, Anacapri ; tarif plein/réduit 10/6 € ; 9h-18h mai-sept, horaires réduits reste de l'année)

B&B Il Sogno
Voir p. 151 (081 837 1476 ; www.ilsognocapri.it ; Via Vignola 20, Anacapri)

Boutique B&B Bettola Del Re
Voir p. 151 (333 395 0760 ; www.bettoladelre.com ; Via Rio Linciano 33, Anacapri)

Giardino dell'Arte
Voir p. 151 (081 837 3025 ; il-giardino-dell-arte-bed-breakfast-anacapri.hotelmix.fr ; Traversa la Vigno 32b, Anacapri)

A'Curtiglia
Voir p. 150 (081 837 1281 ; www.acurtiglia.com ; Via Rio Lincian 86, Anacapri ; 18h-23h)

Capri Cakes
Voir p. 150 (081 837 1195 ; www.facebook.com/creazionifarfalladizucchero ; Via Boffe 5, Anacapri ; 7h-minuit mar-dim, 7h-23h30 lun)

L'Angolo del Gusto
Voir p. 1510 (081 837 3467 ; www.langolodelgustocapri.com ; Via Boffe 2, Anacapri ; 12h-15h tlj, 18h30-22h30 lun-sam, 19h-22h30 dim)

La Rondinella
Voir p. 150 (081 837 12 23 ; www.instagram.com/ristorante_la_rondinella ; Via Giuseppe Orlandi 295, Anacapri ; repas 30-40 €, pizzas à partir de 7 € ; 12h-15h jeu-mar et 19h-23h dim-jeu, 18h30-23h ven-sam , fermé nov-mars)

Le Arcate
Voir p. 150 (081 837 3325 ; Via de Tommaso 24, Anacapri ; pizzas 7-11 €, repas 30 € ; 12h-15h et 19h-minuit)

Trattoria il Solitario
Voir p. 150 (081 837 13 82 ; www.ilsolitarioanacapri.com ; Via Giuseppe Orlandi 96, Anacapri ; repas 20-30 € ; 12h-15h et 18h30-23h avr-oct)

Chiesa di Santa Maria Assunta, Positano

LA CÔTE AMALFITAINE

PLAGES ET PANORAMAS DE RÊVE

Une superposition de maisons aux tons pastel accrochées sur un littoral escarpé… Ce n'est pas un rêve : vous êtes sur la fabuleuse côte amalfitaine.

Une mer bleu turquoise ourle les longues étendues de sable. Des maisons pastel noyées sous les bougainvillées s'agrippent à la roche. Des branches de romarin frôlent vos bras tandis que l'air embaume du parfum des citrons, de l'expresso corsé et de la mer. Quand vous levez les yeux, un nouveau dôme coloré se détache dans le ciel ; quand vous les baissez, des marches se déroulent à perte de vue. Bienvenue sur la côte amalfitaine.

S'étirant de Positano à Vietri sul Mare et englobant le golfe de Salerne, la côte amalfitaine est si belle qu'elle fut le terrain de jeu des Romains et inspira de nombreux artistes. Hélas, beauté rime avec popularité. Durant la haute saison, il faut batailler avec les hordes de touristes pour visiter les sites les plus importants. La température grimpe et les prix aussi. Partout, on fait des photos pour les poster sur les réseaux sociaux. Impossible pourtant de résister au charme des lieux.

Partez à la découverte des villes célèbres de cette portion de côte – Positano, Ravello et Amalfi – et, en allant de l'une à l'autre, arrêtez-vous dans les charmants villages de pêcheurs qui la ponctuent. À l'ouest, explorez la péninsule de Sorrente et la ville éponyme au magnifique *centro storico* ponctué d'hôtels historiques. Laissez-vous éblouir par les petits villages, les ruines romaines et les paysages escarpés de cette terre, royaume des légendaires sirènes d'Ulysse.

VOITURE ET SCOOTER

Il est fortement déconseillé de se déplacer en voiture en raison de la circulation et des prix exorbitants des places de stationnement, surtout durant la haute saison. Le scooter est de loin le véhicule le plus pratique, à condition de savoir négocier les virages en épingle à cheveux.

FERRY

Des ferries relient régulièrement Naples, Sorrente, Positano et Amalfi, ainsi que les villes de l'est de la côte amalfitaine, durant la haute saison. Réservez vos billets en ligne pour gagner du temps. Vous devrez toutefois vous enregistrer à la billetterie avant d'embarquer.

TRANSPORTS EN COMMUN

Les trains du réseau Circumvesuviana (www.eavsrl.it ; billet Naples-Sorrente 4,20 €) desservent les villes de la péninsule de Sorrente et Naples. En revanche, aucun train ne circule le long de la côte amalfitaine. Les liaisons y sont assurées par des bus, notamment les fameux bus SITA (www.sitasudtrasporti.it ; billet Sorrente-Amalfi 3,10 €) qui empruntent la périlleuse route côtière SS163.

À noter, les bus Curreri (curreriviaggi.it) relient l'aéroport de Naples à la gare de Sorrente. Le trajet dure 1 heure 15. Les billets (10 €) s'achètent à bord.

Positano, p. 168

Joyau de la côte amalfitaine, une ville aux maisons pastel et blanches qui s'étagent sur la colline escarpée jusqu'à des plages luxuriantes.

DE GAUCHE À DROITE : FOTOLUPA/SHUTTERSTOCK ©, GURGEN BAKHSHETYAN/SHUTTERSTOCK ©, D BOND/SHUTTERSTOCK ©

S'orienter

Que les villes les plus célèbres – Positano, Amalfi et Ravello – ne vous fassent pas négliger les superbes villages aux alentours. Voici nos conseils pour profiter de ces lieux idylliques.

Ravello, p. 183

Perchée sur les hauteurs, cette ville compte des villas romantiques qui inspirèrent les artistes, de Richard Wagner à D. H. Lawrence. Elle accueille un festival de musique classique de premier plan.

Amalfi, p. 175

La ville qui fut la première république maritime italienne est le principal port de la région. Admirez son magnifique Duomo et découvrez l'histoire de la fabrication artisanale du papier.

Planifier son séjour

La côte amalfitaine, renommée pour la beauté de ses villes et de son littoral, se prête aussi à de nombreuses activités de plein air, de la randonnée à l'exploration de grottes.

Bagni della Regina Giovanna (p. 166)

Si vous avez peu de temps

- Lacez vos chaussures de marche et mettez le cap sur **Bomerano (Agerola)** (p. 173) pour suivre le célèbre **Sentiero degli Dei** (sentier des Dieux, p. 173). Profitez de la beauté et des senteurs du maquis méditerranéen, en contemplant la côte et les villages en contrebas.

- Une fois arrivé à **Nocelle** (p. 173), dégustez une *granita* au citron à la buvette avant de descendre les 1 700 marches menant à **Positano** (p. 168). Déjeunez au **Covo dei Saraceni** (p. 170) et lézardez sur la **Spiaggia del Fornillo** (p. 170). Après la plage, faites une séance de lèche-vitrine et offrez-vous un *aperitivo* au bord de l'eau avant de rallier en bus votre base. (En haute saison, le dernier ferry part vers 18h).

AU FIL DES SAISONS

En été, la température et les prix montent en flèche. Au printemps et en automne, la douceur est parfaite pour randonner et explorer les anciennes ruelles.

FÉVRIER

Enfants déguisés, chars et confettis envahissent les rues durant les semaines précédant le **carnaval**, qui est fêté avec des défilés et des gâteaux, comme les *castagnole* (beignets).

MARS

Les festivités de la *Settimana Santa* (Semaine sainte) précèdent la **fête de Pâques**. Le temps est souvent capricieux.

MAI

Le soleil brille. Les premiers *stabilimenti* (établissements balnéaires) ouvrent. Les prix restent raisonnables. C'est le moment idéal pour visiter Amalfi.

Si vous avez trois jours

- Après une bonne nuit de repos, prenez la route d'**Amalfi** (p. 175), qui fut la première République maritime d'Italie. Découvrez son Duomo et l'histoire de la fabrication artisanale du papier au **Museo della Carta** (p. 177). Musardez dans les rues médiévales et repérez les crèches permanentes en céramique. Faites un détour à **Fiordo di Furore** (p. 181) pour une baignade inoubliable.

- Montez sur les hauteurs de **Ravello** (p. 183), pour visiter les fabuleuses **villas Rufolo** (p. 184) et **Cimbrone** (p. 185). Flânez dans les ruelles médiévales romantiques, puis prenez l'apéritif sur la **Piazza Duomo** (p. 185) ou apprenez à faire de la mozzarella au **Caseificio Staiano Biagio** (p. 185). Rejoignez enfin **Tramonti** (p. 188) pour une dégustation de vins à la **Tenuta San Francesco** (p. 188).

Si vous avez plus de temps

- À **Sorrente** (p. 164), visitez le **Museo della Tarsia Lignea** (p. 165), puis déjeunez à **O'Parrucchiano** (p. 165). Achetez une bouteille de *limoncello* artisanal dans les **Giardini di Cataldo** (p. 165) et profitez d'une exposition photo dans la **Chiesa di San Francesco** (p. 164). Après une pause détente à la **Villa Comunale** (p. 165), poussez jusqu'à la ville voisine de **Vico Equense** (p. 166), savourez une glace à la **Cremeria Gabriele** (p. 166) ou admirez la vue depuis le Monte Faito (p. 166).

- Après **Positano** (p. 168) et son "sentier des dieux" (p. 173), ralliez **Amalfi** (p. 175) puis **Ravello** (p. 183). Continuez vers l'est jusqu'au village de pêcheurs de **Cetara** (p. 188) pour goûter sa spécialité aux anchois, et terminez votre périple à **Vietri sul Mare** (p. 189) réputée pour ses céramiques.

JUILLET

C'est la haute saison avec sa foule de vacanciers, et le début du **Ravello Festival**, l'événement musical de l'été qui se poursuit jusqu'à début septembre.

AOÛT

Le pic de l'affluence, avec les festivités de **Ferragosto** (15 août) et des événements culturels à gogo. Mais de nombreux commerces, musées et sites religieux ferment.

SEPTEMBRE

Le temps plus frais est tout indiqué pour randonner, par exemple sur le **Sentiero degli Dei**. C'est le début des vendanges.

DÉCEMBRE

À l'approche de **Noël,** les *presepi* (crèches) sont installés dans les rues. On déguste les délicieux *struffoli* (petits beignets enrobés de miel).

SORRENTE ET SA PÉNINSULE

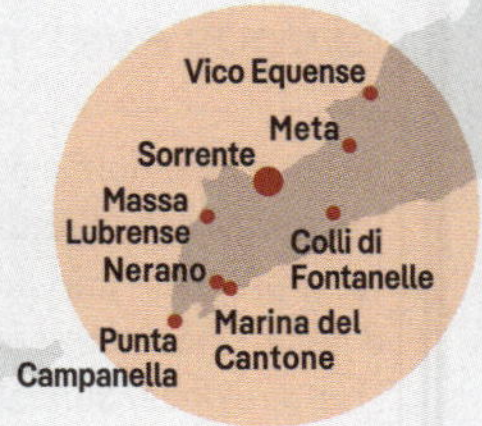

Sorrente (Sorrento) est une petite ville balnéaire résolument touristique, bâtie sur de hautes parois rocheuses et jalonnée de citronniers et d'hôtels de luxe. C'est à sa situation de point d'entrée occidental vers la côte amalfitaine que la ville doit sa renommée historique. Étape obligée du "Grand Tour" au XIXe siècle, la ville a également eu de longue date la faveur des écrivains, comme en témoigne la prédilection que lui vouèrent Byron, Dickens, Goethe ou encore Tolstoï. Elle figure de surcroît sur la ligne de train Circumvesiana reliant Naples à Pompéi, et elle est desservie par des ferrys rapides depuis Naples et Capri.

Outre sa ville principale, la péninsule de Sorrente recèle de charmants villages, des ruines romaines et des sites naturels. Nerano, hameau de Massa Lubrense, concentre notamment des plages luxuriantes et des sentiers grisants, dont celui menant à Punta Campanella, l'extrémité sud de la péninsule de Sorrente – qui passe, et en particulier la Baia di Ieranto, pour être la contrée des sirènes évoquées par Homère !

Pour les infos pratiques, voir le Carnet d'adresses p. 190

À SAVOIR

La ville de Sorrente, touristique mais jolie et soignée, s'étend sur des falaises qui surplombent la mer, avec vue sur Naples et le Vésuve. Son seul vrai inconvénient : l'absence de plage. Voir p. 166 pour des recommandations de plages sur la péninsule.

Églises de Sorrente

DE CLOÎTRE EN CATHÉDRALE

Le centre historique de Sorrente compte quelques églises remarquables. Parmi les plus belles figure la **Chiesa di San Francesco**, pour son paisible **cloître** arboré du XIVe siècle (photo à gauche), dont les arches gracieuses sont soutenues par des colonnes octogonales. L'église accueille des expositions d'art contemporain.

Plus ancienne église de la ville, la **Basilica di Sant'Antonino** (XIe siècle) renferme des objets romains, de sombres peintures médiévales, des plafonds ornés de dorures, et, plus insolite, deux os de baleine, près de la porte d'entrée. De nombreux miracles sont attribués à saint Antonin, dont le sauvetage d'un enfant dans l'estomac d'un cétacé.

Enfin, sur le Corso Italia, la **cathédrale** (*duomo*) arbore une remarquable fresque extérieure, un clocher à trois niveaux,

OÙ SE LOGER À SORRENTE ET DANS SA PÉNINSULE

Ulisse
Auberge de jeunesse haut de gamme à Sorrente : chambres chics et vastes aux tissus luxueux, dortoirs unisexes. **€**

Hotel Le Sirene
Hôtel de charme luxueux et kitschissime sur le thème des sirènes à Marina del Cantone ; restaurant sur la plage. **€€€**

Magi House Relais
Des suites luxueuses dans un *palazzo* du XVIe siècle à Sorrente. Jacuzzis, vues, copieux petit-déjeuner. **€€€**

Sorrente

quatre colonnes classiques et une belle horloge majolique. Sa construction remonte au XVe siècle, mais l'édifice a connu plusieurs remaniements, dont le dernier en date, mené au début du XXe siècle, a vu l'ajout du fronton actuel. À l'intérieur, admirez le trône en marbre de l'évêque (1573), ainsi que les stalles du chœur et le chemin de croix, tous deux en bois et ornés dans le style intarsio local.

Flânerie dans Sorrente

RUELLES, MARQUETERIE ET LIMONCELLO

Le centre-ville, compact, s'organise autour de la **Piazza Tasso**, d'où l'on peut rejoindre à pied les principaux sites. Dégustez un *caffè* sur la Piazza Tasso, puis promenez-vous dans les ruelles pour découvrir les boutiques et les ateliers de marqueterie qui ont contribué à la réputation de la ville (un musée est d'ailleurs dédié à cet art, voir l'encadré ci-contre). Faites un tour dans le **parc de la Villa Comunale**, juché sur les falaises, pour profiter du panorama sur la baie de Naples et le Vésuve, avant de dîner dans un excellent restaurant de fruits de mer à la **Marina Piccola** ou sous les citronniers du centre historique. Enfin, n'oubliez pas de goûter le *limoncello* local, produit dans les **Giardini di Cataldo** (cette exploitation de citronniers propose un bar, une boutique et un glacier).

Au fil de vos déambulations, vous apercevrez plusieurs vénérables demeures aujourd'hui accessibles au public.

UN ART EN VOIE DE DISPARITION ?

Musée incontournable à Sorrente, le **Museo della Tarsia Lignea** est dédié à l'art de la marqueterie, qui a fait la réputation de la ville depuis le XVIIIe siècle. De merveilleux exemples en sont exposés, pour beaucoup réalisés dans le style picaresque cher à l'époque.

Dans les ateliers du centre historique, vous pourrez voir les marqueteurs à l'œuvre : à l'aide d'une grande scie, ils découpent des motifs dans des feuilles de bois superposées, puis les assemblent pour former une mosaïque. Buvez leurs explications, car ces spécialistes de la *tarsia lignea* sont chaque année moins nombreux.

À Sorrente, ces artisans créent désormais des pièces aux motifs modernes – boîtes aux dessins géométriques et bijoux – et certains prospèrent. Biagio Barile, atelier familial depuis plusieurs générations, fournit même la Maison-Blanche en objets en marqueterie, à la fois modernes et classiques.

OÙ SE RESTAURER À SORRENTE ET DANS SA PÉNINSULE

O'Parrucchiano, Sorrente
On y servait déjà une cuisine haut de gamme avant que l'Italie soit unifiée. Patio, citronniers et guirlandes lumineuses. **€€€**

La Cantinaccia del Popolo, Sorrente
Trattoria bruyante servant de copieux plats traditionnels campaniens. **€€**

Ristorante Eughenes, Termini
Restaurant à l'ancienne et bon marché, au croisement avec le sentier de Punta Campanella. **€€**

MA PROMENADE PRÉFÉRÉE

Mariano Orsi, guide et propriétaire de Hiking Tours *(@ mariano_kurt)* décrit sa randonnée préférée sur la péninsule de Sorrente.

"J'aime rejoindre la Punta Sant'Elia, sur la côte sud de la péninsule de Sorrente, par l'ancien sentier de Colli di Fontanelle qui reliait jadis Sant'Agnello à Sant'Agata. Sur la péninsule, c'est le point le plus proche des îles Galli.

Des écrivains, des poètes et des artistes l'ont emprunté dès les années 1800. On y découvre la flore de la garrigue : pistachier lentisque, myrte, genêt de Montpellier – mais aussi la Porta di Sant'Elia et sa splendide ferme, en descendant vers la tour de guet. Là, un passage naturel menant à la mer porte le nom de 'bain des Vierges'."

Sur le Corso Italia, la **Villa Fiorentino** des années 1930, entourée d'un paisible jardin, sert notamment de cadre à des expositions d'art et de photographies bien pensées. Sur la Piazza Tasso, une impressionnante villa a été convertie en palace : le **Grand Hotel Excelsior Vittoria**, tandis qu'à l'est du centre-ville, l'éclectique **Museo Correale di Terranova**, qui présente une riche collection d'art et d'artisanat napolitain (XVIe-XIXe siècles) et divers objets d'art décoratif, occupe un magnifique palais du XVIIIe siècle.

Plages spectaculaires

RANDONNÉES JUSQU'À DES PLAGES ISOLÉES

Si vous êtes en bonne forme physique, les Bagni della Regina Giovanna et la plage de Baia di Ieranto, accessibles au terme de courtes randonnées, sont deux sites à ne pas manquer.

Les **Bagni della Regina Giovanna**, à 2 km de Sorrente, sont une piscine naturelle rocheuse au milieu des vestiges de la villa romaine de Pollius Felix. Le chemin pavé pour y descendre est long et accidenté, comme le signalent les panneaux, mais à l'arrivée, le décor avec l'arche s'ouvrant sur la mer et les baigneurs qui sautent à l'eau depuis les ruines est plein de charme. Des bus SITA peuvent vous déposer à l'entrée de la villa (prendre la direction de Massa Lubrense).

Sinon, à 10 km au sud de Sorrente se niche la **Baia di Ieranto**, incroyable plage et légendaire demeure des sirènes qui tentèrent de séduire Ulysse. La randonnée de 45 minutes part du hameau de Nerano. Les premières 30 minutes se font sans effort, puis la pente devient dangereusement rocailleuse. Persévérez : une plage isolée mais animée au pied des falaises en face des **Faraglioni**, trois rochers en mer au large de Capri (p. 143), sera votre récompense. Si plonger des falaises vous terrifie, un promontoire en béton permet de sauter dans l'eau sans craindre de glisser sur des algues. La plage de galets paisible est parfaite pour se baigner.

Villages pittoresques

L'ART DE VIVRE AUTHENTIQUE

Les petits villages des alentours de Sorrente méritent eux aussi une visite. Surplombant la mer, **Vico Equense** se prête à une excursion d'un jour. Paressez dans les charmants jardins de la Villetta Paradiso, puis savourez une pizza à la Pizza a Metro ou une glace parsemée de cacahuètes pilées à la Cremeria Gabriele. En empruntant le train Circumvesiana jusqu'à Castellammare di Stabia (à 11 minutes), vous pourrez de là rejoindre le téléphérique du **Monte Faito**, l'un des plus hauts pics (1 131 m) de la chaîne

OÙ MANGER DES SPAGHETTI ALLA NERANO DANS LA PÉNINSULE DE SORRENTE

Ristorante Il Cantuccio Mare
Cuisine traditionnelle en bord de mer à Marina del Cantone. Les *spaghetti alla nerano* sont un délice. **€€€**

Quattro Passi
Ce restaurant de Nerano étoilé au Michelin revisite les classiques de la cuisine familiale avec originalité. **€€€**

Mary's Beach (da Luigi)
À Marina del Cantone ; superbe interprétation de plats classiques, et cadre parfait sur la plage. **€€€**

Bagni della Regina Giovanna

des Lattari, couvert d'épaisses forêts de hêtres. Le sommet a l'attrait de belles promenades et de vues splendides.

Agréable pour profiter d'un coucher de soleil, le village de **Meta**, bien que sans grande richesse architecturale, offre un front de mer sablonneux. Il est bordé d'excellents restaurants de fruits de mer, comme La Conca qui sert du poisson et des plats de pâtes originaux. Enfin, en contrebas de Nerano se trouve la **Marina del Cantone**, merveilleuse petite plage de galets adossée aux falaises blanches, avec ses bateaux ondulant sur l'eau et ses restaurants chics. À moins d'avoir un véhicule pour s'y rendre – elle n'est pas desservie par les transports en commun –, il faut emprunter à pied une descente raide de 20 minutes. Le **Mary's Beach** est réputé pour ses *spaghetti alla nerano* (avec des courgettes frites et beaucoup de fromage). Le Sirene Hotel mérite un coup d'œil pour son décor sur le thème des sirènes entre kitsch et art.

VIE NOCTURNE

Les conseils de **Giuseppe Morvillo**, organisateur de voyages, journaliste et fondateur du site www.sorrentovibes.com

"J'adore le **Peter's Beach**, qui sert à boire jusqu'à minuit et propose, deux fois par semaine, des soirées musicales et à thème. Il y a aussi sur place des concerts de musique *indie*, classique et parfois contemporaine. Le **Grand Hotel Excelsior Vittoria**, un édifice historique, dispose d'une magnifique terrasse où prendre un *aperitivo* ou un cocktail. Le bar du toit-terrasse de l'**Hotel Mediterraneo** à Sant'Agnello offre une vue incroyable et le **Bar Ercolano** de la Piazza Tasso accueille des concerts. Quant au **Vrasa**, un restaurant avec bar à cocktails, il a beaucoup de style, et il a même un jardin !"

COMMENT CIRCULER

Les trains de la Circumvesiana (eavsrl.it), sur la ligne Naples-Sorrente, desservent Sant'Agnello, Meta, Vico Equense et Castellammare di Stabia notamment. Par ailleurs, des bus SITA (www.sitasudtrasporti.it) circulent entre la gare ferroviaire Circumvesuviana de Sorrente et des localités de la péninsule telles que Massa Lubrense, Marina del Cantone, Meta, Nerano, Sant'Agata ou Sant'Agnello.

POSITANO

Devenu une station balnéaire bling-bling, l'ancien village de pêcheurs de Positano est sans conteste la destination la plus emblématique de la côte amalfitaine. Depuis le ferry, un paysage de *dolce vita* apparaît peu à peu sous vos yeux telle une aquarelle. Flânez dans ses ruelles couvertes de glycines ou savourez un Spritz dans un bar en bord de mer. Prenez le temps d'explorer : découvrez les boutiques artisanales, perdez-vous dans le lacis de ruelles et d'escaliers et faites une escapade au sommet d'une montagne toute proche. Sans oublier une visite de la Chiesa di Santa Maria Assunta, dont la coupole jaune vernissée domine les toits, et qui vous révélera un trésor oublié : une superbe villa romaine enfouie depuis des siècles sous la crypte.

Pour les infos pratiques, voir le Carnet d'adresses p. 191

À SAVOIR

À Positano, les hôtels apparurent dans les années 1950 sous la forme de fabuleux manoirs couverts de fleurs. Ils ne sont pas pour le commun des mortels – une nuitée coûte au moins 350 €. Toutefois, les bars avec vue sur la mer de certains d'entre eux sont ouverts à tous. Le glamour à moindre coût !

Positano

Des marches, des marches...

... ET ENCORE DES MARCHES

De tous les hameaux ponctuant la côte amalfitaine, Positano est immédiatement reconnaissable avec ses maisons pastel qui semblent suspendues à la paroi rocheuse. Pour le visiter, il faut grimper.

Des centaines d'escaliers encadrent et traversent la ville qui s'étage le long de la pente. Impossible de les éviter car tout le centre est piéton. Mais aussi éprouvantes que soient ces marches – en particulier s'il fait chaud ou si vous devez traîner une valise jusqu'à votre B&B –, elles mènent à des lieux au charme infini. Vous passerez devant des boutiques et des galeries d'art creusées dans la roche, dans des ruelles ombragées par une pergola couverte de guirlandes de fleurs pourpres, sous des passages voûtés et découvrirez, au sommet, des panoramas vertigineux, entre ciel et mer. Comme disent les Italiens – *È tutta palestra !* (C'est du sport !)

POURQUOI J'AIME POSITANO

Eva Sandoval nous dit ce que ce joyau de la côte a pour elle de si spécial.

"Je suis passionnée d'architecture, et la configuration de Positano est l'une des plus intéressantes et des plus belles que j'aie jamais vues. Qui, face à une falaise en forme de pyramide, aurait l'idée d'y bâtir une ville ? Il fallut une ingéniosité incroyable pour transformer ce lieu inhospitalier, et le résultat, avec ces murs blancs, ces ruelles, ces bougainvillées et cette vue, est vraiment unique. Une beauté qui est aussi une malédiction : la ville est bondée, chère, et tous ces escaliers ! Mais que peut-on y faire ? C'est Positano."

OÙ PRENDRE UN VERRE À POSITANO

Chez Black
Petit restaurant et bar américain donnant sur le port de Marina Grande et la mer.

Music on the Rocks
Bar classique et boîte de nuit de Positano avec DJ sets. La fête débute après minuit.

La Brezza Net Art Cafè
Tapas originales, jus de fruits frais, expos et Wi-Fi gratuit dans ce café douillet avec terrasse donnant sur la Spiaggia Grande.

LES BUS SITA

Principal mode de transport en commun sur la côte amalfitaine, les bus SITA circulent le long de la SS163, ou *Nastro Azzuro* (ruban bleu). Achevée en 1853, cette route côtière sinueuse, aux virages en épingle à cheveux, longe des précipices vertigineux pour relier les villages situés entre Vietri sul Mare et Sant'Agata sui Due Golfi, près de Sorrente.

Un voyage à bord d'un de ces bus est une expérience unique... qui a de quoi donner des sueurs froides, quand l'énorme engin frôle les voitures et les scooters filant à toute allure, séparé du vide par une simple barrière métallique. Pour ajouter à l'ambiance, les conducteurs klaxonnent à tout va par agacement ou pour se signaler dans les virages sans visibilité.

Les billets s'achètent dans les bars ou les bureaux de tabac.

Attention, durant la haute saison, il n'est pas rare de voir passer le bus qu'on attend, complet, tandis que le chauffeur faisant non de la main nous laisse planté là au milieu des gaz d'échappement.

CI-CONTRE : ANDREA COMI/GETTY IMAGES ©; PAGE DE DROITE : ROMAN BABKIN/SHUTTERSTCOK ©

Spiaggia Grande

Plages

DES PLAGES POUR TOUS LES GOÛTS

Connue pour ses promenades romantiques et ses boutiques, Positano compte aussi de jolies plages – à vous de choisir selon vos envies : *aperitivo* chic en bord de mer, plongeon depuis les rochers ou crique isolée.

En débarquant dans le port de Positano, la première que l'on voit est la **Spiaggia Grande**, une plage de sable grisâtre prise d'assaut par les riches vacanciers – ici, un transat et un parasol reviennent à plus de 20 € par personne. Elle est bordée de *locali* (bars) et de restaurants, où se concentre le gros de la vie nocturne de Positano.

Si vous préférez un site un peu moins commercial, prenez à gauche en descendant du ferry et repérez le panneau indiquant la **Spiaggia del Fornillo**. Il faut gravir (sans trop d'efforts) quelques marches, puis suivre un chemin pavé conduisant à une crique de galets, avec quelques bars estivaux servant des en-cas et des fruits de mer frais.

OÙ SE RESTAURER À POSITANO

Covo dei Saraceni
Adresse chic à quelques pas du port. Pizzas et plats haut de gamme, tous délicieux. **€€€**

La Zagara
Bar-restaurant historique avec carreaux de céramique de Vietri bleu et orange, pergola et savoureux gâteaux. **€€€**

C'era Una Volta
Cette trattoria à l'ancienne propose pizzas et classiques de Campanie à prix doux. **€**

S'il y a encore trop de monde pour vous, rejoignez la **Spiaggia Arienzo**, à 1 km à l'est de Positano, ou la **Spiaggia Laurito**, à 3 km, accessible à pied ou en bus (depuis Arienzo). Après quelques marches, vous atteindrez ces petites plages de galets adossées aux falaises, à mille lieues de la cohue. C'est là qu'on vient pour ne pas être vu.

La mode de Positano

BOUTIQUES DE MODE ET GALERIES

Quand Positano n'était qu'un village de pêcheurs, ses habitantes confectionnaient leurs vêtements dans des tissus teintés de couleurs vives appelés *pezze* (chiffons). C'est ainsi qu'on qualifia les premières tenues de plage bon marché vendues traditionnellement dans les boutiques du port : la *moda positano* était née. Quelques décennies plus tard, les boutiques existent toujours, mais les *pezze* ont changé et leur prix aussi. Ce sont aujourd'hui de beaux vêtements artisanaux chics et chers : pantalons amples en lin, robes chemisiers en dentelle *sangallo* et robes fluides en coton blanches, jaunes, rouges et bleues. Vous trouverez aussi des bijoux faits main. Avant de délier les cordons de votre bourse, rappelez-vous cette règle d'or : deux pièces artisanales ne doivent jamais se ressembler.

Dôme en céramique colorée, palais et fresques romaines

DÉCOUVRIR LE PASSÉ

Avec son dôme en tuiles vernissées de Vietri jaunes et vertes, la **Chiesa di Santa Maria Assunta** (photo à droite) est l'autre emblème de Positano. Elle est réputée pour son icône byzantine du XIIIe siècle de la Vierge noire à l'Enfant, qui aurait été volée à Constantinople par des pirates. En tant que seul édifice vraiment historique de la ville, l'église voit défiler en permanence les touristes. La récente découverte d'une villa romaine décorée de superbes fresques et mosaïques sous sa crypte médiévale a mis en émoi les archéologues. La majestueuse demeure aurait appartenu à des nobles ; elle a été ensevelie lors de l'éruption dévastatrice du Vésuve en 79. Bien que des fouilles minutieuses soient en cours, le **MAR-Museo Archeologico Romano de Positano** permet de la visiter par petits groupes.

Juste à l'ouest de l'église, le **Palazzo Murat** (Via dei Mulini 23) est devenu un hôtel de luxe. Si votre budget ne vous permet pas d'y loger, vous pouvez visiter la superbe cour fleurie, boire un verre dans le patio verdoyant et penser à Joachim Murat, roi de Naples de 1808 à 1815, qui avait fait construire cette résidence d'été pour lui-même et son épouse Caroline Bonaparte.

SHOPPING

Casa e Bottega
Délicieux bistrot bio du Viale Pasitea, doublé d'une boutique de tissus, céramiques et objets design d'artisans locaux.

La Botteguccia di Giovanni
Choisissez la couleur, le modèle et la pointure de vos sandales : elles seront confectionnées pour vous par cet artisan de la Via Regina Giovanna.

La Bottega di Brunella
Cette boutique du Viale Pasitea vend des vêtements en lin élégants, conçus et faits à Positano.

Antica Sartoria by Giacomo Cinque
Vêtements de plage vintage et colorés dans le style de Positano dans la Via dei Mulini.

COMMENT CIRCULER

En raison de ses pentes escarpées et de ses interminables volées de marches, le centre de Positano est piéton. En haute saison, le dernier ferry part tôt de Positano ; en basse saison, les liaisons sont moins nombreuses : si vous ne logez pas en ville, prenez les bus SITA.

Environs de Positano

Les environs de Positano réservent des possibilités de randonnées grandioses, dont le mythique Sentiero degli Dei.

La côte amalfitaine est sillonnée de sentiers très anciens, dont beaucoup datent des Xe et XIe siècles. Jusqu'à la construction de la route côtière dans les années 1850, ces chemins étaient les principales voies de communication de la région. Nombre d'entre eux, encore utilisés par les habitants pour rejoindre notamment les plantations de citronniers en terrasse, sont aujourd'hui des sentiers de randonnée entretenus. Le plus apprécié est assurément le Sentiero degli Dei (sentier des Dieux), un sentier d'altitude qui relie les villages de Bomerano et de Nocelle par le sommet des falaises, avec une vue ininterrompue sur la mer.

La côte étant principalement dessinée par des falaises à pic et de hautes montagnes, les sentiers sont escarpés, et plutôt exposés. Il est donc impératif d'être en bonne forme physique et de ne pas souffrir du vertige !

À SAVOIR

Choisissez le bon moment pour vous lancer sur ces magnifiques chemins de randonnée. Préférez la basse saison, mais évitez les jours entourant Pâques, qui attirent des hordes de touristes sur les sentiers. N'oubliez pas de vous munir d'eau en quantité suffisante et de porter des chaussures adaptées. Durant les mois d'été, partez tôt le matin pour ne pas souffrir de la chaleur accablante.

Il Sentiero degli Dei

FRANCESCA SCIARRA/SHUTTERSTOCK ©

PUCHU/STOCK.ADOBE.COM ©

Il Sentiero degli Dei

MONTEPERTUSO

Pour changer d'ambiance, et échapper à la foule de Positano, prenez le bus sur la Piazza dei Mulini jusqu'à Montepertuso, dans les monts Lattari.

Le village ne manque pas de bons restaurants pour un déjeuner gourmand. Installez-vous par exemple en terrasse dans la tranquille *osteria* Il Ritrovo et goûtez ses plats rustiques et créatifs à base de produits locaux – comme les *fiori di zucca* (fleurs de courgette) farcies d'une excellente *provola di Agerola* –, avec vue sur le golfe et les pentes boisées.

Il Sentiero degli Dei

ENTRE CIEL ET TERRE

Le chemin le plus réputé de Campanie, ce "sentier des dieux" porte bien son nom : il offre une expérience magique, suspendue entre ciel et terre. C'est aussi l'un des rares sentiers qui évite l'ascension de pléthore d'escaliers.

Long d'environ 6 km (compter près de 3 heures de marche), le **Sentiero degli Dei** part de Bomerano (hameau d'Agerola) et se termine au hameau de Nocelle. Depuis sa hauteur vertigineuse, vous découvrirez les champs en terrasses, les oliveraies et le dôme bleu et blanc de Praiano, tout en cheminant à flanc de montagne en compagnie des dieux grecs et des fantômes des écrivains et des artistes qui vous ont précédé. Inspiré par les légendes de la péninsule de Sorrente, Italo Calvino le décrivit comme "une route suspendue au-dessus du golfe magique des Sirènes".

Sur une partie de l'itinéraire, il faut choisir entre le chemin supérieur (plus prisé, il reste sur les hauteurs) et le chemin inférieur (plus exposé, il serpente parmi les vignobles et des parties plus caillouteuses ; vue splendide sur Praiano).

La plupart des randonneurs vont de Bomerano à Nocelle, près de Positano. Vous pouvez aussi ne parcourir que la moitié de l'itinéraire puis revenir à Bomerano une fois parvenu à la jonction entre le chemin supérieur et le chemin inférieur. L'itinéraire est clairement balisé et vous rencontrerez de nombreux promeneurs.

Si vous randonnez jusqu'à Nocelle, vous y trouverez un kiosque proposant des *granite* au citron – essayez-les avec un trait de jus d'orange, c'est plus désaltérant. Pour rentrer à Positano, vous n'aurez plus qu'à descendre les 1 700 marches qui y conduisent, ou prendre le bus.

RANDONNÉE

Vous aimez gravir les falaises ? À Capri, suivez le **Sentiero dei Fortini** p. 151.

COMMENT CIRCULER

Les bus locaux de la compagnie Mobility Amalfi Coast assurent une dizaine de bus quotidiens depuis Positano vers Nocelle et Montepertuso. Les tickets s'achètent dans les boutiques (1,30 €) portant le logo Mobility Amalfi Coast Biglietti, ou à bord des bus (1,80 €).

Bomerano est accessible depuis Amalfi par le bus SITA (ligne Amalfi-Naples).

PROSLGN/SHUTTERSTOCK ©

Amalfi

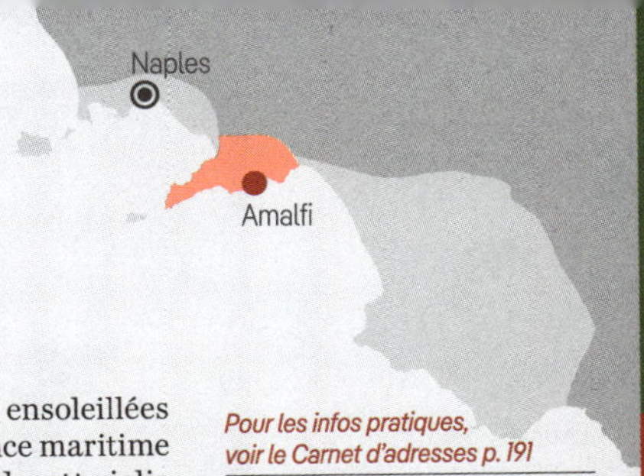

AMALFI

Difficile de croire qu'Amalfi, avec ses places ensoleillées et sa petite plage, fut jadis une superpuissance maritime avec plus de 70 000 habitants. Tout d'abord, cette jolie bourgade n'est pas grande et se traverse facilement à pied en 20 minutes. Elle possède peu de monuments historiques. L'explication est tragique : la majeure partie de la vieille ville et de ses habitants a simplement glissé dans la mer lors d'un séisme en 1343.

La ville évoque toutefois une forte dimension historique et culturelle, notamment grâce à son immense cathédrale de style byzantin et son petit musée du Papier, rappelant l'activité traditionnelle d'Amalfi. Alors que la ville compte aujourd'hui un peu plus de 5 000 habitants, ce nombre augmente considérablement en été.

Pour les infos pratiques, voir le Carnet d'adresses p. 191

À SAVOIR

Amalfi est le principal pôle de transports (bus et ferries) de la côte amalfitaine. Située à peu près à mi-chemin entre Sorrente et Salerne, elle constitue le meilleur point de départ pour explorer la région. Si les tarifs des hébergements dépassent votre budget, vous pouvez séjourner à Salerne ou dans les paisibles villages de pêcheurs.

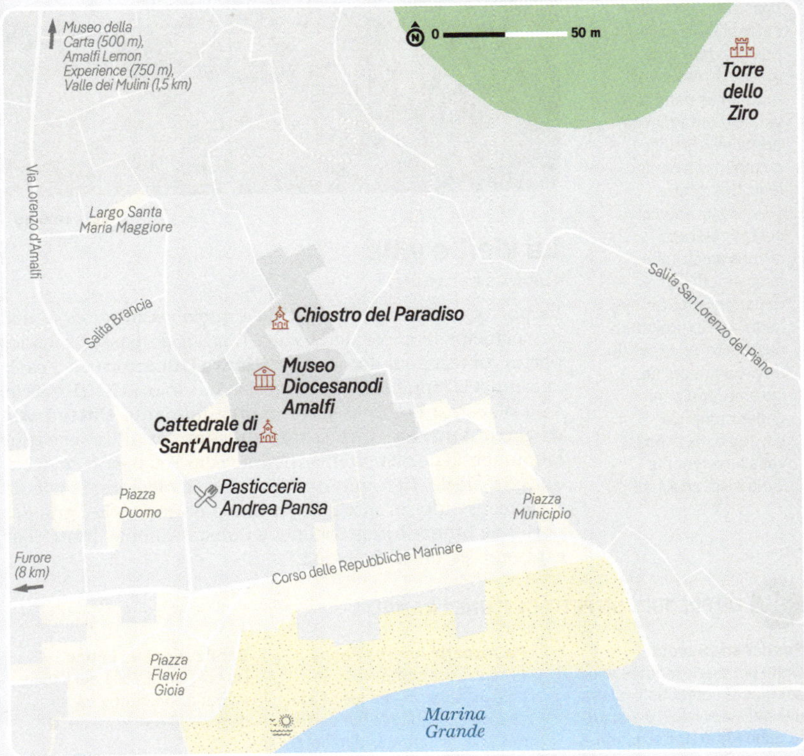

POURQUOI J'AIME AMALFI

Laura Thayer, journaliste de voyages (www.ciaoamalfi.com)

"Dans un lieu aux plages aussi splendides, il est tentant de lézarder sur le sable sous le soleil méditerranéen. Mais il y a bien plus à découvrir. Ce que j'aime à Amalfi, c'est sa situation parfaite entre terre et mer. Découvrez le passé inattendu de cette ville de carte postale dans son musée du Papier et randonnez dans la vallée montagneuse ponctuée de ruines de moulins à papier jadis très actifs.

Pour tout savoir sur les célèbres citrons amalfitains, avec Amalfi Lemon Experience, faites une halte sur l'exploitation des Aceto, une famille de producteurs de citrons depuis six générations. Ce voyage dans le passé vous fera sentir le dynamisme d'Amalfi."

FANI KURTI/GETTY IMAGES ©

Piazza Duomo

La vieille ville

RUELLES ET DUOMO

Le port animé d'Amalfi n'est qu'à quelques minutes à pied des principaux accès de la ville. Il suffit de passer sous les portes voûtées pour découvrir la **Piazza Duomo** avec ses cafés anciens et la fontaine de Sant'Andrea Apostolo du XVIIIe siècle.

La place est dominée par l'impressionnante **Cattedrale di Sant'Andrea**, qui trône au sommet d'un escalier monumental de 62 marches. L'édifice date en partie du début du XIIIe siècle. L'étonnante façade rayée bicolore, plusieurs fois reconstruite, arbore un style arabo-normand. Les grandes portes en bronze furent fondues à Constantinople. L'intérieur est pour l'essentiel baroque.

OÙ PRENDRE UN PETIT-DÉJEUNER À AMALFI

Pasticceria Savoia
Cette pâtisserie réputée pour ses glaces confectionne aussi une délicieux *bacio di Amalfi*, brioche à la crème au citron. €

Pasticceria Andrea Pansa
Proche de la cathédrale, ce café au décor classique et à la clientèle d'habitués fait partie des bars historiques d'Italie. €

Bar Pasticceria Leone
Du côté de la Valle dei Mulini, ce bar à l'ancienne ne désemplit pas le matin. €

À côté de la cathédrale, l'idyllique **Chiostro del Paradiso** (cloître du Paradis) de style mauresque fut construit en 1266 pour abriter les tombes des citoyens illustres d'Amalfi ; 120 colonnes en marbre supportent des arches élancées autour d'un jardin central. On discerne ici des vestiges de fresques de la même époque. Quant à la **Basilica del Crocefisso** du IXe siècle, elle abrite la crypte contenant les reliques de Saint-André, patron de la ville, et le **Museo Diocesano di Amalfi** présentant une collection d'objets sacrés.

Près de la cathédrale, ne manquez pas de passer à la **Pasticceria Andrea Pansa**. Ouvert en 1830, ce café majestueux tout de verre et de bois fait partie des cafés historiques d'Italie. Offrez-vous un cappuccino et un *cornetto* (croissant) tout juste sorti du four.

La piazza Duomo est parfois bondée. Pour fuir la foule, réfugiez-vous dans les paisibles ruelles. Flanez dans la Via Lorenzo d'Amalfi, principale rue de la ville, bordée de restaurants et de boutiques de vêtements de créateurs et de céramiques artisanales qui conduit à la **Valle dei Mulini**, la vallée des moulins à papier d'Amalfi, zone papetière historique d'Amalfi (voir la notice ci-dessous).

UNE PROFUSION DE CITRONS

Toute la Campanie est renommée pour ses délicieux citrons, mais chaque terroir a sa variété. Voici les plus appréciées.

Limone di Procida
Gros et ovale, il a une écorce épaisse, blanche et spongieuse, d'où son nom de *limone pane* (citron pain).

Limone di Sorrento
Moyen à gros, de forme elliptique, il est très juteux et sa pulpe jaune foncé est très acide.

Sfusato Amalfitano
Il doit son nom à sa forme *sfusato* (elliptique et effilée). Il a une écorce jaune pâle, moyennement épaisse, un arôme et un parfum intenses, une acidité modérée, quelques pépins.

Museo della Carta

FABRICATION SÉCULAIRE DE PAPIER ARTISANAL

Superpuissance maritime au XIe siècle, Amalfi fut également un grand centre de fabrication de papier selon un procédé qui serait originaire de Chine. La zone s'étirant de la Valle dei Mulini (vallée des Moulins) à l'extrémité de la ville jusqu'aux bois de la Valle delle Ferriere regorgeait de moulins à papier qui fonctionnaient grâce à l'eau des cascades. Il ne reste plus qu'un seul moulin en activité à Amalfi, qui produit le papier artisanal de la ville, mais il est fermé au public. Vous pouvez toutefois visiter le **Museo della Carta** (musée du Papier) installé dans un moulin à papier du XIIIe siècle, le plus vieux d'Europe, et semblable à une grotte, dans la Valle dei Mulini.

La visite guidée du musée (en anglais) explique la fabrication du papier, à l'origine à base de fibres de coton. Les visiteurs découvrent les anciennes presses et peuvent s'essayer à fabriquer du papier, en brassant la pâte dans une large cuve en bois et en pressant les fibres pour obtenir une feuille. Si l'on utilise aujourd'hui des techniques plus modernes, le papier

TOUJOURS DES CITRONS

À Sorrente (p. 164), les **Giardini di Cataldo** réunissent un verger, un bar, une boutique de spécialités et un glacier. Bien sûr, tout y est fait avec du vrai *limone di Sorrento* bio.

OÙ SE RESTAURER À AMALFI

Masaniello Art Café
Ce bistrot sert la "cuisine de la *mamma*" (elle vient l'après-midi faire du *ragù*) et des déjeuners légers. €€

Il Chiostro
Derrière la cathédrale, ce superbe restaurant gastronomique revisite les plats régionaux avec inventivité. €€€

Donna Stella
Cette pizzeria située dans un verger de citronniers plein de charme sert de délicieuses pizzas et des salades. €€

CRÈCHES

La culture des *presepi* (crèches) est encore très vivante dans la catholique Campanie. À Amalfi, deux charmantes crèches en céramique sont exposées toute l'année.

La première se trouve Via Pietro Capuano, à demi immergée dans une fontaine, la Fontana de *cape 'e ciucci*, où les ânes venaient boire. La seconde est installée contre une paroi rocheuse à côté de l'Arco della Faenza. Ouvrez la barrière, souvent ouverte, pour la voir de plus près.

En quittant Amalfi à bord d'un bus SITA partant vers l'est, levez les yeux (si vous ne les fermez pas de peur ! – voir p. 160) afin d'apercevoir des crèches émaillant les falaises.

Citronneraie, Sorrente

artisanal produit à Amalfi, souple et texturé, a gardé ses caractéristiques. La boutique vend des articles de papeterie, dont de jolis cahiers. L'achat d'un billet combiné donne accès au musée du Papier et à Amalfi Lemon Experience, visite de la plantation de citronniers voisine (page ci-contre).

VIA SAN GREGORIO ARMENO

La **Via San Gregorio Armeno** (p. 63) à Naples est réputée pour ses ateliers vendant des santons artisanaux.

Les citrons d'Amalfi

L'AUTRE SPÉCIALITÉ D'AMALFI

Acidulés et pulpeux, les citrons sont monnaie courante dans la Campanie ensoleillée. Ces agrumes parfumés sont l'ingrédient phare de spécialités régionales salées comme sucrées. On les retrouve dans les crèmes, les glaces, les jus, la *granita al limone* et bien sûr le *limoncello*. Appréciés autant pour leur beauté que pour leur goût, ils ornent les corbeilles décoratives ou les céramiques colorées

OÙ SE LOGER À AMALFI

L'Antico Convitto
Couvent rénové offrant de superbes vues sur le clocher de la cathédrale et un élégant décor à l'ancienne. **€€**

DieciSedici
Palais médiéval rénové jouxtant la Piazza Municipio. Jolis carrelages en céramique d'Amalfi. **€€€**

Hotel Santa Caterina
L'un des hôtels les plus réputés et les plus luxueux d'Amalfi, voire de toute l'Italie. **€€€**

de la région. Et, bien sûr, on ne trouve les citrons d'Amalfi nulle part ailleurs !

Pour en savoir plus sur cet agrume emblématique de la ville, direction l'**Amalfi Lemon Experience**, visite d'une plantation de citronniers bio, propriété de la famille Aceto depuis 1825. La visite guidée vous emmène sur les hauteurs, au milieu des plantations en terrasses, d'où les femmes redescendaient jadis chargées d'un panier de citrons sur le dos. Vous y découvrirez les secrets de la greffe qui rend les citronniers plus robustes et résistants aux maladies, une méthode durable permettant d'éviter les pesticides. Finissez la visite dans le café spacieux du verger avec vue sur la vallée paisible pour goûter des friandises maison (au citron !) et le *limoncello* 100% bio du cru (qui, comme tout authentique *limoncello*, contient au minmum 30% d'alcool).

Panoramas

UNE ANCIENNE TOUR DE GUET

Que la beauté des rues pavées et des venelles chaulées de la vieille ville d'Amalfi ne vous fasse pas oublier de lever les yeux pour contempler les vestiges de la **Torre dello Ziro** (photo ci-dessous), une des nombreuses tours de guet érigées pour défendre la Campanie contre les raids des sarrasins.

Bâtie en 1480, quand Amalfi était encore un duché féodal puissant, la tour, outre son rôle défensif, servait d'entrepôt pour stocker des céréales et de l'huile. Aujourd'hui, c'est le point d'arrivée d'un sentier de randonnée populaire qui part du village de Pontone, dans les montagnes de Scala, et traverse la ville voisine d'Atrani (p. 182). À l'arrivée, au pied de la tour, le superbe panorama du golfe et des villes d'Atrani et d'Amalfi récompensera vos efforts.

Le sentier a beau être idyllique, l'imposante ruine médiévale est associée à un épisode tragique. Au début du XVIe siècle, on accusa la duchesse d'Amalfi, Giovanna d'Aragon, devenue veuve à vingt ans, d'avoir eu une liaison avec le majordome de la cour. La duchesse et ses deux enfants furent enfermés dans la Torre dello Ziro, avant d'y être tués. Pour les habitants, c'est donc un lieu de sinistre mémoire, et certains affirment même que la tour est hantée.

SHOPPING

Dalla Carta alla Cartolina
Papeterie féerique avec une installation artistique vidéo : mettez une carte postale dans une boîte aux lettres et regardez-la prendre vie.

Contemporary Shop
Boutique de mode et d'accessoires et objets éclectiques, vendant aussi des livres.

Angela Romano
Boutique artisanale de vêtements luxueux pour femmes et hommes.

L'Altra Costiera
Boutique proposant tout un éventail de céramiques artisanales, traditionnelles et modernes.

COMMENT CIRCULER

Tous les ferries et les bus de la région conduisent à Amalfi. Le centre-ville est partiellement piéton. Si vous vous perdez, prenez une des rues qui descendent ; toutes rejoignent l'artère principale : la Via Lorenzo D'Amalfi.

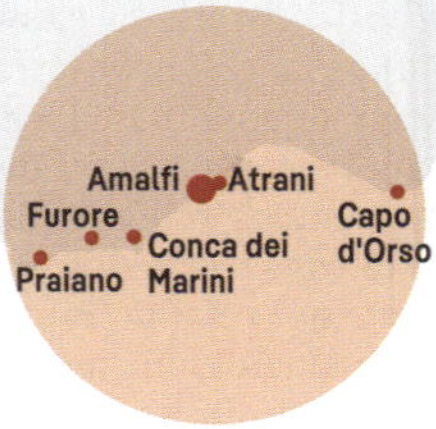

Environs d'Amalfi

Les villes connues de la côte amalfitaine attirent tous les regards, mais la nature superbe et les villages de pêcheurs valent aussi le détour.

Quittez l'agitation de la cité médiévale pour des randonnées sauvages dans les environs d'Amalfi, particulièrement luxuriants. Embaumant le citron et le romarin, la côte escarpée, ponctuée de falaises et de grottes mystérieuses, est propice aux sports nautiques. Elle compte de jolies plages isolées, comme à Conca dei Marini. Profitez d'une baignade inoubliable dans le Fiordo di Furore et dégustez le vin d'un petit producteur. Ici, les plages sont vraiment isolées : des centaines de marches vous attendent pour atteindre ces coins de paradis.

Pour les infos pratiques, voir le Carnet d'adresses p. 192

À SAVOIR

Longer la côte amalfitaine en ferry est plus coûteux qu'un voyage en bus, mais moins bondé, même durant la haute saison, et plus rapide. Le trajet dure 35 minutes entre Amalfi et Salerne et 5 minutes entre Cetara et Vietri sul Mare.

Conca dei Marini

Fiordo di Furore

Furore

VIN ET "FJORD"

À l'est d'Amalfi se trouve Furore, un petit village de pêcheurs surnommé *la città che non c'è* (la ville qui n'existe pas). Il n'y a pas de centre, juste une poignée de maisons ordinaires ornées de peintures murales qui lui donnent un air de musée en plein air. Mieux vaut être motorisé pour l'explorer vraiment.

Faites une halte à la **Cantine Marisa Cuomo**. Ce domaine géré par une viticultrice est le berceau du Fiorduva, un vin maintes fois primé. Visitez le vignoble sur la colline avec vue sur la mer et les falaises ou dégustez les vins du cru. N'en abusez pas afin d'avoir les idées claires pour descendre au **Fiordo di Furore**.

Ce n'est pas vraiment un fjord, car il n'a pas été formé par un glacier, mais une longue vallée creusée par la rivière Schiato dans les monts Lattari. À l'embouchure du *fiordo* qu'enjambe l'arche d'un pont, une petite plage de galets est nichée entre des rochers escarpés. Pour y accéder, impossible d'y couper : il faut descendre des centaines de marches. Le bus SITA n°5080 qui part d'Amalfi vous conduit juste au-dessus ; c'est de loin le chemin le plus court. Si vous prenez l'escalier près de la Cantine Marisa Cuomo, vous descendrez à la plage en 45 minutes. Néanmoins, les eaux cristallines et l'atmosphère méritent cet effort. La plage de Furore est gratuite, et selon Luigi, qui y loue

VOGUEZ LE LONG DE LA CÔTE AMALFITAINE

Les conseils de **Giovanni Fasano**, propriétaire de l'agence Vietri Rent *(vietri_rent)* pour de belles sorties en mer sur la côte amalfitaine.

"Depuis un bateau, admirez le maquis depuis le promontoire du Capo d'Orso. Faites une halte dans les eaux limpides de la Grotta di Pandora. Admirez les superbes cascades de Marmorata accessibles uniquement en bateau. Déjeunez sur l'une des petites plages, comme Santa Croce. Enfin, baignez-vous dans les eaux cristallines du Fiordo di Furore et regardez les plus téméraires faire de la tyrolienne ou sauter des falaises."

OÙ SE RESTAURER DANS LES ENVIRONS D'AMALFI

Euroconca
À Conca dei Marini, ce bâtiment en bord de route cache un élégant restaurant sur le front de mer. **€€€**

Le Arcate
À la sortie du tunnel entre Amalfi et Atrani. Pizzas et produits de la mer délicieux, avec belle vue sur la mer. **€€€**

Sal de Riso
Pasticceria et glacier de Minori (p. 188) au look rétro rempli de douceurs délicieuses. **€**

GROTTA DELLO SMERALDO

La Grotta dello Smeraldo, plus vaste et moins touristique que la Grotta Azzurra (p. 152), doit son nom à l'étrange lumière émeraude émanant de l'eau. Elle renferme des stalagmites qui mesurent jusqu'à 10 m de haut et surtout une superbe crèche en céramique de Vietri immergée à 4 m de fond. Site protégé, elle n'est accessible que dans le cadre de visites guidées.

La grotte se trouve à Conca dei Marini après Furore. Vous pouvez la rejoindre en voiture, par le bus SITA n°5070 ou encore par un bateau de la Coop Sant'Andrea depuis Amalfi.

Atrani

des transats depuis 15 ans, toujours très tranquille, sauf le dimanche et la semaine de *Ferragosto* (15 août).

Paisibles villages côtiers

VILLAGES DE PÊCHEURS AUTHENTIQUES

La côte, autour d'Amalfi, abrite plusieurs villages calmes et authentiques. Avec son paysage de carte postale, **Atrani**, à 600 m d'Amalfi (à l'est du parking Luna Rossa), a l'honneur insigne d'être le plus petit village du sud de l'Italie. Il attira, en 1923, l'artiste néerlandais M.C. Escher qui s'inspira de ses allées sinueuses pour créer certaines de ses œuvres labyrinthiques. Prisonnier d'une vallée haute et étroite, Atrani s'est développé à son rythme dans un isolement total. Il y règne un esprit communautaire. Son atout majeur est son absence d'artifices. Son charme découle aussi du fait qu'il y a très peu de voitures. La route côtière SS163 fait passer les bus SITA et leurs klaxons bien au-dessus du centre-ville, sur un pont de pierre.

À l'ouest d'Amalfi, visitez **Praiano**, un village escarpé que surplombe le magnifique dôme (restauré) aux tuiles vernissées bleues et blanches de la Chiesa di San Gennaro. Les maisons chaulées du village parsèment la crête verdoyante du mont Sant'Angelo, qui descend vers le Capo Sottile. Praiano avait la prédilection des doges d'Amalfi, qui en firent leur résidence estivale. Aujourd'hui, Praiano est une station balnéaire agréable (malgré ses nombreux escaliers !) et discrète, qui compte de nombreux restaurants et jouit d'une vie nocturne intéressante. C'est un point de départ alternatif pour le Sentiero degli Dei (p. 173), que l'on rejoint après avoir gravi quelque 1 000 marches.

COMMENT CIRCULER

Des bus SITA circulent d'Amalfi à Praiano (25 minutes). Atrani est à 10 minutes à pied d'Amalfi. Les transports publics sont irréguliers, mais mieux vaut les emprunter que conduire sur l'étroite et chaotique route SS163 durant la haute saison. Rien ne vaut un scooter pour atteindre les différents sites, mais uniquement si vous êtes un conducteur aguerri !

RAVELLO

Perchée sur une colline de l'arrière-pays, la ville de Ravello n'est pas particulièrement pratique pour explorer la côte amalfitaine, mais son isolement, son panorama et son centre médiéval spectaculaire en font un lieu de vacances éminemment romantique.

Ravello, fondée au Ve siècle sur une colline comme un sanctuaire contre les raids des barbares, a une longue histoire. Aujourd'hui, ses principaux atouts sont la Villa Rufolo et la Villa Cimbrone, deux villas médiévales dont l'architecture s'est enrichie au fil du temps, et dont les jardins offrent une vue sublime. Source d'inspiration pour Wagner comme pour D.H. Lawrence, l'auteur de *L'Amant de Lady Chatterley*, et lieu cher à Gore Vidal, qui y vécut 30 ans, la ville marque ses visiteurs. Difficile en effet de ne pas tomber sous son charme.

Ravello accueille chaque été un des meilleurs festivals de musique d'Italie (initié par l'épouse de Wagner).

Pour les infos pratiques, voir le Carnet d'adresses p. 192

À SAVOIR

Ravello est belle toute l'année, mais essayez de la visiter au printemps ou en été, quand les jardins des superbes villas Rufolo et Cimbrone sont en fleurs.

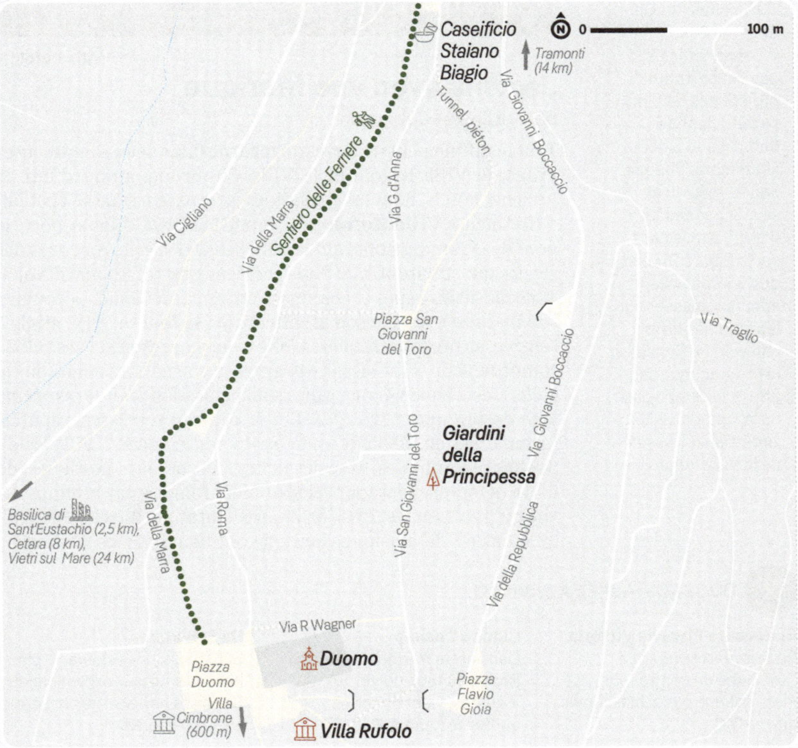

LE RAVELLO FESTIVAL

L'histoire musicale de Ravello ne s'est pas arrêtée avec Wagner. Depuis 1953, le Ravello Festival, de renommée internationale, accueille les musiciens les plus talentueux. Chaque été, la ville devient une scène musicale et propose des concerts sur la Piazza Duomo, à l'Auditorium Oscar Niemeyer et à la Villa Rufolo, et parfois même dans les rues. Muse d'artistes majeurs des XIXe et XXe siècles, Ravello est aussi surnommée la "Cité de la musique".

Les spectacles, des concerts aux projections de films, se déroulent de début juillet à début septembre. Chaque année, le festival se clôt par des feux d'artifice musicaux sur la Piazza Duomo, que les spectateurs admirent massés sur les marches de la cathédrale. Consultez le programme : peut-être écouterez-vous du Wagner dans les jardins en terrasses de la Villa Rufolo.

Villa Rufolo

Jardins avec vue féerique

DES VILLAS SÉCULAIRES

Tout le raffinement de Ravello s'incarne dans deux somptueuses villas, la Villa Rufolo et la Villa Cimbrone, aujourd'hui de luxueux hôtels, dont les splendides jardins avec vue se visitent.

L'immense **Villa Rufolo**, qui jouxte la Piazza Duomo, porte le nom de la famille noble qui la bâtit au XIIIe siècle. Au cours des siècles qui suivirent, elle fut la résidence du roi Robert d'Anjou et de plusieurs papes et connut divers remaniements. Découvrez son histoire à travers son architecture : sa tour du XIVe siècle à l'entrée, sa porte gothique, sa jolie cour mauresque et ses salons somptueux du XIXe siècle, offrant une vue panoramique sur le golfe. C'est là que Wagner puisa son inspiration pour le deuxième acte de son opéra *Parsifal*. Les jardins en terrasses, réputés, furent créés en 1853 par un Écossais, sir Francis Neville Reid : ils sont magnifiques, avec des fleurs aux couleurs exotiques (de mai à octobre) et des tours élégamment rongées par le temps. La vue qu'ils offrent est extraordinaire. Durant le Ravello Festival, les concerts de musique classique ont lieu dans les jardins.

OÙ SE RESTAURER À RAVELLO

Ristorante Pizzeria Vittoria
Pizzeria et restaurant à l'ancienne du centre-ville. Plats italiens pas si classiques que ça. €€

Cumpà Cosimo
Dans cette trattoria de la Via Roma, où tout, du vin aux légumes, vient du terroir, goûtez le lapin. €€

Da Salvatore
Superbe hôtel-restaurant ; plats italiens originaux exceptionnels. Depuis la terrasse, très belle vue sur la colline. €€

La **Villa Cimbrone** se trouve sur un promontoire à 10 minutes à pied de la Villa Rufolo. L'édifice, qui remonte au XIe siècle, reflète lui aussi les influences des époques ultérieures. Son principal atout réside dans son superbe jardin, créé pour l'essentiel par le Britannique Ernest Beckett, qui le réaménagea au début du XXe siècle avec des parterres de roses, des temples et un pavillon mauresque. Laissez-vous subjuguer en traversant ses roseraies ou en passant sous la pergola couverte de fleurs pourpres. Attardez-vous sur le **Belvédère de l'Infini**, bordé de bustes en marbre et surplombant la mer à 280 m : la vue est éblouissante.

La villa Cimbrone fut une sorte de refuge bohème, où Greta Garbo abrita par exemple ses amours avec Leopold Stokowski. Virginia Woolf, Winston Churchill, D.H. Lawrence et Salvador Dalí figurant au nombre des autres hôtes éminents.

Caseificio Staiano Biagio

COURS DE FABRICATION DE MOZZARELLA

Le fromager en chef Biagio Staiano organise régulièrement des ateliers de fabrication de mozzarella dans sa laiterie renommée, installée dans une ancienne église du XIXe siècle. Vous apprendrez les différentes étapes de la confection et ses gestes : étirer la pâte, lui donner sa forme de boule alors qu'elle est encore chaude… Après le cours, vous dégusterez un morceau de votre mozzarella, accompagné d'autres fromages locaux, et de champagne.

Balade dans le centre historique

RUES ANCIENNES ET DUOMO

Après la visite des villas de rêve, retrouvez la **Piazza Duomo** (photo ci-contre). Immense, elle est bordée de cafés historiques, de glaciers, de boutiques et d'une échoppe de sandales artisanales typique de la côte amalfitaine. Le **Duomo** (cathédrale) qui en occupe le côté est fut plusieurs fois remanié depuis son édification en 1086. Si sa façade date du XVIe siècle, sa porte centrale en bronze remonte à 1179. À l'intérieur, notez la remarquable chaire, soutenue par 6 colonnes torses assises sur des lions en marbre, et décorée d'éclatantes mosaïques représentant des paons et d'autres oiseaux. L'inclinaison du sol vers la place est un choix délibéré voué à accentuer l'effet de perspective.

Savourez une glace sur les marches de la cathédrale, ou promenez-vous dans le lacis des rues pavées ; tout est clairement indiqué depuis la Piazza Duomo. Depuis les **Giardini della Principessa**, la vue sur le golfe est splendide.

LES MEILLEURS HÉBERGEMENTS

Hotel Parsifal – Antico Convento del 1288
Un séjour dans cet hôtel de luxe occupant un couvent du XIIIe siècle a quelque chose de divin. Carrelage d'origine et somptueux salons à l'étage. **€€€**

Le Perle d'Italia
Chambres d'hôtes très bien aménagées à la périphérie de la ville. Décor méditerranéen ; petit-déjeuner servi sur la terrasse avec vue sur la montagne. **€€**

Palazzo Avino
Cet élégant palais du XIIe siècle aux touches mauresques a hébergé de nombreux personnages illustres. **€€€**

COMMENT CIRCULER

Minuscule et compact, Ravello se visite facilement à pied ; il faut quand même grimper pour atteindre la Villa Cimbrone. Des navettes mises en place par la commune vous conduisent d'un bout à l'autre de la ville (billet 1,50 €).

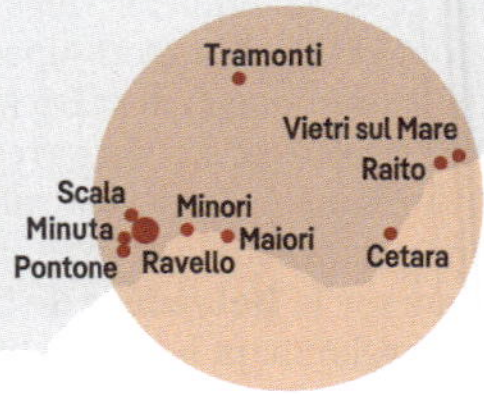

Environs de Ravello

Ne vous laissez pas accaparer par les jardins romantiques des villas de Ravello : les paisibles collines alentour recèlent de ravissantes surprises.

À quelques kilomètres de Ravello, le décor change. La montagne offre l'occasion de belles randonnées à la découverte ici d'une basilique médiévale en ruine, là d'une cascade (Scala), ou encore de domaines viticoles (Tramonti). Et si vous suivez la côte, vous pourrez profiter des plages de Minori et Maiori, dîner à Cetara, un village de pêcheurs où les gourmets viennent s'approvisionner d'un délicieux condiment local, ou encore admirer les couleurs de Vietri sul Mare, le berceau de la céramique de Vietri.

Pour les infos pratiques, voir le Carnet d'adresses p. 193

À SAVOIR

Durant la haute saison, les nouvelles navettes Travelmar relient Ravello à Tramonti en seulement 20 minutes. Achetez un billet en ligne (3,50 € l'aller) avant de monter à bord, à Rotonda di Ravello. Un véhicule est toutefois nécessaire pour rejoindre les différents hameaux de Tramonti et leurs vignobles.

Vietri sul Mare

DUDAEVA/SHUTTERSTOCK ©

Basilica di Sant'Eustachio

Randonnées depuis Scala

VESTIGES D'UNE ÉGLISE ET DE MOULINS À PAPIER

Si vous voulez troquer les ruelles romantiques de Ravello pour les sentiers de montagne, sachez que **Scala**, à seulement 2,6 km, est le point de départ de deux belles randonnées. Après avoir traversé le village de Scala, le plus ancien de la côte amalfitaine, puis les hameaux de Minuta et de Pontone surplombant la Valle di Dragone, vous atteindrez les superbes ruines de la **Basilica di Sant'Eustachio** du XIIe siècle. Les murs extérieurs de ses trois absides ont conservé des traces d'ornementations évoquant le style arabo-normand. De Pontone, vous pourrez rejoindre le **Sentiero delle Ferriere**, une randonnée de 11 km démarrant à Amalfi et traversant la Valle delle Ferriere. Ce pays de cascades et de forêt luxuriante comptait autrefois une fonderie (*ferriera*) et des moulins à papier. Aujourd'hui, ces édifices sont pour la plupart en ruine et la zone a été requalifiée en réserve naturelle, réputée pour ses orchidées et autres fleurs endémiques. Lors de la rédaction de ce guide, l'accès au Sentiero delle Ferriere était toutefois fermé en raison de glissements de terrain. Renseignez-vous auprès de l'office du tourisme.

MON SITE PRÉFÉRÉ SUR LA CÔTE AMALFITAINE

Lavinia Lucaci
organisatrice au sein de l'agence Vietri Ren *(@reaching_italy)*

"J'habite sur la côte et mon site préféré est la Villa Rufolo à Ravello, pour son architecture unique et sa vue époustouflante. Elle est facilement accessible, et c'est très appréciable ! Ce havre de paix s'anime durant le Ravello Festival. C'est une expérience extraordinaire… Quand l'orchestre joue sur la falaise surplombant la mer, ça vous transporte ! En dehors du festival, j'aime particulièrement me rendre à la Villa Rufolo au printemps."

OÙ SE RESTAURER DANS LES ENVIRONS DE RAVELLO

La Cianciola
Ce restaurant sur la Piazza Cantone de Cetara, alliant simplicité et chic, revisite les plats de poisson classiques. €€

Pizzeria Da Giufè
Excellente pizzeria près de la Villa Comunale à Vietri sul Mare. Pizzas légères et fantastiques *fritti* (hors-d'œuvre frits). €€

Pasticceria Sandra
À Vietri sul Mare, cette pâtisserie à l'ancienne du Corso Umberto I vend des créations artisanales uniques. €

LES VINS DE LA CÔTE AMALFITAINE

Les vins de la côte amalfitaine, issus de cépages de montagne poussant au milieu d'une brume salée, méritent d'être goûtés.

Du fait de la topographie et du climat, les vignobles campaniens donnent des vins rouges charpentés, comme le Tintore et le Piedirosso, ou des blancs frais, comme le Falanghina et le Biancolella, légèrement soufré, élevé sur un sol volcanique.

Les vins blancs tendent à prédominer, traditionnellement pour accompagner les plats à base de poissons. Néanmoins, les rouges sont étonnamment intenses, contribuant à la renaissance d'un authentique et délicieux rosé de Campanie, qui a du corps.

Cetara

Tramonti

DOMAINES VITICOLES DE MONTAGNE

Tramonti est une commune composée de hameaux dispersés et de vignobles anciens. Dans l'immense **Tenuta San Francesco**, profitez d'une dégustation de vins du domaine, ou savourez le vin de votre choix en accompagnement d'un repas "de la ferme à la table". Vous pourrez aussi suivre un cours de cuisine. Offrant un cadre plus intime, la **Monte di Grazia Azienda Agricola Biologica** est une exploitation familiale où vous goûterez des vins puissants dans le jardin du propriétaire, au sommet d'une colline.

Minori et Maiori

PLAGES, PÂTES ET RANDONNÉE

Sur la côte à l'est de Ravello, **Minori** et **Maiori** sont de petites bourgades avec un front de mer idyllique et des plages accueillantes. Le Sentiero dei Limoni, un sentier panoramique de 3 km, relie les deux villages en traversant des citronneraies. Minori est connue pour la fabrication des pâtes, notamment les *scialatielli* (en forme d'épais rubans), et pour la célèbre *pasticceria* de **Sal de Riso**, l'inventeur du *babamisù* (baba au rhum imbibé de café, fourré de crème tiramisu).

Cetara

ANCHOIS ET PLAGE SECRÈTE

Cetara est un authentique village de pêcheurs plein de charme, à l'extrémité orientale, plus paisible, de la côte amalfitaine. Le village est dominé par la **Torre di Cetara**, une imposante tour de guet angevine du XIVe siècle. Commencez par monter au sommet de la tour pour admirer le panorama, puis descendez l'escalier à

OÙ ACHETER DES CÉRAMIQUES À VIETRI SUL MARE

D'Urso
Créations originales et artistiques, loin des mugs produits en série.

Ceramiche Di Mosca Giovanni
De l'art moderne en constante évolution : Giovanni Di Mosca orne ses céramiques de peintures fabuleuses.

Ceramica Pasquale Avallone
La plus ancienne boutique de céramiques de Vietri sul Mare, tenue par la même famille d'artisans depuis 1839.

gauche de l'édifice pour atteindre la **Spiaggia di Lannio**. Longue d'une centaine de mètres, cette plage de sable noir idyllique est encadrée de falaises. Après la baignade, préparez-vous à déguster la spécialité de Cetara : la *colatura di alici* (coulis d'anchois). Les gourmets affluent au village pour manger des pâtes aromatisées avec ce condiment au goût puissant qui descendrait du garum, une sauce de poisson romaine. Régalez-vous d'une belle assiettée de *spaghetti con colatura di alici* à **La Cianciola** sur la Piazza Cantone, lieu idéal pour profiter des concerts estivaux.

Chaque année, fin juillet, Cetara célèbre ses liens anciens avec la pêche à travers deux fêtes. La *Sagra del Tonno* est dédiée au thon : les thoniers de Cetara sont l'une des plus importantes flottes de pêche de Méditerranée. La *Notte delle Lampare* évoque quant à elle la pêche traditionnelle au lamparo, qui consiste à accrocher des lampes, la nuit, aux bateaux pour attirer les anchois. La fête s'accompagne de concerts, de dégustations et d'un feu d'artifice.

Cetara est le dernier arrêt du ferry avant Vietri sul Mare au départ d'Amalfi. Elle est également accessible en bus SITA.

Vietri sul Mare

COMME UN ARC-EN-CIEL

En débarquant du ferry à Vietri sul Mare, vous ne verrez d'abord qu'un paysage assez typique de la côte amalfitaine. Mais une fois que vous aurez gravi la pente escarpée et pavée menant au centre-ville, vous entrerez dans un monde féerique.

Vietri sul Mare est le lieu d'origine des fameuses céramiques peintes à la main aux couleurs intenses que l'on rencontre dans la région. Décorant les villas et les dômes majestueux des églises, elles sont désormais indissociables de la côte amalfitaine. À Vietri, la tradition est très ancrée, à tel point que la ville ressemble à un musée à ciel ouvert. Escaliers, devantures et ruelles sont ornés de céramiques, offrant une véritable débauche de couleurs. Ici, une simple fontaine ou la décoration d'une place devient une œuvre d'art, comme le célèbre *ciucciariello* (petit âne) turquoise de la **Piazza Matteotti**. Les rues sont jalonnées d'ateliers, où l'on peut voir des artisans créer des vases, des objets décoratifs et de la vaisselle. Ces dernières années, les motifs modernes bleu indigo et blancs ont remplacé les scènes traditionnelles représentant des ânes et des citronniers, pour un résultat magnifique. Visitez la Ceramica Artistica Solimene à l'étonnante façade carrelée, puis faites un détour jusqu'au parc de la **Villa Comunale** réputé pour son chemin décoré de carreaux aux couleurs de l'arc-en-ciel qui descend jusqu'à la mer.

RAITO

Perché sur une montagne, le ravissant village de Raito se trouve à une courte distance en bus (n°01) de la place principale de Vietri. Dans son Museo della Ceramica, vous découvrirez l'histoire de la céramique de Vietri et admirerez des pièces remontant jusqu'au XVIIe siècle.

Plus haut sur la montagne, Le Vigne di Raito, une *cantina* (vignoble) gérée par une femme, propose des menus dégustation et des pique-niques. Après avoir visité le domaine et admiré la vue, les visiteurs goûtent le rosé primé et très corsé du vignoble dans un cadre rustique.

COMMENT CIRCULER

Les bus SITA relient régulièrement Ravello à Amalfi, d'où vous pouvez gagner en ferry ou en bus Vietri sul Mare et Cetara. Pour randonner depuis Scala jusqu'aux ruines de la basilique de Sant'Eustachio, il suffit de marcher de Ravello à Scala, puis de traverser la Valle delle Ferriere.

Carnet d'adresses

SORRENTE ET SA PÉNINSULE

Basilica di Sant'Antonino
Voir p. 164 (081 878 14 37 ; Piazza Sant'Antonino, Sorrente ; 9h-12h et 17h-19h)

Chiesa e Chiostro di San Francesco
Voir p. 164 (Via San Francesco, Sorrente ; 7h-19h)

Duomo
Voir p. 164 (081 878 22 48 ; Corso Italia, Sorrente ; 8h-12h30 et 16h30-21h)

Museo Correale di Terranova
Voir p. 166 (081 878 18 46 ; www.museocorreale.it ; Via Correale 50, Sorrente ; tarif plein/réduit 6/3,50 € ; 9h-14h lun-sam fév-déc)

Museo della Tarsia Lignea
Voir p. 165 (081 877 19 42 ; www.museomuta.it ; Via San Nicola 28, Sorrente ; tarif plein/réduit 8/5 € ; 10h-18h30 avr-oct, 10h-17h30 nov-mars)

Villa Fiorentino
Voir p. 166 (081 878 2284 ; Corso Italia 53, Sorrente ; 9h-13h et 16h-18h)

Téléphérique du Monte Faito
Voir p. 166 (0800 211 388 ; www.eavsrl.it/web/orario-funivia ; Castellammare di Stabia ; aller simple/aller-retour 5,50/8 € ; 10h-17h avr-juin et sept-nov, 8h30-20h30 juil-août)

Grand Hotel Excelsior Vittoria
Voir p. 166 (081 877 71 11 ; excelsiorvittoria.com ; Piazza Tasso 34, Sorrente)

Hotel Mediterraneo
Voir p. 167 (081 878 1352 ; www.mediterraneosorrento.com ; Corso M. Crawford 85, Sant'Agnello)

Le Sirene Hotel
Voir p. 167 (081 808 17 71 ; www.lesirenehotel.it ; Via Marina del Cantone 27, Massa Lubrense)

Magi House Relais
Voir p. 164 (081 807 01 21 ; magihouse.com ; Via Padre Reginaldo Giuliani 56, Sorrente)

Ulisse
Voir p. 164 (081 877 47 53 ; www.ulissedeluxe.com , Via del Mare 22, Sorrente)

Cremeria Gabriele
Voir p. 166 (081 879 8744 ; www.gabrieleitalia.com ; Corso Umberto I° 8, Sorrente ; 8h30-14h et 16h-minuit, fermé jan-mi-fév)

La Cantinaccia del Popolo
Voir p. 165 (366 101 54 97 ; www.facebook.com/people/La-Cantinaccia-Del-Popolo/100057200210111 ; Vico Terzo Rota 3, Sorrente ; plats 21 € ; 12h-15h30 et 19h-23h30 mar-dim)

La Conca
Voir p. 167 (081 532 1495 ; www.ristorantelaconca.net ; III Traversa Alimuri, Meta ; 12h-15h et 19h30-23h30)

Mary's Beach (da Luigi)
Voir p. 167 (081 808 1142 ; www.facebook.com/marysdaluigi ; Via Marina Del Cantone 52/58 ; 12h-minuit)

O'Parrucchiano
Voir p. 165 (081 878 1321 ; www.parrucchiano.com ; Corso Italia 71, Sorrente ; 12h-15h30 et 19h-22h45)

Pizza a Metro
Voir p. 166 (081 879 83 09 ; www.pizzametro.it ; Via Giovanni Nicotera 15, Vico Equense ; 12h-15h et 18h30-23h30)

Quattro Passi
Voir p. 166 (081 808 12 71 ; www.ristorantequattropassi.it ; Via Amerigo Vespucci 13, Massa Lubrense ; 12h-minuit jeu-mar)

Ristorante Eughenes, Termini
Voir p. 165 (081 808 1989 ; www.facebook.com/EughenesTrattoria ; Via Roncato 9, Massa Lubrense ; 13h-14h30 et 20h-22h30)

Ristorante Il Cantuccio Mare
Voir p. 166 (081 808 1288 ; www.ristorantecantuccio.com ; Marina del Cantone ; 12h-17h et 19h-22h30)

Biagio Barile
Voir p. 165 (333 778 9987 ; barileinlaidsorrento.com ; Vico Sant Aniello 6, Sorrente ; 9h-13h et 16h-21h)

Giardini di Cataldo
Voir p. 165 (081 878 1888 ; igiardinidicataldo.it ; Via Correale 27, Sorrente ; 10h-16h30)

Bar Ercolano
Voir p. 167 (081 807 2951 ; Piazza Torquato Tasso, Sorrente ; 6h-1h30 mer-lun)

Peter's Beach
Voir p. 167 (081 878 1879 ;

Chiostro di San Francesco, Sorrente

Via San Francesco, Sorrente ; 9h-1h mer-lun, 9h-19h mar)

Vrasa
Voir p. 167 (340 427 3961 ; www.vrasa.it ; Via Santa Maria della Pieta 30, Sorrente ; 19h-minuit mar-ven, 12h-minuit sam, 12h-16h dim)

POSITANO

Chiesa di Santa Maria Assunta
Voir p. 171 (089 87 54 80 ; www.chiesapositano.it ; Piazza Flavio Gioia ; 8h-12h et 16h-20h)

MAR-Museo Archeologico Romano de Positano
Voir p. 171 (331 208 5821 ; marpositano.it ; Piazza Flavio Gioia 7 ; 15 € ; 10h-16h nov-mars, 9h-21h avr-oct)

Palazzo Murat
Voir p. 171 (089 875 51 77 ; www.palazzomurat.it ; Via dei Mulini 23)

C'era Una Volta
Voir p. 170 (089 81 19 30 ; www.ristoranteceraunavolta-positano.com ; Via Marconi 127 ; repas 20-30 € ; 12h-15h et 18h30-23h mer-lun)

Covo dei Saraceni
Voir p. 170 (089 875400 ; www.covodeisaraceni.it ; Via Regina Giovanna 5 ; 12h-16h et 19h-23h)

Il Ritrovo
Voir p. 173 (089 875453 ; www.ilritrovo.com ; Piazza Cappella 3, Montepertuso ; 11h30-16h et 18h30-22h45)

La Zagara
Voir p. 170 (089 875964 ; www.lazagara.com ; Via dei Mulini 10 ; 8h-22h jeu-mar, fermé en hiver)

Chez Black
Voir p. 169 (089 875 036 ; www.chezblack.it ; Via del Brigantino 19 ; 12h-23h)

La Brezza Net Art Cafe
Voir p. 169 (089 87 58 11 ; www.labrezzapositano.it ; Via del Brigantino 1; 10h30-23h30 mer-lun, fermé en hiver)

Music on the Rocks
Voir p. 169 (089 875 874 ; www.musicontherocks.it ; Via del Brigantino 19 ; 19h-4h, 19h-5h lun, mer et ven)

Antica Sartoria by Giacomo Cinque
Voir p. 171 (081 510 9088 ; anticasartoriapositano.it ; Via dei Mulini ; 9h-minuit)

Casa e Bottega
Voir p. 171 (338 709 7500 ; www.casaebottegapositano.it ; Via Pasitea 100 ; 9h-15h30 mar-dim)

La Bottega di Brunella
Voir p. 171 (089 87 52 28 ; www.labottegadibrunella.it ; Viale Pasitea 72 ; 9h-22h mai-sept, 9h-20h oct-avr)

La Botteguccia di Giovanni
Voir p. 171 (089 81 18 24 ; www.labotteguccia positano.it ; Via Regina Giovanni 19 ; 9h-22h mai-oct)

AMALFI

Amalfi Lemon Experience
Voir p. 179 (335 121 8292 ; www.amalfilemonexperience.it ; Via delle Cartiere 59 ; Classic Lemon tour 25 € ; visite à 10h)

Cattedrale di Sant'Andrea
Voir p. 176 (089 87 10 59 ; Piazza del Duomo ; tarif plein/réduit 3/1 € de 10h à 18h ; 7h30-19h30)

Museo della Carta
Voir p. 177 (089 830 45 61 ; www.museodellacarta.it ; Via delle Cartiere 23 ; tarif plein/réduit 4,50/2,50 € ; 10h-19h tlj mars-oct, 10h-17h mar-dim nov-déc)

Museo Diocesano di Amalfi
Voir p. 177 (089 871324 ; museodiocesanoamalfi.it ; Piazza Duomo ; tarif plein/réduit 3/1,50 € ; 10h-17h)

DieciSedici
Voir p. 178 (089 87 22 52 ; www.diecisedici.it ; Piazza Municipio 10-16)

Hotel Santa Caterina
Voir p. 178 (089 87 10 12 ; www.hotelsantacaterina.it ; Strada Amalfitana 9)

L'Antico Convitto
Voir p. 178 (089 871849 ; www.lanticoconvitto.com ; Via Salita dei Curiali 4)

Bar Pasticceria Leone
Voir p. 176 (089 871127 ; www.pasticcerialeone.it ; Via Lorenzo d'Amalfi 47 ; 7h-20h)

Donna Stella
Voir p. 177 (366 368 9666 ; www.facebook.com/Pizzeriadonnastella ; Salita d'Ancora 4 ; 11h-15h30 et 18h-22h30 mer-lun)

Il Chiostro
Voir p. 177 (089 873380 ; www.facebook.com/ristoranteilchiostroamalfi ; Via dei Prefetturi 2 ; 12h30-15h et 18h-21h30 jeu, 12h30-15h et 18h30-22h ven, 12h30-15h30 et 18h-22h sam, 12h30-16h dim)

Pasticceria Andrea Pansa
Voir p. 177 (089 87 10 65 ; www.pasticceriapansa.it ; Piazza del Duomo 40 ; cornetti à partir de 1 €, pâtisserie à partir de 4,50 € ; 7h30-23h, fermé déb jan à déb fév)

Masaniello Art Cafe
Voir p. 177 (089 871442 ; www.instagram.com/latavernadimasaniello2009 ; Vicolo Masaniello 14 ; 12h-16h et 18h-minuit mer-lun)

Pasticceria Savoia
Voir p. 176 (089 871445 ; www.savoiapasticceria.it ; Via Matteo Camera 2 ; été 7h30-23h, hiver 7h30-21h mar-dim)

Angela Romano
Voir p. 179 (089 872 548 ; www.angelaromanoamalfi.com ; Via Pietro Capuano 10 ; 9h30-22h)

Contemporary Shop
Voir p. 179 (335 121 9319 ; www.facebook.com/ContemporaryshopAmalfi ; Via Pietro Capuano 2 ; 9h-22h mer-lun, 21h30 mar)

Boutique de céramique, Ravello

TUNATURA/STOCK.ADOBE.COM ©

Dalla Carta alla Cartolina
Voir p. 179 (089 872976 ; www.carta-amalfi.it ; Via Cardinale Marino del Giudice ; 10h-19h)

L'Altra Costiera
Voir p. 179 (089 873 6082 ; www.altracostiera.com ; Via Lorenzo d'Amalfi 34 ; 10h-23h)

ENVIRONS D'AMALFI

Cantine Marisa Cuomo
Voir p. 181 (089 830348 ; www.marisacuomo.com ; Via Giambattista Lama 16/18, Furore ; 9h30-13h et 15h-18h lun-ven)

Grotta dello Smeraldo
Voir p. 182 (089 857096 ; Via Smeraldo, Conca dei Marini ; 5 € ; 10h-15h)

Coop Sant'Andrea
Voir p. 182 (089 87 31 90 ; Lungomare dei Cavalieri 1 ; aller-retour 10 €, plus le billet d'entrée pour la Grotta dello Smeraldo)

Euroconca
Voir p. 181 (089 831621 ; www.euroconca.com ; Via Smeraldo 67, Conca dei Marini ; plats 11-17 € ; 12h-22h30)

Le Arcate
Voir p. 181 (089 871367 ; www.learcateatrani.it ; Largo Orlando Buonocore, Atrani ; plats 12-20 € ; été 12h-15h30 et 19h-23h)

RAVELLO

Duomo
Voir p. 185 (089 858311 ; Piazza Duomo ; musée tarif plein/réduit 3/2 € ; 9h-19h)

Museo della Ceramica a Raito
Voir p. 189 (089 21 18 35 ; Villa Guerriglia, Via Nuova Raito ; 9h-15h mar-dim)

Ceramica Artistica Solimene
Voir p. 189 (089 210243 ; www.ceramicasolimene.it ; Via Madonna degli Angeli 7, Vietri Sul Mare ; 9h-20h lun-ven, 9h-13h30 et 16h-20h sam)

Villa Cimbrone
Voir p. 185 (089 85 74 59 ; www.hotelvillacimbrone.com/villa-cimbrone ; Via Santa Chiara 26 ; 10 € ; 9h-crépuscule)

Villa Rufolo
Voir p. 184 (089 85 76 21 ; www.villarufolo.com ; Piazza Duomo ; tarif plein/réduit 7/5 € ; 9h-21h mai-sept, horaires réduits oct-avr, musée de la tour 9h-17h)

Caseificio Staiano Biagio
Voir p. 185 (089 857271 ; www.caseificioravello.it ; Piazza Fontana Moresca 1 ; 7h20-11h lun-sam)

Le Vigne di Raito
Voir p. 189 (www.levignediraito.com ; Via San Vito 9 ; 11h-12h lun-sam, 17h-18h lun-ven)

Hotel Parsifal – Antico Convento del 1288
Voir p. 185 (089 857144 ; hotelparsifal.it ; Viale Gioacchino d'Anna 5)

Le Perle d'Italia
Voir p. 185 (333 279 2746 ; www.leperleditalia.it ; Via Muscettola 3)

Palazzo Avino
Voir p. 185 (089 81 81 81 ; www.palazzoavino.com ; Via San Giovanni del Toro 28)

Cumpà Cosimo
Voir p. 184 (089 85 71 56 ; Via Roma 44-46 ; pizzas 7-12 €, repas 30-35 € ; 12h-15h30 et 18h-22h30)

Da Salvatore
Voir p. 184 (089 85 72 27 ; Via della Republicca 2 ; repas 38-45 € ; 12h30-15h et 19h30-22h mar-dim Pâques-nov)

Ristorante Pizzeria Vittoria
Voir p. 184 (089 85 79 47 ; www.ristorantepizzeriavittoria.it ; Via dei Rufolo 3 ; pizza à partir de 5 €, repas 30 € ; 12h30-15h et 19h30-22h30 ;)

Oscar Niemeyer Auditorium
Voir p. 184 (089 857096 ; www.facebook.com/ravellocinema ; Via della Republica 12 ; tarif plein/réduit 6-7(3D)/5 € ; 16h-22h sam-dim)

ENVIRONS DE RAVELLO

Basilica di Sant'Eustachio
Voir p. 187 (338 560 5550 ; Via Sant'Eustachio, Scala ; avr-nov 9h-17h30)

Torre di Cetara
Voir p. 188 (www.torredicetara.it/torrecetara.html ; Via Lannio 2, Cetara ; 10h-13h ven-dim, 16h-19h sam)

Monte di Grazia Azienda Agricola Biologica
Voir p. 188 (089 876906 ; www.facebook.com/montedigrazia ; Via Chiunzi, Tramonti ; 9h-13h et 14h-21h)

Tenuta San Francesco
Voir p. 188 (089 876434 ; www.vinitenutasanfrancesco.com ; Via Fieccia, Tramonti)

La Cianciola
Voir p. 189 (089 261828 ; Piazza Cantone 13, Cetara ; 13h-15h30 et 19h45-23h30 mar-ven et dim, fermé à minuit le sam)

Pasticceria Sandra
Voir p. 187 (089 210507 ; Corso Umberto I 77, Vietri sul Mare)

Pizzerie Da Giufè
Voir p. 187 (089 971 3521 ; www.facebook.com/DaGiufe ; Corso Umberto I 2, Vietri sul Mare ; 12h-16h et 18h30-minuit ven-mer)

Sal de Riso
Voir p. 188 (089 87 79 41 ; www.salderiso.it ; Via Roma 80, Minori ; desserts à partir de 4 € ; 7h-1h)

Ceramiche Di Mosca Giovanni
Voir p. 188 (089 212561 ; Corso Umberto I 108, Vietri sul Mare ; 9h-20h lun-ven, 9h-13h30 et 15h30-20h sam)

Ceramica Pasquale Avallone
Voir p. 188 (320 757 8321 ; www.anticaceramicaavallonepasquale.it ; Corso Umberto I 128, Vietri sul Mare ; 9h-20h)

D'Urso
Voir p. 188 (089 761161 ; Corso Umberto I 85, Vietri sul Mare ; 9h-20h lun-ven, 10h-20h sam-dim)

Vieille ville de Salerne

SALERNE ET LE CILENTO

LA CAMPANIE MÉRIDIONALE

Vallées, parcs nationaux, plages, histoire antique et spécialités culinaires : bienvenue dans la province la plus vaste et la plus diverse de Campanie.

La province de Salerne se déploie des eaux émeraude de la côte amalfitaine aux Apennins, alternant espaces de nature sauvage, campagne, villages et centres urbains densément peuplés.

La présence humaine dans le secteur remonte au moins à 500 000 ans, une longue histoire dont le moindre village porte les traces. Les temples grecs remarquablement préservés de Paestum (en photo) sont probablement les vestiges les plus célèbres.

Salerne a des allures de mini-Naples, mais son centre historique est épargné par les scooters. Parmi ses atouts, un passionnant musée archéologique et une cathédrale normande. Dans le sud de la province, plus rural, la vie se déroule au rythme lent des saisons. C'est ici que l'on produit l'authentique *mozzarella di bufala*.

La valeur historique et la beauté naturelle du Cilento, joyau méconnu formé d'un littoral en grande partie préservé et d'un intérieur montagneux réputé notamment pour ses orchidées, lui valent d'être inscrit au Patrimoine mondial de l'Unesco.

SALERNE
La capitale médiévale de la médecine
p. 200

PARC NATIONAL DU CILENTO
Histoire et nature
p. 205

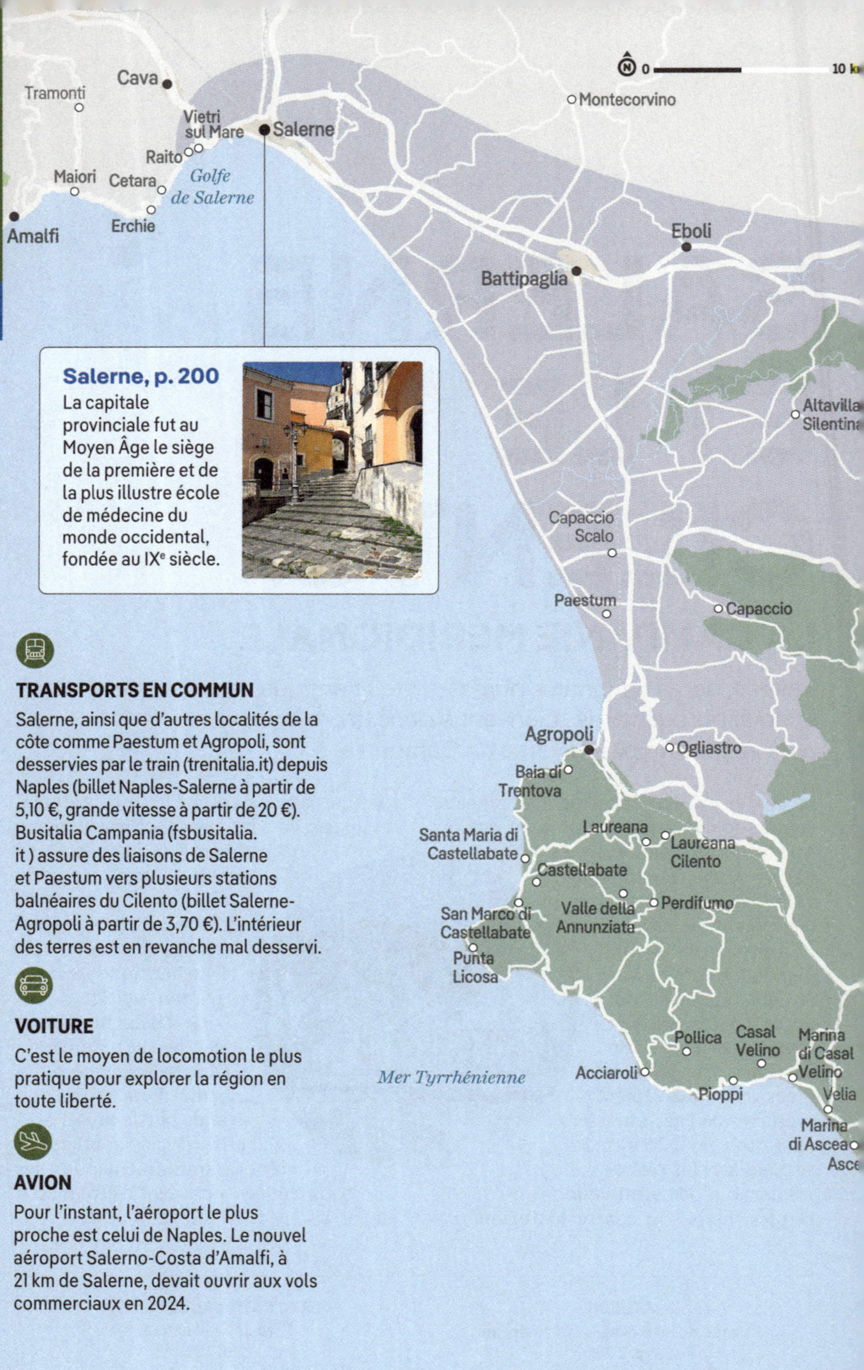

Salerne, p. 200

La capitale provinciale fut au Moyen Âge le siège de la première et de la plus illustre école de médecine du monde occidental, fondée au IXe siècle.

TRANSPORTS EN COMMUN

Salerne, ainsi que d'autres localités de la côte comme Paestum et Agropoli, sont desservies par le train (trenitalia.it) depuis Naples (billet Naples-Salerne à partir de 5,10 €, grande vitesse à partir de 20 €). Busitalia Campania (fsbusitalia.it) assure des liaisons de Salerne et Paestum vers plusieurs stations balnéaires du Cilento (billet Salerne-Agropoli à partir de 3,70 €). L'intérieur des terres est en revanche mal desservi.

VOITURE

C'est le moyen de locomotion le plus pratique pour explorer la région en toute liberté.

AVION

Pour l'instant, l'aéroport le plus proche est celui de Naples. Le nouvel aéroport Salerno-Costa d'Amalfi, à 21 km de Salerne, devait ouvrir aux vols commerciaux en 2024.

S'orienter

Cette zone géographique allant de la côte salernitaine à l'arrière-pays du Cilento se distingue par son extrême variété en termes de paysages et de climats. En témoigne le Parco Nazionale del Cilento, Vallo di Diano e Alburni, qui englobe montagnes, prairies, bois, cours d'eau et cascades.

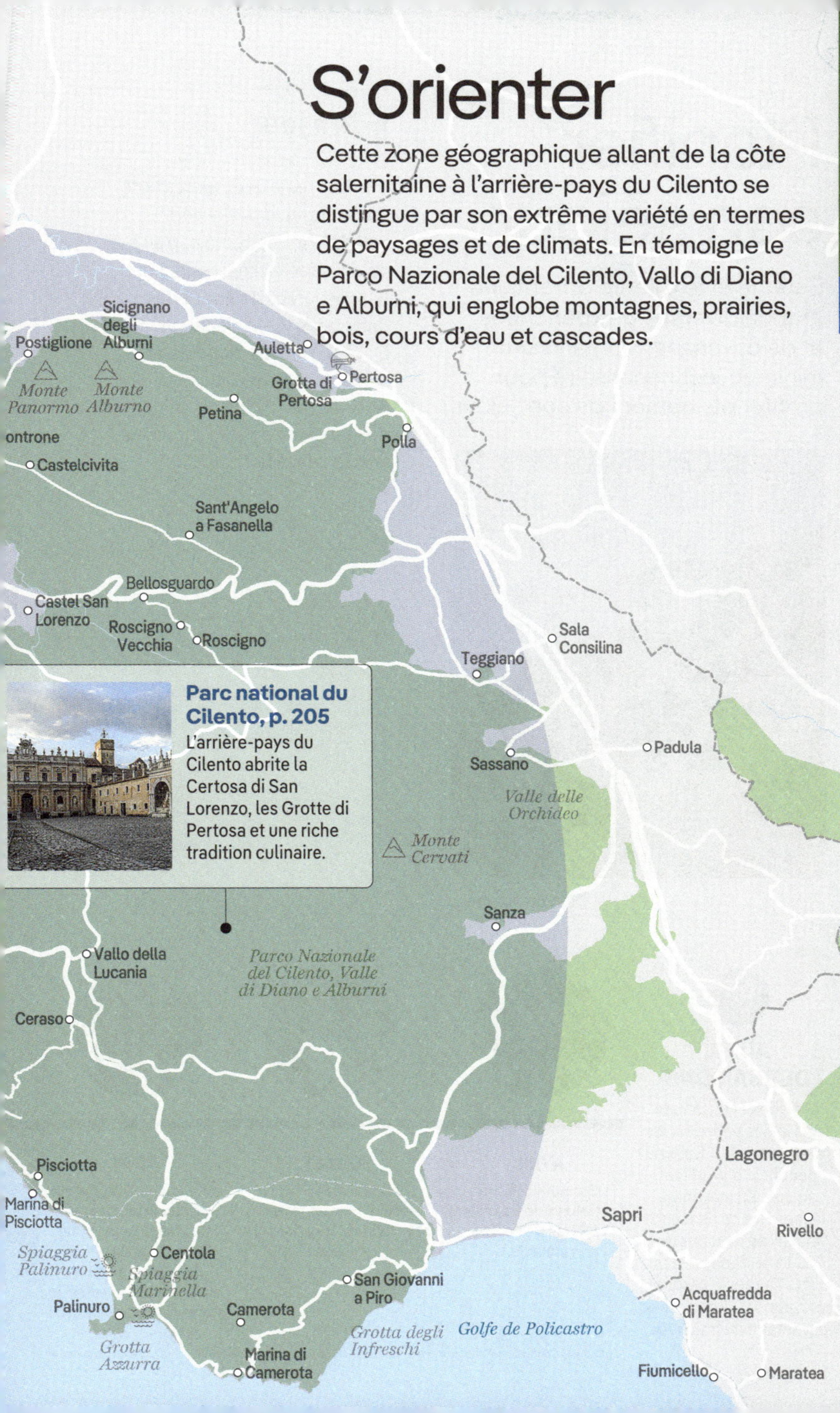

Parc national du Cilento, p. 205

L'arrière-pays du Cilento abrite la Certosa di San Lorenzo, les Grotte di Pertosa et une riche tradition culinaire.

Planifier son séjour

Salerne et le Cilento offrent une grande diversité d'expériences et de paysages. S'organiser un minimum est nécessaire pour profiter pleinement de son séjour.

Côte du Cilento

En un jour

S'il vous reste une journée libre après un séjour sur la côte amalfitaine, mettez le cap au sud pour visiter les impressionnants temples grecs de **Paestum** (p. 210), datant des VIe-Ve siècles av. J.-C., et son musée archéologique. À 30 minutes de voiture au nord, **Battipaglia** (p. 210) offre l'occasion de goûter le nec plus ultra de la *mozzarella di bufala* DOP.

AU FIL DES SAISONS

Avec des étés chauds sans excès et des hivers rarement froids, Salerne bénéficie d'un climat amène. En moyenne, le mercure ne descend jamais en dessous de 7°C et ne dépasse pas 30°C. Durant la période estivale, le Cilento offre davantage de fraîcheur.

AVRIL

Gromola célèbre l'**artichaut de Paestum IGP** lors d'une fête annuelle.

JUILLET

Giffoni Valle Piana accueille un important **festival du film** pour la jeunesse.

AOÛT

À Teggiano, **Alla Tavola della Principessa Costanza** reconstitue le mariage du prince de Salerne en 1480 : costumes, spectacles de rue et plats traditionnels.

Sur un week-end

Aventurez-vous dans l'intérieur des terres pour profiter pleinement de la gastronomie locale et de la nature dans un *agriturismo* (gîte rural). Après une halte à **Padula** (p. 205) et sa chartreuse, parcourez en voiture d'autres villages, puis rejoignez sur la côte **Paestum** (p. 210) et ses temples grecs. Le deuxième jour, retrouvez la vie urbaine à **Salerne** (p. 200) lors d'une balade sur le **Lungomare** (p. 203) et dans le centre historique. Sans oublier les **Giardini della Minerva** (p. 202), ancien jardin des simples de la prestigieuse école de médecine de la ville, et le **Castello di Arechi** (p. 201) perché sur les hauteurs.

Si vous avez plus de temps

Passez le premier jour à **Salerne** (p. 200) afin de découvrir ses authentiques **ateliers d'artisans** (p. 204), qui perpétuent un savoir-faire ancestral (céramique, marqueterie...). Les églises, en particulier le **Duomo** (p. 203), **San Pietro a Corte** (p. 203) et la **Chiesa di San Giorgio** (p. 203) au plafond couvert de fresques baroques, méritent aussi l'attention. Ne partez pas non plus sans avoir vu la **Villa Comunale** (p. 203). Vous pourrez ensuite prendre la route du sud à destination de Paestum et des ruines de la cité grecque d'Élée à **Velia** (p. 211). De beaux villages comme **Acciaroli** (p. 211) et de belles plages vous attendent sur la côte avant de vous enfoncer dans les terres du Cilento.

AOÛT

La **Festa del Fico Bianco del Cilento**, à Giungano, met les figues blanches à l'honneur.

AOÛT

Le **Velia Teatro Festival** programme des tragédies grecques et romaines dans le théâtre antique.

SEPTEMBRE

Lors de la **Festa di San Michele Arcangelo** à Sala Consilina, procession et "vol" d'un enfant déguisé en archange au-dessus de la place.

DÉCEMBRE

Les créations lumineuses de **Luci d'Artista** font scintiller les rues de Salerne.

GERARDO IANNONE/SHUTTERSTOCK ©, ESSEVU/SHUTTERSTOCK ©, GENNARO DIBS/SHUTTERSTOCK ©, ESSEVU/SHUTTERSTOCK ©

SALERNE

S'étendant du littoral jusqu'à une altitude de 900 m, la deuxième ville de Campanie (127 000 habitants) est souvent considérée comme une version miniature de Naples (1 million d'habitants).

Habité au moins dès le VIe siècle av. J.-C. par les Étrusques, le site de l'actuelle Salerne (Salerno) devint au IIe siècle av J.-C. une importante colonie maritime romaine. Le Moyen Âge vit la création d'une principauté indépendante et prospère, carrefour culturel entre les mondes byzantin et musulman. De ce creuset naquit au IXe siècle la Schola Medica Salernitana, première école de médecine d'Europe. Au XIXe siècle, la ville connut un véritable essor industriel, notamment textile, au point d'être surnommée la "Manchester des Deux-Siciles".

Quoique lourdement bombardée lors du débarquement allié du 9 septembre 1943, la ville a conservé miraculeusement une partie de son centre historique.

Pour les infos pratiques, voir le Carnet d'adresses p. 212

À SAVOIR

Salerne a les caractéristiques d'une ville moyenne, avec des rues agréables à parcourir à pied, surtout dans le centre historique. Si vous avez l'intention de faire du shopping, vérifiez les horaires des commerces, qui ferment souvent plusieurs heures l'après-midi en été.

Castello di Arechi

SPÉCIALITÉS SALERNITAINES

La cuisine de Salerne utilise les excellents produits de la région, à commencer par ceux de la mer, souvent servis avec le citron parfumé de la côte amalfitaine (DOP). S'y ajoutent des viandes tels le buffle et la charcuterie du Cilento, les artichauts blancs du Tanagro (DOP), les tomates de San Marzano et le *provolone del Monaco* (DOP), fromage affiné.

Côté abats, la *milza imbottita* (*meveza 'mbuttunata* en dialecte) est de la rate garnie d'un mélange d'ail, persil et poivre, cuite dans l'huile et le vinaigre. Ce plat typique de la fête patronale de saint Matthieu (21 septembre) peut se déguster en sandwichs.

La forteresse médiévale

SALERNE VU D'EN HAUT

Trônant à 300 m au-dessus de la ville, le **Castello di Arechi** fut édifié au VIIIe siècle par le Lombard Arigis II, duc de Bénévent, sur les fondations d'un *castrum* byzantin, puis remanié par les Normands et les Aragonais, ainsi qu'au XVIe siècle.

Longez ses remparts et ses tours afin de profiter de la vue unique sur Salerne et l'ensemble de la baie. Le château fort lui-même se visite, mais les circuits guidés doivent être réservés à l'avance. À l'intérieur, le **Museo Medievale** rassemble des centaines d'objets mis au jour dans le secteur. Les œuvres d'une exposition d'art contemporain se mêlent parfois aux pièces archéologiques.

CENTRE HISTORIQUE

Le tracé urbain du centre historique de Salerne ressemble un peu à celui de Naples (p. 52), en particulier certaines rues tortueuses et en pente, mais on est loin de l'ébullition permanente des **Quartiers espagnols** (p. 65).

OÙ SE RESTAURER DANS LE CENTRE HISTORIQUE DE SALERNE

Al Civico 90
Restaurant simple et de bon goût. Goûtez son *noccioraviolo* (ravioli farci de ricotta, noisettes, saucisse, *provolone*). **€€**

La Botte Pazza
Une table accueillante sans chichi qui met à l'honneur les produits du terroir. Vins à la tirette en libre-service. **€€**

Da Michele
Cette pizzeria réputée est une aubaine pour les budgets serrés. Optez pour la classique Margherita ou la *pizza fritta*. **€**

SCHOLA MEDICA SALERNITANA

La légende qui entoure la fondation de la première école de médecine d'Europe, la *Schola Medica Salernitana*, dit à peu près ceci : par une nuit d'orage au IXe siècle, quatre individus de cultures respectivement latine, grecque, juive et arabe trouvèrent refuge sous une arche de l'aqueduc de Salerne. L'un d'eux étant blessé, ils commencèrent à discuter de la façon de soigner ses blessures, et découvrirent alors qu'ils étaient tous médecins. Constatant la complémentarité de leurs savoirs, ils décidèrent d'ouvrir un lieu d'enseignement réunissant les connaissances médicales de leurs cultures d'origine.

L'école fut le plus important foyer de connaissances médicales d'Europe au Moyen Âge. Elle ne ferma ses portes qu'au début du XIXe siècle. Chose rare, l'institution permit à des générations de femmes, les *Mulieres Salernitanae*, d'étudier, de pratiquer et d'enseigner la médecine.

FEDERICA BOCCO/LONELY PLANET ©

Café des Giardini della Minerva

Le site ne se trouve qu'à 10 minutes en voiture du centre. L'ascension à pied est déconseillée mais vous pouvez vous rendre au Castello avec le bus n°19. En voiture, mieux vaut arriver le matin avant l'affluence, car le parking gratuit compte peu de places.

Deux heures suffisent pour explorer seul la forteresse, avant de faire un tour dans le maquis méditerranéen du parc environnant. Des événements culturels tels que les concerts de Rock alla Rocca sont souvent organisés sur le site.

Le jardin botanique

PLANTES ET MÉDECINE ANCIENNE

Pour échapper à la chaleur estivale, rendez-vous au **Giardino della Minerva**, probablement le précurseur de tous les jardins botaniques d'Europe. Matteo Silvatico, un noble médecin de la Schola Medica Salernitana, le créa au début du XIVe siècle pour y cultiver les simples et enseigner leurs caractéristiques à ses

OÙ SE LOGER À SALERNE

Hotel Montestella
Un établissement moderne proche de tout, à mi-chemin entre le centre historique et la gare ferroviaire. **€€€**

Hotel La Madegra Seasuite
Chambres lumineuses et vue sur la mer pour cette adresse proche de la gare, à 10 minutes de marche du centre. **€€€**

Suite 39 B&B
Un B&B confortable et central, non loin des bus pour la côte amalfitaine et le Cilento. **€**

étudiants. Aujourd'hui, on peut observer, toucher et humer sur place quelque 300 espèces végétales.

La terrasse inférieure est toujours consacrée aux plantes médicinales et divisée en quatre parties selon la théorie des humeurs de la médecine antique (sang, bile jaune, bile noire et flegme). Chaque espèce occupe la section correspondant aux maux qu'elle guérit.

Les terrasses les plus élevées offrent une belle vue sur la ville et la mer. Une tisanerie aux allures de pharmacie d'antan sert des infusions 100% naturelles.

Le Duomo

UNE ARCHITECTURE COMPOSITE

Construite par les Normands au XIe siècle, l'imposante **cathédrale de Salerne** (Cattedrale di Santa Maria degli Angeli, San Matteo e San Gregorio VII) fut modifiée au XVIIIe siècle, puis fortement endommagée lors du séisme de 1980. L'entrée principale, dite porte des Lions (XIIe siècle), débouche sur une cour harmonieuse bordée de portiques romans et dominée par un campanile byzantino-normand. Derrière les grandes portes en bronze fondues à Constantinople au 1099, également flanquées de lions, les trois nefs présentent un aspect essentiellement baroque. Il ne reste que quelques vestiges de l'édifice d'origine dans le transept, le pavement du chœur et les deux ambons surélevés, devant les stalles. Quelques fragments de mosaïques du XIIIe siècle subsistent, tandis que celles de l'abside datent des années 1950.

Redécorée au XVIIe siècle, la crypte baroquissime qui conserve les reliques de saint Mathieu constitue le fleuron du Duomo. Sur son plafond voûté, des fresques de style maniériste tardif, peintes par l'artiste italo-grec Belisario Corenzio, illustrent la vie du saint patron de la ville.

Balade en ville

DU FRONT DE MER AU CENTRE HISTORIQUE

Salerne possède une promenade en front de mer, le **Lungomare Trieste**, des plus attrayantes. En été, la plage voisine fréquentée par les habitants loue des chaises longues pour le prix d'un café sur la côte amalfitaine. La proximité du port empêche la baignade, mais il y règne une sympathique ambiance musicale et sportive.

Traversez la **Villa Comunale** et la Via Roma, l'artère principale jalonnée de restaurants et de bars en tout genre, puis suivez n'importe quelle rue menant au dédale organisé

LES PLUS BELLES ÉGLISES

Outre la cathédrale, deux églises méritent le coup d'œil :

San Pietro a Corte
Les différentes strates de cet ensemble archéologique témoignent de l'histoire de Salerne : des thermes romains (Ier siècle), une tombe paléochrétienne (Ve siècle), la chapelle (VIIIe siècle) du seul palais lombard subsistant en Italie et un campanile du XVe siècle.

Chiesa di San Giorgio
La plus belle église baroque de la ville, chargée de fresques d'Angelo et Francesco Solimena et de stucs dorés du XVIIe siècle.

OÙ PRENDRE UN *APERITIVO* À SALERNE

Embarcadero
Une adresse en bord de mer où siroter un verre au coucher du soleil ; assiettes gastronomiques. Réservez. €€€

Bar Rosa al Corso
Bar chic du Corso Vittorio Emanuele, réputé pour ses cocktails originaux et ses pâtisseries exquises. €€

Sala Varese 1930
À deux pas de la Villa Comunale, ce bar-restaurant historique propose apéritifs et dégustations culinaires. €€

ARIGIS II

Duc puis prince de Bénévent, le Lombard Arigis II fit de Salerne sa capitale en 774. Durant son règne (758-787), il contribua au rayonnement culturel et littéraire de la ville, où cohabitèrent harmonieusement des communautés lombardes, grecques et byzantines. Son épouse Adalberge, belle-sœur de Charlemagne, commanda notamment deux ouvrages majeurs à l'historien Paul Diacre, son ancien précepteur. Des progrès furent aussi réalisés dans les domaines de l'urbanisme et du droit.

Le château de Salerne – Castello di Arechi – porte encore le nom d'Arigis (Arechi en italien), bien qu'il ait été occupé aux siècles suivants par les Normands et les Aragonais.

FEDERICA BOCCA/LONELY PLANET ©

Luci d'Artista

du **centre historique**, aussi calme le lundi après-midi que trépidant le vendredi soir. Au milieu des boutiques, de vieux **ateliers** perpétuent la tradition de la céramique, de la marqueterie et d'autres savoir-faire artisanaux.

Durant la basse saison hivernale, l'activité touristique se maintient grâce à **Luci d'Artista** (novembre-janvier), dont les illuminations thématiques égayent la ville. Au programme : sculptures lumineuses, arbre de Noël géant et grande roue dominant la baie.

COMMENT CIRCULER

Hormis le Castello di Arechi, tous les sites d'intérêt de la ville sont accessibles à pied. Si vous arrivez à Salerne en voiture, il existe maintenant un grand parking sous la Piazza della Libertà, à un jet de pierre de la Villa Comunale. Des ferries au départ de Naples, de Sorrente et, en été, de la côte amalfitaine et des îles desservent Salerne, également située sur la ligne ferroviaire Naples-Reggio de Calabre, et sur la ligne de bus SITA partant d'Amalfi et desservant Minori, Maiori, Cetara et Vietri sul Mare.

PARC NATIONAL DU CILENTO

Idéal pour fuir les foules de vacanciers de la côte amalfitaine, le Parco Nazionale del Cilento, Vallo di Diano e Alburni marie bois denses, prairies fleuries, montagnes imposantes, rivières et cascades, et s'étend jusqu'au littoral. À l'intérieur des terres, ses villages pittoresques n'ont guère l'habitude de recevoir des touristes. Attachés aux traditions religieuses et culinaires d'antan, les habitants continuent de vivre à un rythme tranquille.

Située dans le Vallo di Diano, à la lisière orientale du parc, la Certosa di San Lorenzo, une immense chartreuse fondée au XIVe siècle, a contribué au classement de cette zone au Patrimoine mondial de l'Unesco, en 1998.

Pour les infos pratiques, voir le Carnet d'adresses p. 212

À SAVOIR

Le Cilento demeure essentiellement rural, des conditions qui semblent bénéfiques à la santé puisqu'on y vit en moyenne 10 ans de plus que dans le reste de l'Italie. Le secret d'une telle longévité ? Le régime méditerranéen, sans doute, et le rythme paisible de ces villages isolés.

La plus grande chartreuse d'Italie

UN CHEF-D'ŒUVRE DU BAROQUE

Au cœur du Vallo Diano, la petite ville perchée de **Padula** domine la splendide **Certosa di San Lorenzo**, un gigantesque monastère accueillant aujourd'hui un musée. Quelques chiffres : 320 salles et halls, 2 500 m de couloirs, galeries et entrées, 300 colonnes, 500 portes, 550 fenêtres, 100 cheminées, 13 cours, 52 escaliers et 41 fontaines...

Bâtie en 1306, cette chartreuse fut fondée par le comte Tommaso II Sanseverino. Les importants remaniements qu'elle a connus jusqu'à la fin du XVIIIe siècle en ont fait l'un des fleurons de l'architecture baroque en Campanie, d'où son classement au Patrimoine mondial de l'Unesco (conjointement au Parc national, à Velia et à Paestum ; voir p. 208, 211 et 210). Les cellules spartiates des moines y côtoient de somptueuses décorations, notamment à l'intérieur de l'église.

L'ensemble s'organise autour du Chiostro Grande, le cloître principal de 104 m sur 149 m dont la construction s'étendit sur près de deux siècles. Hélas, l'emblématique escalier en ellipse (*scalone*) qui en dessert le premier étage n'est plus accessible lors de la visite.

Le Museo Archeologico Provinciale della Lucania Occidentale rassemble une modeste collection d'objets du Xe siècle av. J.-C. au VIe siècle de notre ère.

POLVERE DI PEPERONE CRUSCO

La *polvere di peperone crusco* (poudre de poivron séché) est un ingrédient utilisé dans la région historique de Lucanie (actuelles Basilicate et provinces de Salerne et Cosenza).

Les poivrons rouges "corne de chèvre" sont cultivés sans produits chimiques, puis séchés au soleil et broyés à l'aide d'une meule en pierre. Le résultat peut être doux ou piquant en fonction de la variété employée.

Le condiment obtenu sert à relever certains saucissons et assaisonner de nombreux plats. Très coûteux, il est parfois vendu à la cuillerée.

VOIR
1 Battistero di San Giovanni in Fonte
voir 5 Certosa di San Lorenzo di Padula
2 Grotte di Castelcivita
3 Grotte di Pertosa-Auletta
4 Museo del Paesaggio e della Natura
5 Padula

ACTIVITÉS
6 Gole del Sammaro
7 Monte Cervati

Le baptistère sur l'eau

RUINES BUCOLIQUES

Entre Padula et la ville voisine de Sala Consilina, des panneaux de couleur marron indiquent le **Battistero di San Giovanni in Fonte**. Suivez-les à pied : l'itinéraire passe par un *agriturismo* et emprunte ce qui ressemble à une petite voie privée, avant de rejoindre, quelques minutes plus tard, ce baptistère paléochrétien du IVe siècle, unique en son genre car construit sur une source. Le temps et les éléments

OÙ SE RESTAURER À PADULA

La Locanda dei Trecento
L'une des meilleures tables du secteur : recettes authentiques, portions généreuses et personnel avenant. €

Agriturismo Aia Antica
Cuisine typique du Cilento à base de produits du terroir. Le soir, la pizza est reine. €

Porticum Herculis
Délicieuses spécialités locales à prix modiques, dont des grillades à la braise, dans un décor à l'antique. €

FEDERICA BOCCO/LONELY PLANET ©

Grotte di Pertosa-Auletta

ont largement endommagé les fresques que l'édifice renferme mais on distingue encore les visages des quatre évangélistes, peints aux VIe-VIIe siècles, dans un style byzantin. Ce lieu comme oublié dégage une certaine magie. On peut y pique-niquer à l'ombre de grands arbres, dans un cadre des plus pittoresques.

Spectaculaires grottes

MÊME PAS PEUR !

Le Cilento est connu pour ses réseaux de grottes. Au nombre des plus connues figurent les **Grotte di Pertosa-Auletta**. Vieilles de 35 millions d'années, elles s'enfoncent dans la montagne sur environ 2 500 m. Elles furent habitées dès l'âge du bronze, soit quelque deux millénaires avant notre ère, et servirent de lieu de culte à l'époque gréco-romaine. La visite guidée parcourt de vastes espaces hérissés de concrétions calcaires, dont certaines sont célèbres pour leur forme. Ainsi le "Baiser", formé par une stalactite et une stalagmite qui se rejoignent presque, évoquant deux visages en train de s'embrasser. Le clou reste toutefois la traversée en radeau du **Fiume Negro**, la seule rivière souterraine sur laquelle il soit possible de naviguer en Italie. L'éclairage artificiel crée une atmosphère sépulcrale. D'ailleurs, le site accueille à l'occasion des spectacles théâtraux inspirés de l'*Enfer* de Dante. Portez des chaussures confortables : le chemin est glissant par endroits. Quelle que soit la météo, y compris en plein été, mieux vaut prévoir de quoi se couvrir et une veste imperméable car la température chute considérablement à l'intérieur.

ÉTOILES SOUTERRAINES

Des étoiles de David, des noms et les dates de 1944 et 1945 inscrits sur une paroi dans les grottes de Pertosa-Auletta rappellent que durant la Seconde Guerre mondiale, les habitants du Cilento cachèrent des juifs napolitains dans des cavités naturelles afin de les soustraire à la déportation vers les camps de concentration nazis. On ignore toutefois si ces graffitis furent tracés par des réfugiés ou par les soldats juifs engagés auprès des Alliés qui débarquèrent dans la région. L'obscurité des grottes dissimule également une phrase en hébreu – "Cette vallée est magnifique, mais celle qui nous attend l'est plus encore."

OÙ DÉGUSTER LA CUISINE DU CILENTO

Piccolo Salumificio Artigianale
Goûtez la *soppressata di Gioi*, un type de saucisson sec fabriqué uniquement dans le village perché de Gioi. **€€**

Antica Fattoria Petrizzo
Une petite fromagerie de Padula spécialisée dans le *caciocavallo* (fromage de vache à pâte filé en forme de poire). **€**

Santomiele Officina del Gusto
Des figues sèches préparées de toutes les façons imaginables, dans un ancien pressoir à olives de Prignano Cilento. **€€**

SENTIERS DE RANDONNÉE

Gole del Sammaro
Pour rejoindre les gorges du Sammaro, dont les eaux cristallines se faufilent entre des parois rocheuses, rejoignez Sacco (à 18 km à l'ouest de Teggiano) en voiture puis parcourez à pied le sentier balisé de difficulté moyenne qui y conduit (environ 2 km). On peut voir sur le trajet la Grotta di Jacopo, qui porte des traces d'implantations pastorales de l'âge du bronze.

Monte Cervati
Au départ de Piaggine (à 28 km à l'ouest de Teggiano), une randonnée plus ardue monte jusqu'au sommet du Monte Cervati (1 900 m), point culminant de la Campanie, où se dresse la Cappella della Madonna della Neve. Cette chapelle, particulièrement charmante sous la neige hivernale, est hélas souvent fermée ; renseignez-vous avant de vous mettre en route.

Moins commerciales et situées à 40 km au sud-est de Salerne, à la pointe nord-ouest du parc national, les **Grotte di Castelcivita**, d'aspect irréel, étaient habitées il y a déjà 42 000 ans. Elles s'étendent sur plus de 4 800 m, mais seule la moitié est ouverte au public. Le circuit classique (1 heure) permet de découvrir d'impressionnantes stalagmites et stalactites, ainsi qu'un époustouflant jeu de couleurs dû aux algues, au calcium et au fer qui teintent les contours des roches. Pour la visite, prévoyez là aussi une veste et de bonnes chaussures, car les sentiers peuvent se révéler glissants. Le port d'un casque est obligatoire et une bonne condition physique est requise.

Le parc national

RANDONNÉES EN PLEINE NATURE

Deuxième plus grand parc d'Italie après celui du Gargano (Pouilles), le **Parco Nazionale del Cilento, Vallo di Diano e Alburni** couvre 360 km² de nature préservée entre la mer Tyrrhénienne et les Apennins. Il figure dans son intégralité au Patrimoine mondial de l'Unesco.

D'une biodiversité remarquable, le territoire comprend 1 800 espèces de plantes indigènes, dont 10% considérées comme rares. Entre zones côtières et montagneuses, forêts, falaises et ruisseaux, la faune est très diverse : elle compte notamment des oiseaux de proie (dont l'aigle royal), des loups, des petits mammifères, des reptiles et de nombreuses espèces de poissons.

Les paysages sont éblouissants, et, au printemps, vous serez émerveillé par l'océan de fleurs : narcisses délicats, orchidées sauvages et tulipes se détachent parmi des plantes plus communes comme les marguerites jaunes et les coquelicots. Les bosquets de sapins argentés, de châtaigniers et de hêtres complètent ce superbe tableau, de même que les falaises vertigineuses et les montagnes couvertes de pins.

Le parc comprend différents sentiers mais ils ne sont pas aussi bien balisés que sur la côte amalfitaine, et les équipements sont rares. Si vous randonnez seul, préparez votre itinéraire avec soin car si vous vous perdez, la situation peut devenir fâcheuse, voire dangereuse. En cas de doute, joignez-vous à une excursion guidée : la plupart des *agriturismi* du parc peuvent en organiser.

Être motorisé permet de tirer le meilleur parti du parc. Le **Museo del Paesaggio e della Natura** de Santa Maria di Castellabate permet d'avoir une vue d'ensemble du site grâce à la réalité virtuelle.

COMMENT CIRCULER

Les transports en commun dans l'arrière-pays du Cilento s'avèrent limités. Il n'y a actuellement plus de trains en circulation – les gares existantes sont fermées depuis des années – mais la compagnie ferroviaire nationale assure quelques bus (fsbusitalia.it) quotidiens depuis/vers Naples, Battipaglia (la gare en activité la plus proche) et d'autres villes. De leur côté, les bus SITA Sud effectuent trois liaisons par jour entre Salerne et Pertosa (lun-sam). Les bus manquant toutefois de fiabilité, la voiture reste le moyen de locomotion le plus pratique ; les routes sont généralement en bon état et bien signalisées.

La côte du Cilento

Le littoral du Cilento est l'autre visage de la province de Salerne.

En allant du Vallo di Diano vers l'ouest puis le sud-ouest en direction de la mer, on assiste à un changement progressif du paysage naturel et culturel. Beaucoup moins connu que la péninsule de Sorrente et la côte amalfitaine au nord, le littoral du Cilento aux eaux vert émeraude s'étend sur 100 km entre les golfes de Salerne et de Policastro, jalonné de 16 villes et d'une myriade de villages, certains accrochés sur des versants baignés de soleil. De charmantes localités balnéaires séduisent les adeptes de la plage, les criques isolées alternant avec les longues étendues de sable blond, relativement exemptes de glaciers à la sauvette ou de loueurs de transats à prix prohibitifs.

Les temples grecs de Paestum, remarquablement préservés, constituent le joyau de la couronne.

À SAVOIR

La côte du Cilento est mieux desservie que l'arrière-pays, avec des liaisons en train et en bus plusieurs fois par jour entre les principales villes. Avoir une voiture reste néanmoins plus pratique.

Palinuro (p. 211)

AU PAYS DU FROMAGE

Dans cette partie de la Campanie connue pour ses fromages, le lait est souvent qualifié d'*oro bianco* ("or blanc"). **Capaccio Paestum**, **Battipaglia** et **Eboli** abritent les meilleurs *caseifici* (fromageries), qui ont su allier tradition et technologie moderne.

En dehors de la célèbre *mozzarella di bufala*, également déclinée en *bocconcini* ("petites bouchées"), vous aurez l'occasion de vous régaler d'autres fromages à pâte filée, comme la *treccia* ("tresse"), la *provola* fumée, ou le *caciocavallo* plus ferme. Sans oublier la ricotta.

Parco Archeologico di Paestum

Paestum

LES PLUS BEAUX TEMPS GRECS D'ITALIE

Classé au Patrimoine mondial de l'Unesco, le vaste **Parco Archeologico di Paestum** comprend trois temples grecs de style dorique parmi les mieux conservés au monde, ainsi qu'un captivant musée rempli d'objets du quotidien et de trésors antiques. Malgré son intérêt majeur et son cadre bucolique, le site est loin de connaître la popularité de la romaine Pompéi (p. 96), ce qui laisse le loisir d'admirer plus tranquillement ce glorieux vestige de la Grande Grèce, laquelle englobait jadis presque toute l'Italie du Sud.

Paestum, l'antique Poséidonia (du nom du dieu de la mer, Poséidon), fut fondée par des colons grecs vers la moitié du VIIe siècle av. J.-C. et passa sous la domination de Rome en 273 av. J.-C. Après la chute de l'Empire romain, la cité entama son déclin, les raids des Sarrasins et les épidémies de malaria la vidant progressivement de sa population. Les ruines furent redécouvertes dans les années 1760, mais elles ne furent pas entièrement fouillées et mises au jour avant les années 1950.

Le parc archéologique peut paraître en friche et inexploité mais il n'en est rien. Les visiteurs peuvent déambuler librement à l'intérieur des remparts de la ville à la découverte de la majestueuse **"Basilique"** (seconde moitié du VIe siècle av. J.-C.), du **temple de Poséidon** (vers 450 av. J.-C.), le mieux conservé, et du **temple de Cérès** (vers 500 av. J.-C.). Comme leur nom ne l'indique pas, les deux premiers sont en réalité des temples dédiés à Héra, le troisième à Athéna.

Ils voisinent avec les ruines d'un amphithéâtre romain, de thermes, de boutiques, d'habitations au sol parfois encore paré de mosaïques, et d'autres infrastructures urbaines. L'application Paestum permet de se repérer facilement sur le site.

OÙ VISITER UNE FROMAGERIE

La Perla del Mediterraneo
Ce *caseificio*, à 4 km de Santa Cecilia, fabrique *mozzarella di bufala* et dérivés, dont une version sans lactose.

Tenuta Vannulo
Au nord de Paestum, visitez le musée de la Vie rurale de cette ferme dont les 600 bufflonnes sont choyées.

Caseificio Barlotti
Dégustations de produits au lait de bufflonne mais aussi de viande, légumes et pâtisseries, à Paestum.

Gardez du temps pour le **Museo di Paestum** voisin, lequel renferme une collection de frises sculptées de bas-reliefs, ainsi que pléthore de fresques datant du Ve siècle av. J.-C. La plus célèbre est celle de la *Tomba del tuffatore* (tombe du Plongeur) : le personnage peint, suspendu entre ciel et terre, sur ce qui fut la façade d'un tombeau, évoquerait le passage de la vie à la mort.

Bord de mer

PLAGES, GROTTES ET RUINES ANTIQUES

La côte du Cilento brille par sa diversité. Les amateurs de plages sablonneuses et les familles mettront de préférence le cap sur la zone s'étendant entre Agropoli et Marina di Ascea, où une oliveraie séculaire sépare la campagne de la bande littorale. Tout au nord, **Agropoli** est une agréable station balnéaire dotée d'un joli centre historique. Sur les hauteurs à 10 km au sud d'Agropoli, le bourg médiéval de **Castellabate**, bâti à flanc de colline, figure parmi les plus beaux villages d'Italie ; il est proche de superbes plages. Une partie du village occupe le cap de **Punta Licosa** (photo ci-dessous), formé de sable blanc et de maquis méditerranéen : on disait jadis ses eaux limpides peuplées de sirènes. Plus au sud, arrêtez-vous dans le beau village d'**Acciaroli**, qui aurait inspiré à Hemingway *Le Vieil Homme et la Mer* : son exceptionnellle Spiagga Grande est une plage sablonneuse d'une propreté irréprochable, où flotte le Pavillon bleu.

À **Velia** se trouve le site archéologique de la cité antique d'Élée, lieu de naissance des philosophes Parménide et Zénon, qui n'adopta jamais complètement les mœurs romaines. Vous y verrez des vestiges de mur d'enceinte, de thermes, d'un temple et d'un théâtre où sont aujourd'hui jouées des pièces antiques à l'occasion d'un important festival.

Plus au sud, **Palinuro**, considérée comme la principale station balnéaire du Cilento, a conservé une atmosphère languide de village de pêcheurs. Se targuant de superbes plages (parmi les plus propres et les mieux entretenues d'Italie), et donnant sur une baie aux eaux cristallines abritée par un promontoire, la bourgade est prise d'assaut en août par les vacanciers italiens. Des sorties en bateau (à partir de 20 €/pers.) mènent à la **Grotta Azzura** de Palinuro, spectaculaire avec ses jeux de lumières et de couleurs produits par les rayons du soleil, qui pénètrent dans la grotte à travers un passage à 8 m de profondeur.

BIENVENUE DANS LE SUD

Castellabate a servi de décor au film *Benvenuti al Sud* (2010), un remake de *Bienvenue chez les Ch'tis* réalisé par Luca Miniero.

Dans cette comédie, le bourg et ses habitants incarnent l'Italie méridionale vue à travers les préjugés d'un habitant du nord de la Péninsule muté dans la région contre son gré. Après avoir toujours cru que le sud était synonyme de paresse et de criminalité, ce dernier finit par s'attacher aux autochtones et tombe amoureux de la ville au point de vouloir y rester.

COMMENT CIRCULER

Les Italiens ont coutume de dire, reprenant le titre du roman de Carlo Levi (1902-1975), que "*le Christ s'est arrêté à Eboli*" (*Cristo si è fermato ad Eboli*). Cette expression signifie que la civilisation et la technologie ne sont pas descendues plus bas que cette ville au nord de Paestum, comme si la région avait été abandonnée de Dieu lui-même... Il est certes plus facile de disposer d'une voiture pour être autonome sur les courtes distances, mais Busitalia Campania (fsbusitalia.it) assure des liaisons de Salerne et Paestum vers plusieurs stations balnéaires du Cilento comme Acciaroli et Agropoli. Par ailleurs, le train, depuis Naples et Salerne, dessert les gares de Paestum et Agropoli-Castellabate (trenitalia.it).

Carnet d'adresses

SALERNE

Castello di Arechi
Voir p. 201 (089 296 40 15 ; www.ilcastellodiarechi.it ; Via Benedetto Croce ; tarif plein/réduit 4/2 € ; 9h-17h mar-sam, 9h-15h30 dim)

Chiesa di San Giorgio
Voir p. 203 (089 228918 ; Via Duomo 19 ; 10h-12h lun-ven, 18h-20h lun)

Duomo
Voir p. 203 (089 231387 ; Piazza Alfano I ; 8h30-20h lun-sam, 8h30-13h et 16h-20h dim)

Giardino della Minerva
Voir p. 202 (089 252423 ; www.giardinodellaminerva.it ; Vicolo Ferrante Sanseverino 1 ; tarif plein/réduit 3/1,50 € ; 9h30-16h30 nov-janv, 9h30-13h fév, 9h30-17h mars, 9h30-19h avr et sep, 9h30-19h30 mai, 9h30-20h juin-août, 9h30-18h oct)

San Pietro a Corte
Voir p. 203 (089 318106 ; Larghetto San Pietro a Corte 8 ; 9h30-18h30 mar-dim)

Villa Comunale
Voir p. 203 (Via Roma ; 8h-20h nov-mars, 8h-minuit avr-oct)

Hotel La Madegra Seasuite
Voir p. 202 (089 258 3461 ; Piazza della Concordia 38)

Hotel Montestella
Voir p. 202 (089 22 51 22 ; www.montestella1914.it ; Corso Vittorio Emanuele II 156)

Suite 39 B&B
Voir p. 202 (089 275 8642 ; www.suite39.it ; Via dei Principati 39)

Al Civico 90
Voir p. 201 (338 955 0746 ; www.facebook.com/alcivico90 ; Via Roma 90 ; plats 10-20 € ; 12h30-15h et 20h-23h mar-ven, 13h-15h et 20h-23h sam, 12h30-15h dim, 19h30-23h lun)

Da Michele
Voir p. 201 (089 796764 ; www.facebook.com/damichelesalerno ; Piazza Sedile di Portanova 21 ; pizza 5-11 € ; 12h-23h lun-jeu, 12h-minuit ven-dim)

La Botte Pazza
Voir p. 201 (329 292 9013 ; www.facebook.com/LaBottePazza ; Via Giovanni Ruggi D'Aragona 1 ; 19h30-minuit mar-sam, 13h-15h30 dim)

Bar Rosa al Corso
Voir p. 203 (089 209 8127 ; www.barrosa1966.it ; Via Corso Vittorio Emanuele 168 ; 6h-minuit)

Embarcadero
Voir p. 203 (089 231372 ; embarcaderosalerno.it ; Lungomare Trieste ; bar 8h-2h, restaurant 12h30-15h et 19h30-minuit)

Sala Varese
Voir p. 203 (089 214 4391 ; www.facebook.com/salavarese1930 ; Lungomare Trieste 218/220 ; 19h-1h)

PARC NATIONAL DU CILENTO

Caseificio Barlotti
Voir p. 210 (0828 811146 ; www.barlotti.it ; Via Torre di Paestrum 1, Capaccio ; 8h-19h30)

Certosa di San Lorenzo di Padula
Voir p. 205 (0975 77 74 45 ; www.beniculturali.it/luogo/certosa-di-san-lorenzo ; Viale Certosa, Padula ; tarif plein/réduit 6/2 € ; 9h-19h30 mer-lun)

Paestum (p. 210)

Tenuta Vannulo
Voir p. 210 (0828 727894 ; www.vannulo.it ; Via Galileo Galilei 101, Capaccio ; 7h30-19h30)

Grotte di Castelcivita
Voir p. 208 (0828 77 23 97 ; www.grottedicastelcivita.com ; Piazzale N Zonzi, Castelcivita ; tarif plein/réduit 12/10 € ; visite standard 10h30, 12h oct, plus 13h30, 15h mars, plus 16h30 avr-sept, sur réservation nov-fév)

Grotte di Pertosa-Auletta
Voir p. 207 (0975 39 70 37 ; www.grottedipertosa.it ; Pertosa ; visites guidées 1 heure 13/10 € ; horaires variables, voir site Web)

La Perla del Mediterraneo
Voir p. 210 (0828 871097 ; perladelmediterraneo.it ; Via Provinciale 212, Ponte Barizzo ; 8h-20h30)

Parco Archeologico di Paestum
Voir p. 210 (0828 81 10 23 ; museopaestum.cultura.gov.it ; Via Magna Grecia 919, Capaccio ; tarif plein/réduit 12/2 € mars-nov, 6/2 € déc-fév, musée compris ; 8h30-19h30, dernière entrée 18h30)

Parco Nazionale del Cilento, Vallo di Diano e Alburni
Voir p. 208 (0974 719 9200 ; www.cilentoediano.it ; Via F. Palumbo 18, Vallo della Lucania)

Agriturismo Aia Antica
Voir p. 206 (0975 74550 ; www.agriturismoaiantica.com ; Via Fusara 4, Padula ; 9h-23h30 mer-lun)

Antica Fattoria Petrizzo
Voir p. 207 (348 802 3454 ; www.fattoriapetrizzo.it ; Via Nazionale 110, Sterpone ; 9h-13h30 et 15h30-20 lun-sam)

La Locanda dei Trecento
Voir p. 206 (0975 77680 ; www.lalocandadeitrecento.it ; Via Annunziata, Padula ; 11h-16h et 18h30-2h jeu-mar)

Piccolo Salumificio Artigianale
Voir p. 207 (338 735 4724 ; www.soppressatadigioi.com ; Via Sant'Eustachio 2, Gioi ; 17h-22h mar-dim)

Porticum Herculis
Voir p. 206 (0975 778615 ; Corso Garibaldi 2, Padula ; 12h30-14h30 mer-dim, 20h-23h mer-lun)

Santomiele Officina del Gusto
Voir p. 207 (0974 833275 ; santomiele.it ; Salita San Giuseppe 58, Prignanto Cilento ; 9h-13h et 14h-19h)

CARNET PRATIQUE

Le Vésuve vu depuis la Certosa di San Martino
MAURIZIO DE MATTEI/SHUTTERSTOCK ©

Arriver à Naples et en Campanie

Le principal point d'entrée est l'aéroport international de Naples-Capodichino, mais il est possible de rallier cette ville du sud de l'Italie par la voie terrestre (train, bus, voiture), voire par la mer.

Visas

Non requis pour les pays de l'UE, de l'espace Schengen et la majorité des visiteurs séjournant moins de 90 jours. Sinon voir schengenvisainfo.com/who-needs-schengen-visa.

Wi-Fi

L'aéroport de Naples offre 2 heures de Wi-Fi gratuit (réseau GESAC). Il suffit de se connecter et de suivre les instructions. La couverture s'étend jusqu'à la file d'attente des taxis.

CARTE D'IDENTITÉ OU PASSEPORT ?

Les voyageurs originaires de France, de Suisse ou d'un pays de l'UE peuvent entrer en Italie avec une simple carte d'identité. En revanche, les autres voyageurs doivent être en possession d'un passeport, valable au moins six mois après la date de fin de leur séjour en Italie.

Tous les visiteurs sont tenus par la loi d'avoir leur passeport ou leur carte d'identité sur eux à tout moment. Vos papiers vous seront par ailleurs demandés par le personnel des hôtels afin de vous enregistrer auprès de la police.

Avion

Aéroport international de Naples (Capodichino ; aeroportodinapoli.it) se trouve à 7 km au nord-est du centre-ville. Vols directs internationaux (Air France, Brussels Airlines), et compagnies low-cost (easyJet, Transavia, Ryanair), et vers de grandes villes italiennes. La **navette Alibus** (www.anm.it ; 5 €) rallie Napoli Centrale et le Molo Angioino, situé près du terminal principal des ferries. Le billet peut s'acheter à bord. Les bus partent toutes les 10 à 30 minutes. En **taxi**, compter 18 € pour Napoli Centrale. Les **bus Curreri** (curreriviaggi.it ; aller 10 €) rallient Sorrente en 1 heure 15.

Bateau

Naples est un grand port, où arrivent paquebots de croisière internationaux et ferrys. Des ferrys arrivent à Naples toute l'année depuis la Sicile et la Sardaigne, ainsi que depuis Capri, Ischia, Procida. Depuis la Sicile, certains ferrys rallient Salerne. **Direct Ferries** (directferries.com) répertorie les itinéraires dans la région et comprend un service de réservation. **Corsica Ferries** (corsica-ferries.fr) assure des liaisons par car-ferrys entre la Corse (Bastia, L'Île-Rousse ou Porto-Vecchio) et les ports italiens de Livourne, Piombino et la Sardaigne.

Bus

Flixbus (flixbus.com) relie des villes européennes à toute l'Italie.
SAIS Trasporti (saistrasporti.it) assure des liaisons en bus longue distance entre Naples et des villes comme Rome et Milan, et des liaisons avec la Sicile. Réservation indispensable.
Miccolis (miccolis-spa.it). Bus pour de nombreuses villes de Campanie, des Pouilles et de la Basilicate.

Train

Depuis la France le trajet est long (au moins 12 heures), mais les tarifs peuvent être compétitifs. Pour un Paris-Naples, correspondance à Turin ou Milan notamment via le TGV (sncf-connect.com) et le Frecciarossa (trenitalia.com). De là, vous pourrez rejoindre Naples en 4 heures 35 (Milan) à 6 heures (Turin) environ avec Trenitalia (trenitalia.com) ou Italo (italotreno.it).

Voiture

Naples est à 1 630 km de Paris, à 1 200 km de Lyon, à 900 km de Nice. En Italie, les autoroutes payantes et le carburant comptent parmi les plus chers d'Europe, ce qui rend le voyage assez coûteux.

Comment circuler

Plaque tournante des transports en Italie du Sud, la ville de Naples jouit d'un excellent réseau de bus, de ferrys et de trains régionaux à grande vitesse.

BUDGET

Location
À partir de 30 €/jour

Essence
Env 1,80 €/litre

Péages
9 €/100 km

Billet de train de Naples à Salerne
5–19 €

Ferrys

Les ferrys sont le moyen le plus rapide de se déplacer le long de la côte. Ils relient Naples à Capri, Ischia et Procida et à la péninsule de Sorrente, elle-même reliée aux villes de la côte amalfitaine. Achetez vos billets en ligne ou aux guichets. D'ordinaire il faut s'enregistrer au guichet avant le départ. À Naples, les ferrys rapides et hydroglisseurs pour les îles et pour Sorrente partent du Molo Beverello, en face du Castel Nuovo. Certains départs pour les îles se font de Mergellina.

ACHETER DES BILLETS

Les billets de transport en commun s'achètent dans les billetteries (*biglietterie*) des gares routières et ferroviaires, ainsi que dans les bureaux de tabac. On peut aussi les acheter à bord, mais il arrive que les chauffeurs soient à court de billets. La région a plusieurs compagnies de train et de bus ; assurez-vous d'acheter le bon billet, et vérifiez les horaires. L'application UnicoCampania, très pratique, permet de planifier ses itinéraires en transports en commun, calculer les tarifs et acheter ses billets en ligne.

À SAVOIR

Dans certaines villes, à l'attention des automobilistes, des panneaux blancs marqués d'un cercle rouge indiquent une ZTL ou "Zona Traffico Limitato". Seuls les résidents sont autorisés à y circuler, et de lourdes amendes punissent les contrevenants.

Bus et train

La plupart des villes de la côte amalfitaine n'ont pas de gare, mais sont reliées par le ferry et les bus SITA. Les villes de la baie de Naples et de la péninsule de Sorrente sont desservies par le bus et par les trains Circumvesuviana, Circumflegrea et Ferrovia Cumana.

Voiture et moto

Conduire dans la région de Naples n'est pas de tout repos ! Code de la route rarement respecté, places de stationnement rares, ZTL... Cependant, la voiture reste la manière idéale de sillonner les régions moins touristiques des Champs Phlégréens (Campi Flegrei) et du Cilento.

Scooter

Le scooter, idéal pour se faufiler dans les ruelles étroites et fréquentées, permet également de couvrir un vaste territoire à condition d'être un conducteur aguerri car il vous faudra négocier des virages en épingle à cheveux dans des lieux où le code de la route est souvent peu respecté.

CODE DE LA ROUTE

50

La vitesse est limitée à 130 km/h sur les *autostrade*, à 90 km/h sur route et à 50 km/h en agglomération.

0.05

Le taux d'alcoolémie maximal autorisé est de 0,05%.

Argent

MONNAIE : **EURO (€)**

Cartes bancaires et paiements mobiles

La plupart des restaurants et des commerces acceptent les cartes bancaires et les paiements électroniques. Ayez des espèces sur vous pour les petites dépenses (ticket de bus, parking, café...).

TVA

L'Italie applique une TVA de 22%. Les ressortissants de pays hors UE peuvent réclamer le remboursement de la TVA au moment de l'achat dans les magasins arborant un logo hors-taxe. Demandez le formulaire de remboursement, à faire tamponner par la douane.

Pourboires

La plupart des restaurants facturent déjà des frais de service (*coperto*). Vous pouvez arrondir à l'euro supérieur.

Laisser un pourboire aux chauffeurs de taxi n'est en rien obligatoire. Si vous êtes satisfait de votre guide touristique, vous pouvez laisser un pourboire allant jusqu'à 5 € pour une visite d'une demi-journée et environ 10 € pour une excursion d'une journée entière.

COMBIEN COÛTE...

Un billet d'entrée dans un musée
5-15 €

La Campania Artecard
à partir de 32 €

Un billet de Circumvesuviana, de Naples à Sorrente
4,10 €

Un aller simple en métro *(corsa singola)*
à partir de 1,60 €

BONS PLANS Vous pouvez à peu de frais vous régaler de *street food* délicieuse ou d'un *panino* acheté dans une *salumeria* (épicerie fine).

La Campania Artecard vous permet d'accéder gratuitement ou à prix réduit aux 80 sites culturels de la Campanie, transport compris. La carte Biglietto Giornaliero Urbano d'ANM accorde, pour une journée, un accès illimité aux transports en commun de Naples, du métro au funiculaire.

Certains sites proposent un tarif réduit pour les moins de 25 ans et les plus de 65 ans, sur présentation d'un justificatif.

Scannez ce code QR pour découvrir la Campania Artecard

À SAVOIR

Les bureaux de change *(cambio)* sont répandus, mais les DAB offrent de meilleurs taux pour retirer des euros. Le change est aussi possible dans les bureaux de poste et certaines banques.

DISTRIBUTEURS AUTOMATIQUES DE BILLETS

Les DAB (Bancomat) sont le meilleur moyen de se procurer des espèces. Les cartes bancaires internationales sont acceptées dans tous les Bancomats portant le logo correspondant. Les retraits d'espèces peuvent également entraîner des frais. Renseignez-vous auprès de votre banque – certaines ont des partenariats avec des établissements étrangers donnant droit à des réductions de frais.

Hébergement

Formules à moindre coût

Trouver un hébergement économique en Campanie n'est jamais facile, surtout en haute saison. Naples a plusieurs auberges de jeunesse de qualité (de 25 à 30 € la nuit), et Ischia, en particulier, propose des offres intéressantes. La côte amalfitaine n'est jamais bon marché, mais on trouve des prix accessibles à Atrani, Maiori et sur la péninsule de Sorrente. Il faut compter environ 100 à 140 € par nuit en haute saison et 40 à 80 € en basse saison.

Séjours glamour

Si vous recherchez un séjour glamour sur la côte et que votre budget le permet, les grands hôtels historiques de Sorrente et les belles villas de bord de mer de Positano, Ravello et Capri feront votre bonheur. Les tarifs à Positano commencent généralement à environ 200 € la nuit en basse saison et peuvent atteindre 10 fois ce montant en haute saison.

Appartements

La location d'appartements de type Airbnb a connu un boom en Italie. En Campanie, l'offre en la matière est parfois plus fournie que celle en hôtels et auberges de jeunesse. Les locations d'appartements sont les plus répandues sur les îles, la péninsule de Sorrente et les petites villes de la côte amalfitaine. Les prix, qui varient selon les lieux, commencent à 50 € la nuit.

COMBIEN COÛTE UNE NUIT DANS...

une villa de luxe
400-2000 €

une auberge de jeunesse
25-50 €

un hôtel standard
100-140 €

Hébergements traditionnels en Italie

Loger dans un couvent, un monastère ou un exemple d'habitat traditionnel (à l'image des trulli, ces maisons circulaires dans les Pouilles) offre une expérience unique. En Campanie, vous pouvez opter pour un *agriturismo* (séjour à la ferme), généralement dans la péninsule de Sorrente ou dans le Parco Nazionale del Cilento, Vallo di Diano e Alburni. Les repas sont souvent préparés avec les produits de la ferme.

Pensioni et B&B

Souvent gérés en famille, les *pensioni* sont en général des hôtels ou des B&B d'une à trois étoiles. Les prix, variant selon la situation géographique, commencent à 100 € la nuit. Les *pensioni* se doublent souvent d'un restaurant, offrant demi-pension et pension complète.

VOYAGER EN BASSE SAISON

Les îles et les villes de la côte amalfitaine entrent en hibernation en basse saison ; la programmation d'événements et les transports en commun sont quasiment à l'arrêt. De nombreux hôtels ferment alors leurs portes jusqu'à Pâques.

Si la basse saison permet de profiter de prix doux (jusqu'à 30% inférieurs à ceux de la haute saison) et d'éviter les foules, les possibilités d'hébergement sont assez réduites.

Mieux vaut privilégier la saison intermédiaire (avril-juin et septembre-octobre).

Avec des enfants

Les enfants ne risquent pas de s'ennuyer en Campanie : volcans, catacombes mystérieuses, ruines romaines, plages... Les déplacements peuvent s'avérer délicats, entre transports en commun peu fiables et escaliers interminables. Vous trouverez assez facilement des hébergements à prix raisonnables adaptés aux familles en particulier dans la péninsule de Sorrente, sur la côte du Cilento et à Ischia.

Visites

De nombreux musées, monuments et sites archéologiques proposent un *tariffa ridotta* (tarif réduit) pour les enfants accompagnés d'un adulte, mais la tranche d'âge à laquelle ce tarif s'applique peut varier.

Pratique

Les pharmacies (*Farmacie*) vendent du lait en poudre ou liquide, ainsi que des solutions de stérilisation. Vous pouvez demander une *culla* (lit pour bébé) dans les hôtels. L'application MyPompeii propose des itinéraires adaptés aux enfants (c'est-à-dire évitant les fresques érotiques) parmi les maisons de Pompéi.

Au restaurant

Un *Menù Baby* figure souvent à la carte des restaurants, proposant hamburgers, *patatine fritte* (frites), *cotolette* (escalopes panées) ou encore *pasta con sugo* (pâtes à la sauce tomate). Vous pouvez demander un *seggiolone* (chaise haute).

Se déplacer

Les rues pavées, les transports et les pentes à gravir rendent le voyage pénible. Vous pouvez réserver des sièges pour enfants dans les agences de location de voitures. Dans les transports en commun, un enfant de moins de 6 ans n'a généralement pas besoin de billet. S'il y a plusieurs enfants, il faut prévoir un billet pour deux enfants. Les compagnies ferroviaires Trenitalia et Italo proposent des réductions pour les enfants.

NOTRE SÉLECTION

MAV (p. 102)
Les ruines de la Campanie prennent vie grâce à des hologrammes et des vidéos.

Museo della Carta (p. 177)
La fabrication du papier, dans une papeterie historique d'Amalfi.

Schola Medica Salernitana (p. 202)
Un musée interactif sur la médecine médiévale.

Giffoni Film Festival (p. 198)
Le plus grand festival de films pour enfants en Europe.

Pompéi (p. 96)
Revivez ce jour terrifiant.

Parco Sommerso di Gaiola (p. 87)
Plongée en masque et tuba, leçons sur la vie marine.

POMPÉI AVEC DES ENFANTS

La visite de Pompéi est une formidable expérience pour les enfants, mais les dimensions du site et la foule peuvent être harassantes pour eux et pour vous. Nous recommandons d'opter plutôt pour Herculanum, beaucoup plus petit et plus facile à parcourir. L'ensemble du parc archéologique peut être visité en quelques heures seulement, et les files d'attente et la foule sont beaucoup moins nombreuses. Attention : dans un site comme dans l'autre, les pavés rendent la circulation en poussette difficile ; la visite est plus adaptée aux enfants en âge de marcher.

Santé et sécurité

SOINS MÉDICAUX

Les soins médicaux sont accessibles dans toute la Campanie, mais la qualité des soins varie beaucoup entre les hôpitaux publics et privés. Pour un problème bénin, rendez-vous dans une *farmacia* qui vous indiquera où consulter si nécessaire. Pour les urgences, direction le *pronto soccorso* (urgences) à l'hôpital. Les ressortissants de l'UE peuvent se procurer, avant leur voyage, une carte européenne d'assurance maladie, qui facilite la prise en charge des soins.

Voyageuses

Dans le sud de l'Italie, les femmes étrangères, en particulier seules, sont davantage susceptibles d'être victimes d'escroqueries ou d'une attention non désirée. Le risque de danger physique est minime, mais choisir un hébergement dans des zones sûres et garder pour soi ses informations personnelles est conseillé.

Les bombes lacrymogènes sont illégales en Italie.

Zones protégées

La Campanie est d'une remarquable beauté naturelle. Toutefois attention : la région compte de nombreuses zones protégées (parfois militaires), y compris des zones marines telles que Punta Campanella, Grotta Azzurra et Parco Sommerso di Gaiola. Les habitants vous diront peut-être que tout le monde y va, mais mieux vaut toujours vérifier sur place auprès de guides autorisés.

DROGUES

Le cannabis est strictement interdit en Italie. La possession de toute substance illicite peut vous envoyer en prison – vous pouvez être considéré comme un trafiquant.

CLASSIFICATION DES AIRES MARINES PROTÉGÉES

Zone A	Zone B	Zone C
Zone de réserve intégrale : réservée aux services, à la recherche scientifique et aux sorties avec guide.	Zone de réserve générale : sont autorisées la recherche, la navigation, la plongée et la pêche professionnelle.	Zone de réserve partielle : sur autorisation, recherche, plongée, sorties guidées, pêche commerciale et sportive.

Criminalité

Si la Campanie a mauvaise réputation du fait de l'activité mafieuse, la côte et les îles sont généralement assez sûres. À Naples, la prudence s'impose comme dans toute grande ville : ne montrez pas vos objets de valeur, ne rangez rien de précieux dans vos poches et garez-vous dans des parkings surveillés. Si vous vous sentez mal à l'aise dans un lieu, passez votre chemin.

ESCROQUERIES

Le risque d'escroquerie à Naples n'est pas un mythe. Évitez d'acheter des téléphones portables à prix réduits sur la Piazza Garibaldi à Naples et dans les marchés de rue. Méfiez-vous des pseudo-chauffeurs de taxi et agences de voyages aux services hors de prix. Passez toujours par les sites et guides touristiques officiels.

Manger, boire et sortir

Les repas

Colazione (petit-déjeuner, 7h-10h) Petit déjeuner italien classique : café, *cornetto* (croissant), brioche.

Pranzo (déjeuner, 12h30-14h30) Le repas le plus important de la journée, surtout le dimanche.

Cena (dîner, 20-22h) Au restaurant, peut durer jusqu'à près de minuit.

Pausa caffè (pause café, à toute heure)

Où se restaurer

Bar Café où l'on sert pâtisseries, en-cas, panini et parfois *aperitivi*.

Trattoria Cuisine italienne traditionnelle.

Enoteca Bar à vins, dégustations, accords mets et vins.

Osteria Cuisine italienne moderne ou traditionnelle avec une carte des vins.

Ristorante Établissement de restauration raffiné.

Pub Boissons alcoolisées et quelques plats : hamburgers, sandwichs, steaks et parfois pâtes.

Pizzeria Pizzas et amuse-bouche frits, comme la *mozzarella in carrozza* (mozzarella dans du pain frit), *arancini* (boulettes de riz frites) and *fior di zucca* (fleurs de courgette).

Locale Un lieu de vie nocturne qui peut servir des *aperitivi*.

COMPRENDRE LA CARTE

alici anchois
amaro digestif amer
analcolico sans alcool
antipasto entrée
birra alla spina bière à la pression
carne viande
casareccio ou **fatto in casa** fait maison
cicoria chicorée
coniglio lapin
contorno garniture
coperto couvert – taxe de service par personne.
cotoletta escalope (de veau) panée
cozze moules
dolce dessert
formaggio fromage
frutti di mare fruits de mer
gamberi crevettes
maiale porc
manzo bœuf
melanzane aubergine
patate al forno pommes de terre rôties
peperoni poivrons
pesce poisson
piatto del giorno plat du jour
pollo poulet
polpo poulpe
porzione portion, part
primo plat de pâtes
prodotto locale produit local
salsiccia saucisse
scialatielli pâtes longues, fines et plates typiques de la région
secondo plat principal viande/poisson
vegetariano végétarien
verdura légumes
vino bianco vin blanc
vino rosso vin rouge
vongole palourdes
* indique un produit qui a été congelé à la source

L'ART DE commander dans un café

Il faut être rapide et précis lors de votre commande. Indiquez ce que vous voulez et où vous voulez le déguster : à l'intérieur, en terrasse ou à emporter. Après avoir payé, rapportez votre ticket au comptoir pour récupérer votre commande.

un caffè un expresso
un cappuccino jamais passé midi !
zuccherato sucré
un tramezzino sandwich avec du pain blanc sans la croûte
una coppetta piccola/un cono piccolo petit pot/petit cône de glace, deux parfums
con panna avec de la crème fouettée
al banco commande servie au bar
fuori commande servie en terrasse

COMBIEN COÛTE...

un *cornetto*
2 €

une *granita*
2 €

un expresso
1 €

une glace
(cono ou coppetta piccola/o)
4 €

un déjeuner dans une trattoria
15 € et plus

une pizza
4 € et plus

un dîner au restaurant
50 € et plus

un verre de vin
4 € et plus

L'ART DE manger comme les Italiens

Dans cette région très touristique, les serveurs vous apporteront souvent un petit plat d'huile d'olive, un verre d'eau glacée et une salière. Mais si vous souhaitez manger vraiment comme les Italiens, voici quelques conseils. Sachez également que les Italiens ne demandent *jamais* de glaçons pour leur boisson.

Ne demandez pas
- de sel
- de parmesan pour vos pâtes aux fruits de mer
- de cuillère ni de couteau pour manger vos longues pâtes
- *d'antipasto* aux fruits de mer suivi d'un *primo* ou *secondo* à base de viande (les Italiens ne mélangent pas les deux)

Pasta

Apparues au XIIe siècle, les pâtes furent consommées de manière courante à partir du XVIIe siècle, où elles devinrent la base de l'alimentation du pauvre. Ne nécessitant que peu d'ingrédients (de la farine et de l'eau pour leur forme la plus simple), elles sauvèrent de la disette une population en pleine expansion.

Demandez
- quelque chose que vous n'avez jamais mangé auparavant, soyez curieux !
- les demi-portions des *primi* : les portions de pâtes en Campanie sont souvent copieuses
- d'où provient le fromage et où a été confectionné le pain : c'est une information que beaucoup d'Italiens aiment connaître
- la liste des *amari* du restaurant (digestifs à base d'herbes aromatiques)
- un expresso à la fin de votre repas : décaféiné si vous le souhaitez

UNE SOIRÉE EN VILLE

Une soirée à Naples ou dans sa région commencera certainement par un *aperitivo* : un cocktail accompagné d'en-cas dans un bar ou un *locale* (bar/restaurant), de préférence sur une *piazza*.

Selon l'endroit, on pourra vous servir de simples chips ou olives vertes, ou de la charcuterie (*taglieri*) de qualité et des *fritti* (aliments frits). Côté boissons, les cocktails sont en vogue depuis quelques années, et vous trouverez les classiques internationaux, mais aussi les traditionnels *spritz*, negroni ou *calice di prosecco* (verre de prosecco).

L'*aperitivo* se prolonge parfois en *apericena*, lorsque les accompagnements sont si copieux qu'il devient superflu de dîner ensuite. Si toutefois vous poursuivez au restaurant, ce sera entre 20 et 21 heures. La carte comptera quatre catégories de plats : l'*antipasto* (entrée), le *primo* (plat de pâtes), le *secondo* (plat de viande ou de poisson) et le *dolce* (dessert). Le *contorno* (garniture) sera servi avec le *secondo*.

Vous pourrez choisir à votre guise parmi ces propositions, mais sachez que les plats seront servis dans cet ordre quoi qu'il arrive.

Sachez que la vie nocturne italienne ne commence pas avant minuit. Après le dîner, rendez-vous dans un *locale*. Il peut y avoir un DJ set ou un concert. La tendance est aux cocktails personnalisés, et au gin en matière de *superalcolici* (spiritueux).

Voyage responsable

Voyage et changement climatique

L'impact des voyages sur l'environnement est aujourd'hui bien connu, et impose de faire ce qui est en notre pouvoir pour le limiter. Lonely Planet recommande ainsi aux voyageurs de se renseigner sur l'empreinte carbone de leurs déplacements. Divers outils en ligne permettent de calculer les émissions de CO_2 générées par chaque trajet, notamment celui de l'Ademe. De nombreuses plateformes de réservation et compagnies aériennes proposent de compenser leurs émissions de gaz à effet de serre par une contribution financière à des projets respectueux de l'environnement, partout dans le monde. Chez Lonely Planet, nous continuons à compenser l'empreinte carbone de tous nos auteurs, tout en étant conscients que ce n'est qu'une solution partielle.

Scannez pour accéder au calculateur d'émissions de carbone de l'Ademe

Hébergements éco-responsables

Certains hôtels dans la région sont engagés dans la réduction de la pollution atmosphérique et proposent des séjours éco-responsables haut de gamme.

Se déplacer

Parcourez la côte amalfitaine à vélo électrique grâce à **Elettrify**, une jeune entreprise spécialisée dans la micro-mobilité durable. Son application localise les adresses où retirer ou restituer son vélo. (Le service n'est pas encore disponible à Amalfi ni à Atrani).

Pour des produits de beauté bio et 100% durables, essayez la gamme **Jamalfi**, à base de matières premières de la région, comme le citron *sfusato* d'Amalfi.

Dans la nature

La Baia in fondo al Sentiero, un projet de conservation et d'écotourisme visant à protéger la magnifique Baia di Ieranto, propose des sorties en kayak et des randonnées. Si vous êtes pour quelque temps dans la région, vous pouvez aussi les contacter pour faire du bénévolat.

Arts et artisanat

Au **Mercato di Resina à Herculanum** (p. 102), vous trouverez des vêtements d'occasion vintage. Ce marché de plein air se tient le matin depuis la Seconde Guerre mondiale.

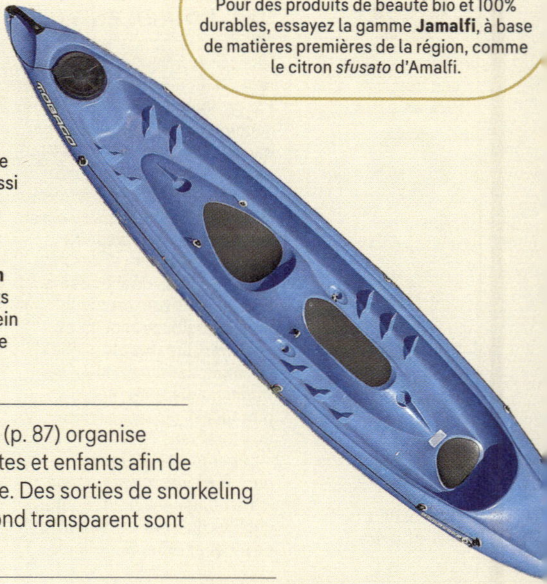

Le **Parco Sommerso di Gaiola** (p. 87) organise des ateliers pratiques pour adultes et enfants afin de découvrir la conservation marine. Des sorties de snorkeling et des excursions en bateau à fond transparent sont également proposées.

PESKYMONKEY/SHUTTERSTOCK ©, LUCAMATO/GETTY IMAGES ©;
CI-CONTRE : OLGABOMBOLOGNA/SHUTTERSTOCK ©, JOHANNES ZIEGLER PHOTO/SHUTTERSTOCK ©

L'Italie investit beaucoup dans les énergies renouvelables. Lors d'un vote historique en 2022, le pays a inscrit la protection de l'environnement, ainsi que celle des animaux, dans sa Constitution.

Au pays du citron

Visitez des exploitations de citronniers, durables et 100% bio, à Amalfi, avec l'**Amalfi Lemon Experience** (p. 179), et à Sorrente aux **Giardini di Cataldo** (p. 165). On y produit du *limoncello* (liqueur de citron) et d'autres délices à base de citron.

Bière artisanale

La **Birrificio Artigianale Napoletano**, brasserie alimentée à 100% par l'énergie solaire, produit une délicieuse bière artisanale que l'on trouve dans les bars et restaurants de Naples.

Dégustez une cuisine bio inventive à la **Casa e Bottega** (p. 171), à Positano, un bistrot doublé d'une boutique d'artisanat durable.

Apprenez à accommoder les produits du marché grâce aux cours de cuisine du **Campaniadamare – Museo Arte e Gusto Mediterraneo** (campaniadamare.it), à Sorrente. Sur place, une galerie d'art vend des œuvres réalisées à partir de matériaux recyclés.

SITES UTILES

rinnovabili.it
Bulletin quotidien sur les questions environnementales en Italie.

fondoambiente.it
(FAI) Ce site, une référence en Italie pour tout ce qui a trait à l'écologie, recense les initiatives, les événements et les possibilités de bénévolat.

puntacampanella.org
Informations sur l'aire marine protégée de Punta Campanella.

Un don dans la durée

Adoptez un arbre de la côte amalfitaine avec **Amalfi Coast's Lands** (amalficoastslands.it).

Pour être au plus près de la nature, essayez les hébergements en *bioagriturismo*. À Agerola, **Tenuta Novecento** (tenutanovecento.com) est une ferme bio 100% durable qui réutilise l'eau de pluie et produit de l'énergie grâce à des panneaux photovoltaïques. À Maiori, **Bella Baia** (bellabaia.it) est un "glamping" écologique en bord de mer.

Voyageurs LGBTQI+

L'homosexualité est autorisée en Italie depuis 1890 et les unions civiles entre personnes de même sexe depuis 2016. Naples, les îles et la côte amalfitaine reçoivent beaucoup de voyageurs LGBTQI+. Naples, Salerne, Sorrente et Amalfi organisent des événements culturels et des festivités LGBTQI+.

Les grands événements

Des "Marches des Fiertés" sont organisées chaque année à Naples, Salerne et Sorrente. Lancée en 2009, la **Napoli Pride** a lieu en juillet comme la **Salerno Pride**, tandis que la **Sorrento Pride** se déroule à la fin de l'été ou au début de l'automne. Naples accueille également des événements à l'occasion de la **Journée internationale contre l'homophobie, la biphobie et la transphobie**.

PLAGES

Sur le littoral et les îles de la Campanie, il existe un certain nombre de plages gay-friendly, comme la **Spiaggia di Cuma** dans les Champs Phlégréens ; dans la région de Salerne, la **Rainbow Beach** à Eboli et la **Spiaggia La Passerella** à Capaccio ; la **One Fire Beach**, près de Praiano, et les **Bagni di Regina Giovanna**, à Sorrente, ont également des espaces gays.

DES MENTALITÉS QUI CHANGENT

Les LGBTQI+ sont bien acceptés en Italie, mais une partie de la population reste conservatrice. Les démonstrations d'affection attireront moins l'attention à Naples, Sorrente, Salerne et dans la région touristique d'Amalfi. Les couples de même sexe peuvent réserver une *camera matrimoniale* (chambre double).

Quartiers gay-friendly

Les commerces de la région sont très majoritairement gay-friendly. Il existe également plusieurs quartiers gay et queer-friendly à Naples, notamment la Piazza Bellini dans le Centro Storico. On y trouve des lieux de sortie LGBTQI+ friendly.

ADRESSES À CONNAÎTRE

Quiiky (quiiky.com), agence de voyages italienne LGBTQI+ friendly, propose visites guidées et offres promotionnelles de voyage. Les sites internet **Gay Friendly Italy** (gayfriendlyitaly.com), **We Are Gayly Planet** (wearegaylyplanet.com) et **Travel Out** (travelout.it) fournissent de nombreuses informations, des bars gay-friendly aux hôtels.

Bénévolat et réseaux

Arcigay est la principale organisation LGBTQI+ en Italie, avec des sections à Naples et Salerne. Son site Internet recense les événements dans toute l'Italie. Arcigay promeut l'inclusion et est engagée dans la lutte contre la discrimination et pour la reconnaissance des personnes LGBTQI+ dans les lois italiennes contre les violences.

Voyage et handicap

La Campanie n'est pas une destination facile pour les personnes à mobilité réduite. Des efforts sont faits pour améliorer la situation. La région veut aménager les monuments pour les rendre accessibles et un certain nombre de plages sont en train d'être équipées.

Plages accessibles

On trouve quelques plages aménagées en Campanie, comme celles du programme **Mare Per Tutti** à Bacoli (consulter le site prohandicap.it), la **Spiaggia Libera** à Ercolano, **La Scogliera** à Salerne et le **Lido Da Vittorio** à Vico Equense.

Aéroport

Il dispose de 45 places de stationnement gratuites pour personnes à mobilité réduite, de plates-formes avec rampes d'accès, de parcours tactiles pour les malvoyants, de cartes tactiles et de feux de circulation sonores. Appelez 48 h avant le départ pour le service d'assistance (gratuit).

Hébergement

Les hôtels les plus récents louent des chambres équipées, mais mieux vaut se renseigner auprès de l'office du tourisme local auparavant. De nombreux terrains de camping ont des installations dédiées (campeggi.it).

TRAIN

La compagnie ferroviaire nationale italienne Trenitalia (trenitalia.com) propose une assistance téléphonique et recense les gares aménagées. Pour une assistance en gare de Napoli Centrale, appelez 24h avant votre départ.

Scannez ce code QR pour des informations sur l'accessibilité des voyages en train

Pavés et marches

Ils rendent les déplacements difficiles pour les visiteurs en situation de handicap. Dans les grandes villes, les transports en commun et les monuments sont souvent équipés de rampes d'accès et d'ascenseurs.

Bus et métro

De plus en plus de bus urbains (dont le R2 à Naples) sont équipés de rampes et d'espaces pour les fauteuils roulants, et proposent des itinéraires accessibles et des cartes tactiles pour les aveugles.

POMPÉI ET HERCULANUM

Les ruines de Pompéi proposent désormais un circuit adapté aux fauteuils roulants. Herculanum, beaucoup plus petit, dispose de rampes d'accès pour fauteuils roulants.

SITES UTILES

Airbnb et **Casamundo** (casamundo.it) Recensent les hébergements accessibles.

Turismo Accessible (turismoaccessibile.org) Fournit une liste d'hôtels, de restaurants, de plages et de musées accessibles.

Accessible Italy (accessibleitaly.com) Spécialisé dans les services aux touristes en situation de handicap.

Salablu (salabluonline.rfi.it) De Trenitalia ; il recense les gares offrant une assistance aux passagers à mobilité réduite.

Kimap Cette application identifie les meilleurs itinéraires pour les visiteurs en fauteuil roulant.

Les visiteurs malvoyants du **Castel Sant'Elmo** de Naples trouveront une rampe imprimée en braille décrivant les vues panoramiques à 360° qu'offre le château. L'installation, due à l'artiste Paolo Puddu, s'intitule *Segui la Forma (Suivez la Forme).*

Bon à savoir

HEURES D'OUVERTURE

Banques 8h30-13h30 et 14h45-15h45 ou 16h15

Bureaux de poste 8h-18h du lundi au vendredi, 8h30-13h le samedi

Cafés 7h30-20h ou plus tard

Clubs 23h-5h

Magasins 9h-13h et 15h30-19h30 (ou 16h-20h)

Restaurants Midi-15h et 19h30-23h ou minuit

Cigarettes

Il est interdit de fumer dans tous les espaces publics clos.

Wi-Fi

Le Wi-Fi est largement accessible dans les restaurants et bars.

EN BREF

Fuseau horaire
UTC+1 l'hiver
UTC+2 l'été

Indicatif du pays
+39

Numéro d'urgence
112

Population
1 054 840

JOURS FÉRIÉS

Jour de l'An (Capodanno)
1er janvier

Épiphanie (Epifania)
6 janvier

Lundi de Pâques (Pasquetta)
Mars/avril

Fête de la Libération (Festa della Liberazione)
25 avril

Fête du Travail (Festa dei Lavoratori)
1er mai

Fête nationale (Festa della Repubblica)
2 juin

Assomption (Assunzione ou Ferragosto)
15 août

Toussaint (Ognisanti)
1er novembre

Immaculée Conception (Festa dell' Immacolata Concezione)
8 décembre

Noël (Natale)
25 décembre

Saint-Étienne (Festa di Santo Stefano)
26 décembre

Poids et mesures

L'Italie utilise le système métrique.

Toilettes

Les toilettes publiques sont rares à Naples. La plupart des bars et cafés ont des toilettes, mais il faut consommer pour y avoir accès.

Électricité
230 V/50 Hz et 220 V/50 Hz

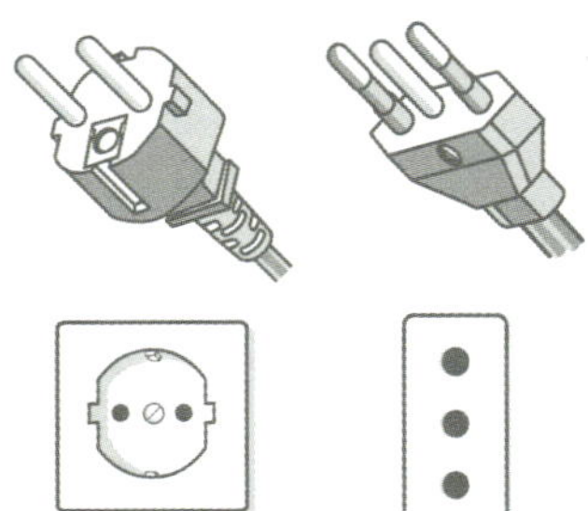

Type F
230 V/50 Hz

Type L
220 V/50 Hz

Sur la côte amalfitaine

HOTEL MARINA RIVIERA

Langue

Si l'italien standard est enseigné et parlé dans toute l'Italie, les dialectes participent de façon très forte à l'identité régionale. Notez que la position de l'accent tonique varie : les syllabes à accentuer sont indiquées ici en italique.

Les essentiels

Bonjour. Buongiorno. bwon·*djor*·no
Au revoir. Arrivederci. a·ri·vé·*der*·chi
Oui. Sì. *si* / **Non.** No. *no*
S'il vous plaît. Per favore. pèr fa·*vo*·ré
Merci. Grazie. *gra*·tsié
Excusez-moi. Mi scusi. mi *skou*·zi
Désolé. Mi dispiace. mi dis·*pia*·*tché*
Comment vous appelez-vous/ t'appelles-tu ?
Come si chiama ? *ko*·*mé si kia*·*ma*
Come ti chiami ? *ko*·*mé ti kia*·*mi*
Je m'appelle...
Mi chiamo... mi *kia*·*mo*
Parlez-vous français ?
Parla/Parli francese ? (pol/fam) *par*·la/ *par*·li *fran*·*tché*·*zé*
Je ne comprends pas.
Non capisco. nonn ka·*pi*·sko
Combien ça coûte ? Quanto costa questo? *kouan*·to *ko*·sta *koué*·sto

Demander son chemin

Où est la gare ?
Dov'è la stazione?
do·*vè la sta*·*tsio*·*né*
Quelle est l'adresse ?
Qual'è l'indirizzo?
koua·*lé* lin·di·*ri*·tso
Pouvez-vous l'écrire s'il vous plaît ?
Può/Puoi scriverlo, per favore?
pou o/pou oy skri·ver·lo *per* fa·*vo*·ré
Pouvez-vous me montrer sur la carte ?
Puo mostrarmi sulla pianta?
pouo mos·*trar*·mi *sou*·la *pian*·ta
Est-ce le train pour...?
È questo il treno per...?
é koué·sto il *tré*·no *pèr*...

Heure et date

Quelle heure est-il ? Che ora e?
ké *o*·ra è
Il est (10) heures. Sono le (dieci).
so·no *lé* (*dié*·tchi)
Matin mattina ma·*ti*·na
Après-midi pomeriggio po·mé·*ri*·djo
Soir sera *sé*·ra
Hier ieri *yé*·ri
Aujourd'hui oggi *o*·dji
Demain domani do·*ma*·ni

Urgences

Au secours ! Aiuto! a·*iou*·to
Laissez-moi tranquille !
Lasciami in pace! *la*·*chia*·*mi in pa*·*tché*
Je suis malade. Mi sento male.
mi *sen*·to *ma*·lé
Appelez...! Chiami. *kia*·mi
un médecin un medico oun *mé*·di·ko
la police la polizia la po·li·*tsi*·ya

Au restaurant

Que me recommandez-vous ?
Cosa mi consiglia? *ko*·za mi kon·*si*·lia
Santé ! Salute! sa·*lou*·té
C'était délicieux.
Era squisito. *é*·ra skoui·*zi*·to

Panneaux

Ouvert Aperto a·*pèr*·to
Fermé Chiuso *kyou*·zo
Entrée Entrata ènn·*tra*·ta
Sortie Uscita ou·*chi*·ta
Renseignements Informazioni inn·for·ma·*tsyo*·ni

CHIFFRES

1 **uno** *ou*·no
2 **due** *dou*·é
3 **tre** tré
4 **quattro** *koua*·tro
5 **cinque** *tchin*·koué
6 **sei** sey
7 **sette** *sé*·té
8 **otto** *o*·*to*
9 **nove** *no*·vé
10 **dieci** *dié*·tchi

EMPRUNTS À L'ITALIEN
Repris : **piano, tempo, maestro, mafia, ciao...** ou francisés : banque, fresque, soldat, mosaïque

Parler comme un Italien

Qu'y a-t-il ? Cosa c'é? *ko*·za *ché*
Tout va bien ? Tutto a posto? *tou*·ta *po*·sto
Ça va. Va bene. va *bé*·né
Super ! Fantastico! fan·*ta*·sti·ko
C'est vrai. È vero. è·*vé*·ro
Bien sûr. Certo. tchèr·*to*
Pas du tout ! Per niente! pèr·*nyèn*·té
Tu plaisantes ! Scherzi! *skèr*·tsi
Si seulement ! Magari! ma·*ga*·ri
Peut-être. Forse. *for*·sé

SONS

Les *r* sont roulés. Tous les sons existent en français et toutes les lettres écrites se prononcent. Les doubles consonnes doivent être allongées et accentuées : elles peuvent changer le sens d'un mot.

Faux amis

Certains mots italiens ressemblent à des mots français mais ont un sens différent. Par exemple, **camera** signifie "chambre" et non "caméra" ; **morbido** signifie "moëlleux", et non "morbide".

Vouvoiement

L'italien utilise le tutoiement – **tu** *tou* –, plus fréquent qu'en français, et le vouvoiement - **lei** *leï* (pour les personnes âgées et dans un contexte formel).

Comme en français, les verbes ont une terminaison différente pour chaque personne ; les noms et adjectifs sont au masculin ou au féminin.

La langue italienne en Italie

Les Italiens sont très fiers de l'histoire et du rayonnement de leur langue. À juste titre, puisqu'on dit qu'elle est la plus proche de celle parlée par les Romains. Par exemple, l'Italie est l'un des rares pays d'Europe où l'on préfère doubler les films en langue étrangère que les sous-titrer.

L'ITALIEN DANS LE MONDE

La forte migration et la grande popularité de la culture et de la cuisine italiennes font de l'italien une langue largement enseignée dans le monde entier.

Trinity cafe
Lazzarella

COMPRENDRE LA CAMPANIE

Nos auteurs proposent une découverte des multiples facettes de Naples et de sa région.

Cafés, Naples

JACKKPHOTO/SHUTTERSTOCK ©

UNE HISTOIRE DE NAPLES ET DE LA CAMPANIE EN 15 LIEUX

Naples et la Campanie ont toujours exercé un fort pouvoir d'attraction, des Grecs aux rois espagnols. Face à la beauté et à la richesse des lieux, même la présence d'un volcan menaçant semble avoir été incapable de dissuader les candidats.

ENTRE HÉDONISME ROMAIN et conquêtes espagnoles, épidémies de peste et éruptions volcaniques, révolutions et férule étrangère, ce sont près de trois millénaires d'histoire qui ont forgé Naples et sa région. Elles ont été le théâtre de maints événements majeurs, dont l'héritage et les stigmates émaillent encore leur territoire.

Avant d'aborder l'histoire de la région en 15 lieux, bref rappel chronologique. Au VIIIe siècle av. J.-C., les Grecs fondent un comptoir marchand à Ischia et une colonie à Cumes, qui devient la principale position grecque en Italie. Neapolis, la future Naples, est fondée par les Cuméens en 474 av. J.-C. La ville est abandonnée en 326 av. J.-C. aux Romains qui dominent peu à peu la région. Date marquante, en l'an 79, le Vésuve entre en éruption et détruit Pompéi et Herculanum. Tombée aux mains des Barbares à la chute de l'Empire romain d'Occident, Naples est conquise en 536 et devient un duché byzantin. En 1139 après la conquête normande de Capoue, Amalfi et Salerne, Naples rejoint le royaume des Deux-Siciles, contrôlé par les Normands. En 1265 Charles Ier d'Anjou défait les rois souabes de Naples, dont les Angevins font leur capitale. Alphonse d'Aragon devient le nouveau roi de Naples en 1442. S'ensuit une longue période de domination espagnole. Les troupes autrichiennes s'emparent de Naples en 1707, mais en 1734 Charles VII, fils du roi d'Espagne Philippe V, reprend la ville à l'Autriche : c'est le premier roi Bourbon de Naples. En 1799 la République parthénopéenne, favorable à la France révolutionnaire, est proclamée, mais le pouvoir royal est rétabli la même année. Après une brève période napoléonienne (1806-1815), le royaume revient, une fois encore, à Ferdinand de Bourbon. En 1860 Giuseppe Garibaldi entre dans la ville en héros et les Napolitains votent en masse pour faire partie de l'Italie unifiée sous le règne des Savoie. Avec l'unification, Rome devient la capitale et Naples une simple capitale régionale. Lors de la Seconde Guerre mondiale, les bombardements des Alliés ravagent la ville et la Camorra (Mafia napolitaine) connaît un véritable essor. Dans les années 1990 est lancée l'opération anticorruption *Mani pulite* ("Mains propres") et un grand nettoyage de la ville est enclenché. Les années 2010 ont vu l'arrivée d'une architecture nouvelle et impressionnante à Naples et dans sa région métropolitaine.

1. Parco Archeologico di Cuma, Champs Phlégréens (Campi Flegrei)

BIENVENUE DANS LE MONDE D'HOMÈRE

À leur arrivée au VIIIe siècle av. J.-C, les Grecs fondèrent Cumes, qui fait partie aujourd'hui des Champs Phlégréens. Cumes, avec son temple d'Apollon, une acropole et une sibylle, la prophétesse d'Apollon, devint une importante place forte de la Grande-Grèce, terme qui désignait pour les Grecs anciens les côtes méridionales de l'Italie. La langue et la religion grecques se répandirent. Cumes et ses environs inspirèrent diverses légendes grecques et inspirèrent Homère pour son *Odyssée* et Virgile pour son *Énéide*. *Pour en savoir plus sur Cumes, voir p. 104*

2. Neapolis, Naples

LA VIE GRECQUE

En réponse aux raids étrusques, les Cuméens fondèrent Neapolis en 474 av. J.-C., une "nouvelle ville" tentaculaire. Elle reposait sur trois axes principaux correspondant à une partie de l'actuel centre historique de Naples, et abritait un marché. Neapolis résista aux envahisseurs romains avant d'être conquise et intégrée à l'Empire en 326 av. J.-C. Ses habitants refusèrent néanmoins d'abandonner leur langue et leur héritage culturel grecs. *Pour en savoir plus sur Neapolis, voir p. 58*

3. Pompéi, baie de Naples

L'ÉRUPTION À TRAVERS LE TEMPS

Le 24 août de l'an 79 vit la tristement célèbre éruption du Vésuve. Le volcan cracha des tonnes de lapillis et de cendres pyroclastiques mortelles, ensevelissant Pompéi et anéantissant les villes voisines d'Herculanum, d'Oplonte et de Stabiea. Au moment de sa destruction, Pompéi était une grande et prospère cité romaine d'environ 20 000 habitants de toutes classes sociales. Ses boulevards étaient bordés de boutiques, de tavernes, de gymnases, de bains et de splendides villas décorées de fresques et de mosaïques. On peut en admirer aujourd'hui au Museo Archeologico Nazionale di Napoli, dans le centre historique de Naples. *Pour en savoir plus sur Pompéi, voir p. 96*

Temple d'Apollon, Pompéi

BORIS STROUJKO/SHUTTERSTOCK ©

4. Catacombe di San Gennaro, Naples

TOMBEAUX ET FRESQUES PALÉOCHRÉTIENNES

En 305, le futur saint patron de Naples, San Gennaro (saint Janvier), fut décapité au nom de sa foi dans le cratère de la Solfatara à Pouzzoles. À l'origine, ses restes furent enterrés dans le grand labyrinthe de catacombes de l'actuel Capodimonte. Elles comportent trois types de tombes correspondant chacun à une classe sociale, et recèlent des fresques paléochrétiennes dont les motifs témoignent de la superposition du symbolisme chrétien et des croyances romaines. Le site abrite également le plus ancien portrait connu (seconde moitié du Ve siècle) de San Gennaro. *Pour en savoir plus sur les Catacombe di San Gennaro, voir p. 92*

5. Amalfi, côte amalfitaine

UNE HISTOIRE DE PROUESSES MARITIMES

Dans l'Italie médiévale, les raids de pirates se multiplient et les républiques maritimes (superpuissances militaires autonomes) voient le jour. Amalfi, la première, prit de l'importance lorsqu'elle devint un duché au Xe siècle. L'architecture arabo-normande de la Cattedrale di Sant'Andrea, dédiée au saint patron de la ville, témoigne des cultures présentes dans la région au Moyen Âge, tout comme la tour de guet sarrasine, la Torre dello Ziro. Amalfi tombe aux mains des Normands en 1131, mais des jours plus sombres l'attendent : en 1343 la majeure partie de la vieille ville et de ses habitants glissent dans la mer lors d'un séisme. *Pour en savoir plus sur Amalfi, voir p. 175*

6. Villa Rufolo, côte amalfitaine

DES SIÈCLES DE BEAUTÉ

La villa fut bâtie au XIIIe siècle pour la riche famille Rufolo et fut la résidence de plusieurs papes, ainsi que du roi Robert d'Anjou ; ses occupants firent divers ajouts et remaniements au cours du temps. Vous pouvez suivre ses 700 ans d'histoire en vous promenant de la tour du XIVe siècle à l'entrée jusqu'aux jardins et cloîtres du XIXe siècle, en passant par les cours mauresques. La beauté des jardins en terrasses, créés en 1853 par un Écossais, sir Francis Neville Reid, inspirera Richard Wagner pour le deuxième acte de *Parsifal*. *Pour en savoir plus sur la Villa Rufolo, voir p. 184*

7. Castel dell'Ovo, Naples

LE CHÂTEAU ÉDIFIÉ SUR UN ŒUF

Au XIIe siècle, les Normands construisirent cet imposant château sur Megaride, un îlot peuplé de légendes grecques et romaines. La version grecque : à Megaride, anciennement Megaris, la sirène Parthénope s'échoua après s'être jetée d'une falaise, désespérée de n'avoir réussi à séduire Ulysse par son chant. La version romaine : le poète Virgile enterra un œuf sous les fondations du château prédisant que l'édifice s'écroulerait quand l'œuf se briserait. C'est aujourd'hui le plus ancien château de Naples. *Pour en savoir plus sur le Castel dell'Ovo, voir p. 74*

8. Giardino della Minerva, Salerne

JARDIN DES DÉLICES MÉDICINAUX

Les jardins à l'italienne comptent parmi les plus beaux et les plus singuliers du monde. Leur disposition caractéristique est née à Salerne avec le jardin botanique. Situé au cœur du quartier historique de cette ville, le Giardino della Minerva est un jardin paradisiaque dont l'origine remonte au début du XIVe siècle. C'est là que Matteo Silvatico (1280-1342) conçut le prototype d'un jardin de plantes médicinales en collaboration avec la Scuola Medica Salernitana, la première et la plus importante école de médecine d'Europe à l'époque. La partie inférieure du jardin, toujours dédiée aux simples, est divisée selon l'ancien système de classification des plantes qui se réfère à la théorie des quatre humeurs. *Pour en savoir plus sur le Giardino della Minerva, voir p. 202*

9. Certosa di San Martino, Naples

CHEFS-D'ŒUVRE DU BAROQUE NAPOLITAIN

Construite entre 1325 et 1368, cette chartreuse est devenue, au fil des siècles, le fleuron de l'art baroque italien et de l'âge d'or de Naples au XVIIe siècle. Le complexe monastique abrite des fresques, des peintures et des décors sculptés inestimables de maîtres du baroque napolitain comme José de Ribera (1591-1652) et Cosimo Fanzago (1593-1678), ainsi qu'une somptueuse sacristie et deux grands cloîtres. À l'extérieur, des jardins et une citadelle donnent sur la baie de Naples et le centre historique de la ville. *Pour en savoir plus sur la Certosa di San Martino, voir p. 80*

10. Palazzo Reale, Naples

SPLENDEUR ESPAGNOLE

Situé à l'une des extrémités de la Piazza del Plebiscito, ce palais royal est le symbole de la domination espagnole à Naples. Édifié au XVIIe siècle, cet ensemble imposant était la résidence des souverains espagnols. Il héberge aujourd'hui la Bibliothèque nationale de Naples, qui comprend la magnifique Biblioteca Lucchesi Palli, une collection de papyrus et des documents anciens, ainsi qu'un jardin romantique, un musée d'art et le MeMus. Le grand escalier d'honneur en marbre, la chapelle royale toute en marbre et dorures et le théâtre privé témoignent de la splendeur de Naples à l'époque. *Pour en savoir plus sur le Palazzo Reale, voir p. 67*

11. Reggia di Caserta, Caserte

LE DERNIER JOYAU DE L'ÈRE BAROQUE

Au début du XVIIIe siècle, après le départ des Autrichiens qui avaient pris le contrôle de Naples de 1707 à 1734, vint le règne des Bourbons, en la personne de Charles VII, fils du roi d'Espagne Philippe V. Le maître de l'architecture napolitaine Luigi Vanvitelli fit ses adieux au baroque avec un dernier joyau. La Reggia di Caserta (palais royal de Caserte) qu'il conçoit en 1752 pour Charles VII est peut-être l'édifice le plus baroque qui soit : des salles en marbre, des jardins de plusieurs hectares, des milliers de fenêtres et de portes et un escalier d'entrée de 117 marches. L'opulence règne aussi à l'intérieur, entièrement décoré d'œuvres d'art et de fresques somptueuses, de meubles en bois laqué, de dorures et de cristal. *Pour en savoir plus sur la Reggia di Caserta, voir p. 83*

12. Caffè Gambrinus, Naples

UN TÉMOIN DE L'ITALIE UNIFIÉE

Ce somptueux café (officiellement inauguré en 1890) de la Belle Époque incarne l'élégance et les espoirs de l'Italie unifiée.

Catacombe di San Gennaro

À l'angle de la Piazza del Plebiscito, à la limite des quartiers de Toledo et de Santa Lucia, le Caffè Gambrinus, avec ses salles élégantes, décorées de marbre, de stucs et de peintures murales, devient un salon de la haute société de la ville fréquenté par des hommes de lettres et des politiciens, tandis que la culture du café se répandait en Italie. *Pour en savoir plus sur le Caffè Gambrinus, voir p. 70*

13. Galleria Borbonica, Naples

UN REFUGE PENDANT LA GUERRE

Durant la Seconde Guerre mondiale, les Napolitains trouvèrent refuge dans le tunnel des Bourbons, un ouvrage commandé par Ferdinand II en 1853, mais jamais achevé, et qui passe sous le Monte Echia. On estime que 5 000 à 10 000 personnes s'y sont abritées entre 1939 et 1945. Ce souterrain se composait de salles sépulcrales, de latrines exiguës et d'une infirmerie. *Pour en savoir plus sur la Galleria Borbonica, voir p. 74*

14. Positano, côte amalfitaine

LE RÊVE BALNÉAIRE ITALIEN

Au XXe siècle, grâce aux écrivains et aux cinéastes, les petits villages de pêcheurs de Campanie sont devenus des lieux en vogue. De somptueux hôtels en bord de mer y ont été construits à un rythme effréné, les célébrités ont afflué et le mythe de la côte amalfitaine est né. Positano en est le plus bel exemple. Sa pyramide de maison comme entassées sur la colline et son clocher aux tuiles jaunes composent un paysage emblématique. La ville s'est accrochée à son image de station balnéaire italienne des années 1960, mais la récente découverte de ruines romaines et la diversification de son offre touristique dévoilent d'autres facettes de sa personnalité. *Pour en savoir plus sur Positano, voir p. 168*

15. Station de métro Toledo, Naples

L'ART INTEMPOREL

Construction d'après-guerre et édifices anciens couverts de graffitis : les jours de gloire de l'architecture campanienne sont-ils révolus ? Non, comme le prouvent les stations artistiques du métro de Naples, notamment la station Toledo sur la Linea 1, avec son installation artistique *Crater of luz/Olas/Relative Light* créée par l'Espagnol Óscar Tusquets Blanca et l'Américain Robert Wilson. L'escalator descend au milieu d'un tourbillon de lumières et de mosaïques aux couleurs de fond marin, rappelant à tous l'excellence artistique de la ville. *Pour en savoir plus sur les stations artistiques de Naples, voir p. 68*

À LA RENCONTRE DES NAPOLITAINS

Les Napolitains sont loin de se réduire aux stéréotypes qui leur sont attribués. Attendez-vous à des rires, de la générosité à foison, des monceaux de nourriture, le tout enveloppé de musique. Federica Bocco nous présente ses concitoyens.

C'EST PEUT-ÊTRE un raccourci simpliste, mais notre symbole, le masque de Polichinelle (Pulcinella) représente bien l'esprit napolitain, avec ses défauts et ses vertus. Même pauvre, affamé et en haillons, Polichinelle ne cesse de chanter, de danser et de parler plus que de raison à tous ceux qui l'entourent. C'est un voyou, mais un gentil voyou, qui exorcise son angoisse par l'exubérance et l'art. Une condition à la fois comique et tragique.

Naples est une ville de contrastes. Sans surprise, la divinité antique qui s'est le plus facilement implantée dans la ville fut Janus, le dieu aux deux visages. L'un des préjugés les plus répandus au sujet des Napolitains est qu'ils sont voleurs ; ce sont pourtant eux qui ont inventé le concept du *caffè sospeso* : payer deux cafés pour n'en consommer qu'un, laissant l'autre "en suspens" pour le prochain passant qui en aura besoin – un don anonyme à un inconnu que l'on ne rencontrera jamais.

Les Napolitains ont tendance à ne pas prendre les choses trop au sérieux et à chercher du réconfort dans les plaisirs de la table, dans la beauté des paysages ou de l'art. Ils aiment le sacré et le profane et ne rechignent pas à associer les deux. Après avoir visité ma ville en 1787, Goethe (1749-1832) écrivit : "Naples est un paradis ; chacun vit dans une sorte d'ivresse et d'oubli de soi-même. C'est aussi ce que j'éprouve ; je me reconnais à peine, et il me semble que je suis un autre homme." L'esprit de la ville n'est pas sans effet sur les visiteurs, qui en repartent souvent changés. Contrairement à ce que leurs détracteurs voudront vous faire croire, les Napolitains ne sont pas paresseux. Nous avons simplement une autre approche de la vie ; nous prenons notre temps, sans rien considérer comme allant de soi, pas même les éléments naturels, comme en témoignent toutes les chansons populaires sur le soleil, la mer, la terre et la cuisine.

Cette posture se reflète dans notre langue. En napolitain, "travail" se dit *fatica*, et non *lavoro* comme en italien. Ce terme révèle la sagesse du temps jadis : le travail est un effort qui vous fatigue.

Les Napolitains avaient coutume de chanter pour faire passer plus vite les longues journées aux champs. La plus ancienne chanson encore chantée aujourd'hui est une ode au soleil intitulée *Jesce Sole* ; elle remonte au XIIIe siècle. Mais nous aimons aussi chanter à la nuit tombée, à tel point que l'empereur Frédéric II dut interdire le chant de nuit, car de trop nombreuses sérénades troublaient la paix. Ce décret royal ne suffit pas à réfréner les élans lyriques des Napolitains.

Cette passion pour la musique révèle un désir de vivre chaque jour avec énergie et avec le sourire, quelles que soient les épreuves à affronter. Comme le fait notre mascotte, Polichinelle !

COMBIEN SONT-ILS ?

Naples est la zone la plus densément peuplée d'Italie, avec 7 700 habitants au km^2. La ville compte 1 million d'habitants ; l'aire métropolitaine, 3 millions. Seuls 6% des résidents de Naples sont nés à l'étranger.

DES RACINES DIVERSES

Je suis 100% *napoletana*, mais comme une majorité de Napolitains, j'ai des racines un peu partout dans le sud de l'Italie. Née à Naples, j'ai grandi sur la charmante colline du Vomero et j'ai toujours aimé chaque quartier de cette ville. Ma mère est également originaire de Naples, tout comme mon grand-père maternel, mais ma grand-mère maternelle vient de Grottaglie, une ville de la province de Tarente. Mon père est originaire du Cilento ; sa mère était de Sala Consilina, son père de Padula. Comme des milliers de gens à leur époque, mes grands-parents sont venus à Naples et y ont élevé leurs enfants.

Sur deux générations seulement, j'ai du sang de Naples, de Basilicate et des Pouilles. Je me dis *napoletana* pour faire simple, mais je dois ajouter un nouvel adjectif à la liste : romaine, car, tout comme mes grands-parents, j'ai déménagé dans une ville plus grande que la mienne pour travailler.

Les Faraglioni, Capri

SHEKHAR JAMBIGI/GETTY IMAGES ©

LE CHANT DES SIRÈNES : LES MYTHES GRECS EN CAMPANIE

L'histoire de Naples et de la côte amalfitaine a commencé avec les Grecs anciens. Elle conjugue aujourd'hui mythes et modernité.
Par Eva Sandoval

J'AI UNE amie napolitaine, qui est née sur l'île de Nisida au large de Naples, près des Champs Phlégréens. Lorsque je suis allée la voir – c'était ma première visite en Campanie –, elle vivait dans la petite ville de Seiano, à une dizaine de kilomètres de Sorrente, la ville du citron. Nous avons exploré la péninsule, emplissant nos gourdes d'Acqua della Madonna de Castellammare di Stabia, nous avons contemplé le féerique Monte Faito à Vico Equense, emprunté les vertigineuses routes en épingle à cheveux de la côte amalfitaine et déjeuné à Positano sous les bougainvillées. Elle avait gardé Naples pour la fin. S'attardant sur chaque vestige antique, elle guettait mes réactions. Débarrassée de son vernis italien, elle était devenue *napoletana*, se délectant du dialecte napolitain, tandis qu'elle m'entraînait dans les ruelles sombres des Quartieri Spagnoli et sur la grandiose Piazza del Plebiscito.

"*Jamm*" (allons-y), me dit-elle. "Je vais te montrer la mer." Une fois sur les hauteurs du Posillipo, nous avons admiré le croissant de sa chère Nisida, la baie de Naples et les tourbillons de la mer passant du bleu encre au turquoise. "Connais-tu l'histoire de Naples ?" m'a-t-elle demandé. "Selon la légende, la sirène Parthénope, éprise d'Ulysse, s'est jetée, le cœur brisé, du haut des falaises de l'îlot où se dresse le Castel dell'Ovo. Son corps fut rejeté sur le rivage, et c'est là que fut bâtie Naples, que nous appelons aussi Parthénope."

Ce n'était pas le premier récit lié aux mythes grecs que j'entendais. Dans la station balnéaire de Terracine (Latium), à environ deux heures au nord de Naples, où j'ai vécu, il y a un long promontoire rocheux déchiqueté qui semble flotter sur la mer. On dit qu'il évoque la magicienne Circé allongée dans son bain et que c'est là qu'elle aurait transformé les compagnons d'Ulysse en pourceaux.

L'épopée d'Homère captive l'imagination depuis près de 3 000 ans, et l'on tente depuis des siècles de trouver les lieux où ces fabuleux événements se seraient déroulés. On a pu assez facilement cartographier les épisodes de l'*Iliade* que l'on situe souvent dans la Grèce actuelle. Mais qu'en est-il des récits de l'*Odyssée* ? Sur le chemin du retour à Ithaque, où va le bateau d'Ulysse quand il est dévié de sa route ? Les Italiens le savent : chez eux ! De la Sicile à la côte tyrrhénienne, presque chaque formation rocheuse, chaque étendue d'eau est liée à un mythe grec, qui fait écho au passé antique de l'Italie.

Les premiers Grecs sont arrivés dans la péninsule italienne au VIIIe siècle av. J.-C. Ils s'installèrent d'abord sur l'île verdoyante d'Ischia qu'ils appelèrent Pithecusae (Pithécusses), puis fondèrent Cumae (Cumes), dans les Champs Phlégréens. Les colonies grecques se multiplièrent dans la région, propageant la langue et les croyances grecques que les Romains intégrèrent et qui furent par la suite supplantées par la religion chrétienne. Toutefois, rien ne prouve qu'Homère soit venu sur la péninsule, ni même qu'il ait écrit la totalité du récit. Hormis quelques exceptions – Scylla et Charybde dans le détroit de Messine, le mont Circé dans la mer Tyrrhénienne –, les lieux ne portent pas de noms identifiables et sont souvent décrits de façon imagée : l'île des Lotophages, l'île aux Chèvres... Cependant, certains hellénistes, et surtout les habitants, supposent que la baie de Naples est la terre des Sirènes du chant XII de l'*Odyssée* et que le lac d'Averne dans les Champs Phlégréens est l'entrée des Enfers, le royaume souterrain d'Hadès. Mais ce n'est pas tout. L'île aux Chèvres, où Ulysse et ses compagnons amarrent leurs bateaux avant de rencontrer le Cyclope Polyphème, a été parfois assimilée à Nisida. Il y a aussi l'antre de la Sibylle de Cumes, où la prophétesse transmet les messages d'Apollon ; les célèbres Faraglioni (les trois éperons rocheux au large de Capri) seraient selon certains les rochers que le Cyclope jette sur Ulysse. On retrouve aussi le thème de la sirène qui, incapable d'ensorceler Ulysse, se jette d'une falaise et se transforme en rocher avec les sœurs de Parthénope : Leucosie est devenue la Punta Licosa à Salerne, et Ligie s'est échouée dans la cité antique de Terina, en Calabre. Cependant, une incertitude demeure sur le lieu de résidence des sirènes d'Homère – de dangereuses créatures (ailées dans la mythologie grecque) qui attiraient les marins sur le rivage avec leurs chants pour les dévorer. Le texte raconte qu'Ulysse s'est fait attacher au mât de son bateau pour écouter leur chant sans risquer de céder à leur appel tandis que ses compagnons marins ont bouché leurs oreilles avec de la cire, mais le débat fait rage quant au lieu exact des faits. On privilégie généralement la péninsule de Sorrente, en particulier Massa Lubrense et la Baia di Ieranto. Mais certains suggèrent Capri et Li Galli ("les coqs"), trois petites îles au large de Positano, surnommées Le Sirenuse, ou encore une portion du littoral entre Capri et Nisida, tandis que d'autres avancent la Sicile. Que l'on jette l'ancre près des Faraglioni de Capri ou que l'on navigue en kayak entre les falaises de Baia di Ieranto, on peut facilement imaginer ces créatures mythiques perchées sur les rochers, scrutant les vagues en quête d'une proie. Comme il est facile d'imaginer entrer sur la terre des géants, des héros et des Enfers en arrivant dans les Champs Phlégréens.

DE LA SICILE À LA CÔTE TYRRHÉNIENNE, PRESQUE CHAQUE FORMATION ROCHEUSE, CHAQUE ÉTENDUE D'EAU EST LIÉE À UN MYTHE GREC, RENVOYANT AU PASSÉ ANTIQUE DE L'ITALIE.

Ces Champs Phlégréens abritent l'un des volcans actifs les plus dangereux au monde. Le site est à la merci du bradyséisme, phénomène naturel se traduisant par une lente montée ou descente du sol. Le cratère de la Solfatare dégage une brume sulfureuse et de la vapeur s'élève du lac d'Averne. S'il est vrai que les écrivains s'inspirent de ce qu'ils connaissent, les Champs Phlégréens sont certainement le site parfait pour placer l'entrée du monde souterrain des Enfers avec, sur la rive opposée, l'antre de la Sibylle de Cumes. C'est aussi l'endroit mythique où se sont déroulées les batailles entre les Géants et Zeus (fournissant une explication au terrain ravagé par l'activité volcanique), et où Hercule a créé l'isthme séparant le lac de Lucrino de la mer pour faire passer les bœufs de Géryon. La route qui suit cette langue de terre est d'ailleurs nommée la Via Herculanea.

Chaque pierre, chaque étendue d'eau est liée aux mythes grecs. Ils transparaissent dans les noms des rues, des entreprises et sur les menus, comme autant d'hommages modernes à cet héritage antique.

Ulysse, en rentrant à Ithaque, a laissé des empreintes en Campanie et tout au long des côtes du sud de l'Italie. Peu importe qu'il s'agisse de mythes. Quand mon amie est venue me voir à Terracine, j'ai raconté à son fils l'histoire de Circé qui changea les marins en porcs précisément sur cette montagne ; l'enfant a fondu en larmes. Mais lui aussi transmettra cette histoire. Les mythes grecs ne sont pas seulement inscrits dans la géologie de l'Italie, ils font partie de son ADN.

LE RÉGIME MÉDITERRANÉEN : L'ÉLIXIR DE LONGÉVITÉ

Le secret d'une longue vie ? Manger de bonnes choses et se faire plaisir. Par Federica Bocco

AVEZ-VOUS DÉJÀ voyagé en Italie et constaté que nous mangeons réellement du pain et des pâtes tous les jours ? Cela peut en étonner certains, mais le secret de notre longévité et de notre bonne santé réside avant tout dans ce que nous mangeons, et non dans ce que nous ne mangeons pas.

La clé de notre bonne santé au fil des années est le régime méditerranéen, plus précisément la consommation d'aliments que les communautés agricoles du sud de l'Italie au XXe siècle pouvaient se procurer aisément. Ce régime ne consiste donc pas tant à exclure des aliments, mais à en privilégier certains parce qu'ils sont facilement accessibles.

VIVRE SANS HÂTE CRÉE DES CONDITIONS IDÉALES POUR SE SENTIR BIEN. LA SIESTE, LE SOLEIL ET LES REPAS CONVIVIAUX PARTICIPENT DE CE BIEN-ÊTRE. LES HABITANTS DU CILENTO ONT TOUJOURS MENÉ UNE VIE SIMPLE.

La région du Cilento, dans la province de Salerne, est à l'origine du concept de régime méditerranéen. Jadis plutôt pauvre, elle compte historiquement le plus grand nombre de centenaires de toute l'Italie. En 2019 (avant que la pandémie de Covid-19 ne modifie le taux de mortalité du pays), on dénombrait plus de 300 centenaires dans le Cilento, qui recense environ 90 000 habitants – autrement dit, plus de 3 personnes sur 1 000 atteignent leur 100e anniversaire (et plus). L'espérance de vie moyenne des *Cilentani*, qui est de 92 ans pour les femmes et de 85 ans pour les hommes, est bien supérieure à la moyenne italienne, qui est de 85 ans pour les femmes et 80 ans pour les hommes. Ici, avoir 90 ans et être totalement autonome, voire travailler dans son potager tous les jours, n'a rien d'extraordinaire. Les gens peuvent vivre jusqu'à 105 ans ou plus. À l'heure où nous écrivons ces lignes, la doyenne du Cilento vient de fêter son 112e anniversaire, et elle ne détient pas le record de la région. Si l'île japonaise d'Okinawa détient le record mondial du nombre de centenaires, le petit village côtier d'Acciaroli, dans le Cilento, n'est pas en reste : 1 personne sur 10 vit jusqu'à 100 ans... grâce notamment, comme cela a été prouvé, à la consommation quotidienne du romarin local.

Scientifiquement démontrée à maintes reprises, la clé d'un vieillissement en bonne santé réside avant tout dans l'alimentation.

Le scientifique américain Ancel Keys (1904-2004), créateur de la ration K (ration alimentaire de combat), a constaté qu'il existait une forte corrélation entre les maladies cardiovasculaires et le taux de cholestérol dû à la consommation d'aliments trop riches. Dans les années 1950, il a voyagé dans 7 pays (Grèce, Finlande, Pays-Bas, États-Unis, Yougoslavie, Japon, Italie) pour étudier des comportements alimentaires locaux et a défini l'alimentation du Cilento comme la référence du régime méditerranéen. Keys a tellement aimé la région qu'il a acheté une maison dans le village balnéaire de Pioppi, et y a vécu 35 ans, jusqu'à son 94e anniversaire. Comme un authentique habitant du Cilento, il a fêté ses 100 ans, et s'est éteint à Minneapolis aux États-Unis deux mois seulement avant ses 101 ans.

Au cours de ses recherches, il s'est rendu compte que les personnes qui ont les habitudes alimentaires des "populations pauvres" ont tendance à vivre plus longtemps. Car elles sont beaucoup moins susceptibles de développer des pathologies chroniques telles que le diabète, ou des maladies coronariennes. Quand le corps reçoit un apport nutritionnel équilibré de type méditerranéen, les facteurs liés à l'apparition de ces maladies sont limités.

Quel est donc le régime méditerranéen étudié par Keys ? C'est la consommation régulière de céréales et de leurs dérivés

Une cuisine napolitaine
JEAN-BERNARD CARILLET/LONELY PLANET ©

plusieurs fois par jour (notamment pâtes et pain), la consommation quotidienne de légumes, de fruits frais et de fruits à coque, un verre de vin et l'utilisation généreuse d'huile d'olive extra-vierge (par opposition aux graisses saturées) à chaque repas. Les paysans des villages méditerranéens reculés, avant la mondialisation et l'urbanisation, disposaient de toutes ces denrées. Comme source de protéines, ils consommaient des légumineuses chaque jour, ainsi que du poisson (comme les anchois, abondants en Méditerranée, donc bon marché), des œufs, des laitages et du poulet deux fois par semaine. Tandis que la viande rouge et les condiments riches, trop chers, étaient réservés aux classes plus aisées ou aux occasions spéciales.

Si aujourd'hui tous les types d'aliments sont accessibles à l'ensemble de la population, la plupart des habitants du Cilento, notamment les personnes âgées et celles qui vivent dans des villages reculés, continuent à se nourrir de cette manière par habitude plutôt que par nécessité. Cette habitude reste un modèle d'alimentation saine et durable, et joue un rôle majeur dans la prévention de nombreuses maladies. Pour autant, elle n'exclut pas totalement la viande et les aliments riches. En effet, ce "régime" méditerranéen n'a jamais été une règle stricte, mais un ensemble de pratiques fondées sur les produits locaux disponibles.

Le secret de la vie dans le Cilento (et de sa cuisine), c'est de prendre son temps. Vous entendrez souvent l'expression *cuoncio cuoncio*, l'équivalent dialectal de l'italien *piano piano*, qui signifie "tout doucement", "sans précipitation". Vivre sans hâte crée des conditions idéales pour se sentir bien. La sieste, le soleil et les repas conviviaux participent de ce bien-être. Les habitants du Cilento ont toujours mené une vie simple. La qualité de leur alimentation les maintient en bonne santé et la satisfaction nourrit leur âme.

Au-delà d'un ensemble d'aliments, le régime méditerranéen représente aussi l'histoire et la culture des populations locales avec leurs coutumes, leurs traditions et leurs savoir-faire ancestraux. Il témoigne de la manière de cultiver, de cuisiner et de consommer. En 2010, l'Unesco a inscrit au Patrimoine culturel immatériel le régime méditerranéen, qui fait partie de la richesse culturelle de ce territoire.

Cette pratique alimentaire compte aussi une dimension éthique et écologique. Elle doit être respectueuse de l'environnement et durable, comme elle l'a toujours été. Aujourd'hui encore, même avec l'avènement de la technologie, la production agricole dans le Cilento n'est pas différente de ce qu'elle a été pendant des siècles. La terre et ses saisons sont respectées, l'environnement et sa biodiversité préservés. Au cours des dernières décennies, de nombreux produits locaux ont obtenu des labels de qualité (AOP, AOC, IGP, etc.) et ont joui, tout comme le territoire, d'une nouvelle popularité. Toutefois, bien que la demande augmente, les agriculteurs du Cilento œuvrent ensemble en préservant leurs traditions.

En dehors de petits villages et de zones rurales, les habitants de nombreuses villes méditerranéennes ont abandonné ce régime traditionnel au profit de nouvelles habitudes alimentaires moins saines. Non seulement on trouve de tout partout, mais la vie quotidienne s'est accélérée. Difficile de faire un repas sain de trois plats avec sucres lents, légumineuses, légumes et fruits lorsque l'on ne prend qu'une demi-heure pour avaler un casse-croûte à la pause déjeuner. Il est si facile de commander dans une chaîne de restauration rapide ou d'acheter des plats tout faits au supermarché. Pourtant, vous pouvez les trouver bons, mais auront-ils un effet positif sur votre santé à long terme ?

La prochaine fois que vous regarderez la carte des plats de pâtes au restaurant, ou que vous vous inquiéterez de votre santé ou de votre forme, pensez aux 300 centenaires du Cilento et demandez-vous : si j'étais l'un d'eux, quels produits j'achèterais, comment je les cuisinerais, comment je les mangerais ? Et surtout, est-ce que tout ça me rendrait heureux ?

Figurines de célébrités, Via San Gregorio Armeno

MARCOBRIVIO.PHOTO/SHUTTERSTOCK ©

ARTISANAT NAPOLITAIN : LES CRÈCHES DE NOËL

Les maîtres santonniers de Naples perpétuent et réinventent une tradition qui remonte aux premiers siècles du christianisme, glissant parfois aux côtés de la Sainte Famille des personnages aussi inattendus que Diego Maradona ou Marilyn Monroe.
Par Federica Bocco

VOTRE PROMENADE le long de Spaccanapoli, en plein centre historique de Naples, vous conduira sans doute tôt ou tard dans la Via San Gregorio Armeno, une rue étroite entièrement bordée d'ateliers d'artisans proposant, en toute saison, une multitude de figurines en terre cuite destinées à la composition des typiques *presepi* (crèches de Noël).

Chaque Napolitain a sa crèche, une coutume bien antérieure à celle de l'arbre de Noël et profondément enracinée dans l'histoire locale. Au mois de décembre, on déballe en famille les *pastori* (santons) et les éléments décoratifs pour les assembler. L'installation de certains *presepi* particulièrement volumineux et élaborés demande de l'attention, voire de déplacer quelques meubles. Tous possèdent obligatoirement les éléments suivants : la grotte qui abrite la Vierge Marie, saint Joseph, le bœuf, l'âne et le berceau où l'Enfant Jésus ne sera déposé que la nuit du 25 décembre ; la comète dans un ciel étoilé ; les anges annonçant la venue du Christ à un groupe de bergers ; des animaux de ferme çà et là ; les trois Rois mages.

Remontant à plus d'un millénaire – le terme *ad praesepem* est documenté pour la première fois dans un acte notarié de 1021 –, la crèche de Noël a évolué et s'est diversifiée. Elle était à l'origine beaucoup plus imposante et uniquement constituée de statues en bois grandeur nature de la Sainte Famille, ce afin de préserver le caractère sacré de la Nativité et ne pas distraire les fidèles de la prière. La forme que l'on connaît aujourd'hui, avec des effigies miniatures et des personnages secondaires, date du début du XVIe siècle. En 1535, un prêtre local très aimé, Gaetano Da Thiene, abandonna la tradition et habilla ses personnages de costumes napolitains au lieu de robes bibliques.

Au XVIIe siècle, l'importance majeure prise par le décor se traduisit par

IRGILIO
Lete
Lete

l'ajout de scènes de la vie quotidienne (mendiants, bergers et leurs troupeaux, petits métiers...).

L'âge d'or des *presepi* fut sans aucun doute le XVIIIe siècle, période à laquelle Charles de Bourbon, roi de Naples et mécène des arts, encouragea la réalisation de figurines hyperréalistes et d'une scénographie fourmillant de détails. La représentation de la Nativité devint alors presque profane, une façon pour l'aristocratie et les familles fortunées de rivaliser de faste. C'est sous ce règne que les cités romaines de Pompéi et d'Herculanum, ensevelies par l'éruption du Vésuve en 79, furent mises au jour. Cette prodigieuse découverte eut des répercussions sur l'esthétique des crèches, désormais agrémentées de pittoresques ruines antiques.

Le *presepe* le plus spectaculaire parvenu jusqu'à nous, qui ne réunit pas moins de 800 *pastori*, est l'œuvre de Michele Cuciniello au XIXe siècle. Celui-ci en fit don au Museo Nazionale della Certosa di San Martino, (p. 80) à Naples, où on peut encore l'admirer. Ce véritable objet d'art reproduit différentes phases de la journée – aube, jour, crépuscule et nuit – à l'aide d'un système d'éclairage. Autre fleuron du genre, le baroque Presepe Catello, exposé au Museo di Capodimonte (p. 90), regorge de références historiques, à l'image de l'éléphant offert à Charles de Bourbon par le sultan ottoman Mahmoud Ier en 1742.

MARIANT ALLÉGREMENT SACRÉ ET PROFANE, ÉVÉNEMENTS HISTORIQUES ET CULTURE POPULAIRE, PASSÉ ET PRÉSENT, LES CRÈCHES NAPOLITAINES DU XXIe SIÈCLE INCLUENT LES EFFIGIES D'UNE MYRIADE DE CÉLÉBRITÉS.

Aujourd'hui, une crèche digne de ce nom se doit de comporter certaines scènes emblématiques telles que le berger endormi, l'ivrogne cuvant sur des tonneaux, la taverne avec ses clients et une flamme allumée dans le four à pizza (clin d'œil anachronique à la ville de Naples), les lavandières et les pêcheurs au bord d'un ruisseau dont l'eau coule grâce à un petit mécanisme, le boulanger entouré de sacs de farine, le fromager et ses *caciocavalli* suspendus, etc. Plus elle est grande, plus les personnages et les situations sont nombreux et variés.

La créativité légendaire des Napolitains ne se dément pas. Mariant allègrement sacré et profane, événements historiques et culture populaire, passé et présent, les crèches du XXIe siècle incluent les effigies d'une myriade de célébrités italiennes et étrangères, de Diego Maradona au pape François en passant par Sophia Loren, Élisabeth II ou Lady Gaga, enfin de tout personnage qui pourrait, de manière crédible ou non, être présent à la Nativité.

Mais cela ne s'arrête pas là. Vous pouvez vous aussi y figurer, car les artisans acceptent volontiers les commandes de santons personnalisés. Vous pouvez bien entendu vous contenter de poser l'objet sur une étagère si vous n'avez pas l'intention de faire partie d'une crèche !

Ouvertes toute l'année, les *botteghe* connaissent une moindre affluence de février à octobre. À l'approche de Noël, vous tomberez sans doute sur des *zampognari* jouant de la cornemuse dans les rues de Naples. Ces duos de musiciens ambulants en costume traditionnel de berger sont aussi un élément récurrent des *presepi*.

Les *maestri presepiali* de la Via San Gregorio Armeno se transmettent leur savoir-faire de génération en génération. L'atelier le plus ancien toujours en activité a été fondé en 1840, soit avant même la naissance de l'Italie en tant que pays, mais l'on fabrique des santons dans le secteur depuis bien plus longtemps.

Ces artisans travaillent comme à l'âge d'or des *presepi*. Chaque *pastore* en argile fine prend forme dans un moule en bois humide appelé *il morto* (littéralement "le mort"), d'abord la poitrine, puis le cou et la tête. Après avoir laissé sécher une heure ce buste grossier commence la sculpture des détails, des muscles du cou, au nez et aux rides. Selon la tradition, le santon doit conserver ses caractéristiques d'antan, d'où un florilège de dents manquantes, de verrues et de goitres. Encore aujourd'hui, des Napolitains emploient ironiquement l'expression "*curiuso comm'a nu'pastore*" (laid comme un santon) pour qualifier un physique ingrat. Une fois achevé, le buste est cuit pendant 8 heures dans un four. Il ne reste plus qu'à lui ajouter des yeux

***Presepe*, Certosa di San Martino**

en verre, le peindre avec une peinture acrylique ou à l'huile, le fixer au reste du corps (un fil de chanvre enroulé sur un squelette en métal) et l'habiller d'un costume élaboré, fait main.

À l'époque romaine, le *stenoporos* (voie reliant deux places dans l'urbanisme grec) situé sur le tracé de l'actuelle Via San Gregorio Armeno abritait un temple dédié à Cérès : les fidèles y offraient à la déesse des statuettes votives en terre cuite vendues alentour. Après l'avènement du christianisme, les artisans se reconvertirent dans les statuettes de saints et, plus tard, les figurines de crèche.

Naples a traversé des périodes d'invasion et de domination étrangère, a vécu le passage du paganisme au catholicisme, et a été la capitale d'un royaume avant de faire partie de l'Italie unifiée. Elle a assimilé les us et coutumes des peuples qui l'ont conquise tout en conservant certaines de ses traditions ancestrales. Ses maîtres santonniers en témoignent.

INDEX

La Guglia di San Gennaro, le plus ancien des trois obélisques de Naples

Bougainvillées à Positano

GAUCHE : EVGENII_NG/SHUTTERSTOCK © DROITE : MAURO_REPOSSINI/GETTY IMAGES ©

À PROPOS DE CET OUVRAGE

Traduction
Cécile Giroldi, Frédérique Hélion-Guerrini, Pauline Lecocq et Pauline Tardieu-Collinet

Direction éditoriale
Dominique Bovet

Responsable prépresse
Jean-Noël Doan

Coordination éditoriale et adaptation française
Clara Mackenzie et Muriel Chalandre

Maquette
Denis Montagner

Cartographie
Afdec/Martine Marmouget

Couverture
adaptatée en français par Laure Wilmot et Laurent Briard

Remerciements à
Claire Gourié pour sa précieuse contribution au texte, Marion Gautier pour la préparation des Carnets d'adresses, Jacqueline Menanteau pour sa relecture attentive, Hugo Gadroy et Vahagn Terzian pour leur travail de référencement. Merci également à Stéphanie Rian et à toute l'équipe de Lonely Planet à Paris. Merci enfin à Luan Angel et Nigel longuet à Londres, et à Jean-Pierre Masclef à Melbourne.

En Voyage Éditions | un département édi8

Naples et la côte amalfitaine

8e édition
Traduit et adapté de l'ouvrage *Naples, Pompeii & the Amalfi Coast, 8th edition, May 2023*

92 avenue de France
75013 Paris

Dépôt légal Mai 2023
ISBN 978-2-38492-131-7

Imprimé par Pollina, Luçon, France - 49118
Réimpression 02, mars 2024